小津安二郎サイレント映画の美学

滝浪佑紀

TAKINAMI YUKI

慶應義塾大学出版会

小津安二郎　サイレント映画の美学　目次

第二部　グローバルな文脈

第三部　〈動き〉と〈明るさ〉の美学を超えて

凡例

・外国語文献の引用の翻訳は、原則として引用者によるものである。ただし邦訳がある場合、それを最大限に使用した。
・注において、外国語の参照文献に邦訳がある場合、その頁数を〔 〕で示した。
・映画題名については初出時に次のように示し、必要に応じてほかの情報も付記した。
　小津安二郎作品＝『題名』（公開年月）
　邦画作品＝『題名』（監督名、公開年）
　外国映画作品＝『題名（原題）』（監督名、公開年）
・引用中の漢字は新漢字とし、仮名遣いは原著に応じた。
・引用中の著者による補足は〔 〕で示した。
・引用中、改行を／で示した箇所がある。
・小津安二郎のフィルモグラフィーについては、田中眞澄編『小津安二郎全発言　1933–1945』（泰流社、一九八七年）を参照した。

小津安二郎　サイレント映画の美学

序論　小津とサイレント映画の地平

1　小津のサイレント作品を辿ること

先行研究における小津サイレント作品

一九〇三年生まれの小津安二郎は、一九二三年に松竹蒲田撮影所に撮影助手として入社した。小津にとってもっとも重要なハリウッド作品であるエルンスト・ルビッチの『結婚哲学（*The Marriage Circle*）』は、一九二四年二月のアメリカでの封切につづいて、同じ年の一一月に日本で公開された。さらに広く言えば、一九二〇年代半ばから後半にかけての日本は関東大震災からの復興期にあたり、大衆モダン文化の隆盛のただなかにあった。こうした状況のなかで、かつてない規模で大衆文化の繁栄を見た第一次世界大戦後のアメリカと同様（「狂騒の二〇年代」）、日本においても、ハロルド・ロイドの大学喜劇や都市部に暮らす若い男女の他愛のない日常を描いたソフィスティケイテッド・コメディーが大きな人気を博したのだった。小津はこうした文脈のなかで、撮影助手や助監督としての修業時代を過ごしたのであり、一九二七年の監督昇進後の初期作品において、以上のようなハリウッド映画を模倣することから、みずからの映画作家としてのキャリアを始めたのである。

初期小津にたいするハリウッド映画の影響は、アカデミックな言説としての映画学内外においてよく知られている。しかし、それがいったいどのようなものであったのかについては、十分な検証がなされてこなかった。こうした小津初期作品や彼にたいするハリウッド映画の影響の過小評価は、とりわけ西洋を中心とした小津映画の受容に関係していると言えるだろう。一九七〇年代初頭、小津が英語圏の映画学においてはじめて大きな注目を集めたとき、小津作品はまず、『晩春』に始まるとされる、戦後の「成熟した」作品を中心に、「日本的なもの」というナショナルな価値と結びつけられて評価されたのだった。[1] たとえば、ドナルド・リチーは広く読まれた小津論で、次のように書いている。

そういうわけで、小津作品は非常に少ないものからできている。ひとつのテーマ、いくつかのストーリー、少数のパターン。技術も、先述したように、非常に限られている。いつも変わらないカメラアングル、移動しないカメラ、映画的句読法の限られた使用。同様に、作品の構造（これについてはあとで検討する）もほとんど不変である。[2]

リチーはこうした観察から、小津作品の根底には、「より少ないことは常により多くのことを意味する」という原則、すなわち「アジア人が西洋人よりもよく知って」おり、侘びや寂びの禅美学にも通じる原則が潜んでいると主張する。[3] 言いかえれば、小津はテーマ（とりわけ娘の結婚に起因する父親の悲哀譚）や手法（仰角・俯瞰ショットの不在、ワイプやディゾルヴの不使用など）を制限することによって逆説的にも、通常では見逃されてしまうような細部から、微細でニュアンスに富んだ効果を引き出すことができたのであり、さらに、こうしたミニマリズム的映画手法は日本の伝統的美学に由来しているとリチーは考えたのである。こうした定式化は小津の後期作品にたいしてはすくなくともある程度、適用可能だろう。しかし、初期サイレント作品についてはどうだろうか。そこでは、軽快なタッチの喜劇から犯罪劇まで多様なテーマや、さまざまに異なるカメラ位置とアングル、自在に動くカメラ移動など、種類に富んだ技法を確認することができる。くわえて、小津初期作品はいかなる意味においても「日本的」であると言えず、むしろハリウッド映画からの影響が顕著である。このように一九七〇年代初頭西洋の小津受容においては、小津の初期作品および彼にたいするハリウッド映画の影響という論点は、「制限《リストリクション》」と「日本的なもの」という観点からの価値設定のために、探究の対象から、言ってみれば二重に周縁化されてしまったのである。

ただし見逃すべきでないのは、一九七〇年代初頭の批評は、上記リチーの引用も示すように、カメラ位置や物語構造など、小津映画の形式的側面に十分な注意を払って、その日本的価値を主張していたということである（とはいえ、茶道、古寺、能など映画内に表象されたものに依拠した印象批評に滑り落ちる傾向を有していた）。しかし小津の特異な映画スタイルに強力な光が当てられることになったのは、一九七〇年代中頃、映画学が記号論的・構造主義的転回を経験したのちのことである。こうした観点から最初の代表的研究として注目したいのが、一九七六年に論文として発表され、一九七九年に著作としてまとめられた、ノエル・バーチの『遠くの観察者へ――日本映画における形式と意味』である。[4] この研究におけるバーチの独創的な点は、表象モード（mode of representation）という観点から小津映画とハリウッド映画を対比させ、ハリウッド映画はそれ自身の語りの水準を隠す傾向にあるのにたいし、小津映画では、この語りの水準は隠されていないと論じたところにある。バーチはこうした観点から、とりわけ小津作品のスタイル上の特徴として、アクション軸が侵犯されることによって、登場人物の視線が一致させられない〈特異な切り返し〉と、物語の流れに寄与せず、場合によってはそれを中断する〈事物のショット〉（バーチの用語では「枕ショット（pillow shot）」）というふたつの逸脱に注目する。小津研究にたいするバーチの第一の貢献はこのように、語りの理論に照らして小津の特異な映画スタイルを前景化させた点にある。

もうひとつの――とはいえ、しばしば見過ごされがちな――バーチの貢献は、それまで周縁的にしか扱われてこなかった小津のサイレント作品を、広範かつ詳細に論じた点にある。この達成は、純粋に形式的側面のみに焦点をあわせるという『遠くの観察者へ』を特徴づける方法論によって可能になった。バーチは自身の厳格な形式主義のために、文化論的批評という一九七〇年代までの小津研究を支配してきたパラダイムから小津映画を解き放ち、ハリウッド映画や西洋モダン文化の影響を含めた、多様なテーマを見ることができる初期作品を中心に論じることができたのである。しかしながらまさにこうした形式主義のために、「日本的なもの」という観点がバーチの議論に回帰してくることになる。すなわち、ハリウッド映画の影響がいまだ顕著な小津のサイレント作品を論じながらも、バーチはこの歴史的事実を括弧に入れ、小津の隠されていない表象モード（あるいは現前モード［mode of presentation］）の根拠を、和歌や文楽をはじめとする、語りの物質的水準があらわのままにされているとされる日本の伝統美学に求めたのである。[5]

たしかにバーチは、小津映画を日本の伝統美学に結びつけることによって、ハリウッド映画―小津映画という対立を際立たせ、他者の映画としての小津映画ないし日本映画を介して、ハリウッド映画の支配的表象モードを相対化しようと試みている。しかしこうした進歩的企図にもかかわらず、バーチは、非歴史的に西洋の他者として理想化する（日本映画を貶めるとは言わないまでも）というオリエンタリズムの陥穽におちいっている。[6] 小津研究という観点から言えば、小津サイレント作品の詳細なテクスト分析にもかかわらず、バーチはハリウッド映画と小津映画を対立させる独自の理論的枠組みのために、小津にたいするハリウッド映画の影響という論点を捉え損ねている。

バーチの研究と並んで、記号論以降の英語圏映画学において発表された重要な小津論に、デイヴィッド・ボードウェルによる大著『小津安二郎――映画の詩学』がある。[7] 一方で、ボードウェルはバーチの形式主義的アプローチを引き継ぎつつ、物語―反物語という対立軸にそって、ハリウッド映画と小津映画を対比させている。たとえばボードウェルは、「三六〇度のシステム」、「図柄上の一致」、「パラメトリック・プレイ」など、独自の用語を使用しているが、これらの語はいずれも、語りにたいして過剰な映画スタイルを名指すために考案されたものである（具体的には、「三六〇度のシステム」はハリウッド映画の「一八〇度のシステム」に、「図柄上の一致」は「視線の一致」に対応し、「パラメトリック・プレイ」は、ショットの持続時間、構図、サイズなど純粋にスタイル上のパラメーターにたいして再帰的に働く、非《ノン》ないし反《アンチ》物語的遊戯を指している)。しかしボードウェルは、バーチがハリウッド映画の表象モードにたいする「挑戦」として否定的に概念化したところに、小津映画のスタイル上の肯定的システムを認めながら、「規範（norm）」という概念を援用することによって、小津映画の規範（より正確には相互連関のなかで作用する複数の規範のセット）がいかにして機能しているかを検証したのである。

このようにボードウェルの研究において、小津の特異な映画スタイルはその肯定的な機能において説明された。小津の映画スタイルはハリウッド映画のスタイルとは異なっているが、それは自身のシステムのなかで、積極的かつ一貫した仕方で機能しているのである。くわえて、ボードウェルは「規範」という概念によって、小津の映画スタイルにたいし歴史的説明を与えている。すなわち、初期小津にたいするハリウッド映画の影響を考慮に入れながら、小津はまずハリウッド映画から語りのためのコンベンションを学び、その後、いくつかの規範の「理由のない（unreasonable）」排除と集中的使用によって、自身の特異な規範システムを発展させたと主張したのである。このボードウェルの説明における要点は、小津はこうした「理由のない」手続きを通して、ハリウッド映画の語りのための規範を「脱中心化」する一方で、自身のスタイル上のパラメーターにたいして再帰的に機能する、語りにたいして過剰な規範を練り上げたというところにある[8]。

小津の映画スタイルはそれまで、「日本的なもの」に結びつけられ、静的にのみ説明されてきた。これを考慮に入れれば、歴史的ダイナミズムを含意したものとして、小津作品の軌跡を辿り直したボードウェルによる研究の意義はきわめて大きい。しかしながらボードウェルは、小津は自身の映画スタイルを練り上げ、通常この名前で名指される監督「小津安二郎」になる過程のなかで、ハリウッド映画の規範を脱中心化したと主張している。くわえて、ボードウェルは一九二七年から一九六二年までの三五年にわたる小津作品の軌跡を、ハリウッド映画からの「理由のない逸脱」という一語で単線的に説明することに終始し、小津がいつ、どの映画スタイルをいかなる過程を辿って練り上げたかについて具体的に検証していない。ボードウェルの研究においてさえ、小津にたいするハリウッド映画の影響（および小津の初期作品）という論点は肯定的に考察されていないのである。

〈動き〉と〈明るさ〉

このように先行研究は、疑いなく小津映画のもっとも特異な側面である映画スタイルに正当な注意を向けてきた。しかしこうした研究は、禅美学による小津の「制限された」スタイルという説明（リチー）であれ、表象モードという観点からの対立（バーチ）であれ、ハリウッド映画の規範の「脱中心化」（ボードウェル）であれ、いずれも小津映画とハリウッド映画を対比させることで、小津映画の特異なスタイルを際立たせてきたのである。結果として、小津の初期サイレント作品や小津にたいするハリウッド映画の影響といった論点は考察の対象の外に置かれてしまった。同様に不問に付されたのは、小津はいかにして自身の特異な映画スタイルを練り上げたのかという発生論に関する問いである。それでは、小津にたいするハリウッド映画の影響とはなにであり、初期作品における映画実践とはいかなるものだったのか。そして、小津はこのハリウッド映画の影響から、どのように独自の映画スタイルを発展させたのか。本書は、先行研究においてほとんど探究されてこなかった小津映画の起源に関する問いを、とりわけ一九二七年から一九三三年までの初期サイレント作品に焦点を絞って考察する。[9]

そのために注目したいのが、〈動き〉と〈明るさ〉というふたつの術語である。小津が映画作家としてのキャリアをスタートさせた一九二〇年代後半日本において、ハリウッド映画の本質は〈動き〉と〈明るさ〉の性質にあると見なされていた。〈明るさ（lightness）〉とはここで、「重さ」にたいする「軽さ」、「暗さ」にたいする「明るさ（brightness）」、さらには「朗らかさ」、「快活さ」といった、ハリウッド映画が一九二〇年代後半日本における大衆文化という文脈のなかで持っていた感覚を指している。ハリウッド映画は同時代の日本において、とりわけ解放のモーメントを含意したアメリカ的な〈明るさ〉の性質のために称揚されたのである。また〈動き（mobility）〉とは、特定の被写体やカメラの動きというより、映画ミディアムの動きを意味している。ハリウッド映画は同時代大衆モダン文化において――この理由にのみ帰すことはできないにせよ――、スクリーン上に広がる映画ミディアムの〈動き〉のために明るいと知覚されたのである。小津はこうした文脈において、〈動き〉

と〈明るさ〉の美学を学んだのである。

そして、〈動き〉と〈明るさ〉という観点からの小津の映画実践の特異性は、以上のような映画の〈動き〉のなかに不連続性を発見したことにある。もし基体としての映画ミディアムが動いているとすれば、それは映画ミディアムそのものの不安定性をも意味している。さらに、こうした映画の〈動き〉が高められるとすれば、それは究極的には、言ってみれば、スクリーン上に展開される海面のイメージが観客席のほうへとこぼれ落ちてくるかのような、基体としての映画ミディアムの崩壊を意味するラディカルな不安定性に行きついてしまう。小津の初期作品における中心的な問題とは、このように不連続性に穿たれた映画の〈動き〉をいかに取り扱うかという問いにあったのである。

本書は小津のサイレント作品の軌跡を、以上のように取り扱いがたい映画の〈動き〉との折衝ないし取り組みという観点から辿っていく。以下の章で見ていくように、小津はまず、一九三一年までの最初期の作品で、大学生やモダンガールの小躍りやタップなど、ハリウッド映画の類型的な人物像の身振りを中心として、いくぶん単純に被写体の水準で、ハリウッド映画の〈明るさ〉を表現する〈動き〉を模倣していた。しかし、こうした模倣を反復するなかで――とりわけ、ルビッチの『結婚哲学』冒頭シーンにおける、投げられた衣類の〈動き〉をめぐる奇妙なアクションつなぎを通じて――、小津はこうした映画の〈動き〉に含意される不連続性という問題に気づき、一九三一年八月の『東京の合唱《コーラス》』における、アクション軸の侵犯のためにスクリーン・ディレクションの一貫性が妨げられているアクションつなぎで、この映画の〈動き〉に関する論点に気づいたことを徴《しるし》づけたのである。このように論じたうえで本書は、不連続性に穿たれた映画メディウムの〈動き〉をいかに扱うかという難題をめぐって、小津は一九三一年以降、彼のもっとも尊敬するハリウッド映画監督であるルビッチやジョセフ・フォン・スタンバーグの作品を、より忠実かつ執拗にデクパージュの水準で模倣することで、自身の映画美学を探究したと主張する。見ていくように、小津はこうした模倣から、〈視線の一致しない切り返し〉をはじめとする自身の特異な映画スタイルを発展させたのであり、さらにこうした過程を通じて、小津映画はハリウッド映画の〈明るさ〉という感覚から離脱し、ある時期以降の小津作品の基調でもある〈はかなさ〉の感覚を獲得したのである。

先行研究において、小津映画はしばしばハリウッド映画と対比されてきたが、小津は自身の映画スタイルと美学を、ハリウッド映画の〈動き〉と〈明るさ〉の美学に忠実であることによって練り上げたのである。この意味で、小津とハリウッドの関係を一言で表すとすれば、小津映画は過剰なまでにハリウッド的であると言えるだろう。これを論証するために本書は、小津の初期サイレント作品を後期の「成熟した」作品に従属させる、これまでの研究にたいし、小津のサイレント作品をそれ自体において分析する。こうした検証から小津研究への新しい知見として明らかになるのは、小津サイレント作品は、『東京の女』、『非常線の女』、『出来ごころ』という一九三三年に公開された三本の作品で、戦後の有名作品からかなりの程度自律した、独自のピークを迎えていたということである。本書はまたこうした見解を踏まえて、小津は一九三六年までサイレント映画にとどまりつづけたが、早くも一九三四年初頭にはサイレント映画を撮りながら、トーキー製作の準備をおこなっていたと主張する。

2　グローバルな規模で共有されたサイレント映画の地平

サイレント映画における〈動き〉の美学

小津のサイレント作品を辿ることにくわえ、本書は小津初期作品を、一九二〇年代半ば以降にグローバルな規模で共有されていたサイレント映画美学の地平のなかで考察することを試みる。なぜなら、小津の〈動き〉と〈明るさ〉をめぐる実践の特異性は、同じく映画の本質は〈動き〉の性質にあると見なされた、一九二〇年代のサイレント映画美学の地平においてこそ、もっとも明瞭に照らし出すことができると考えられるためである。すでに主張したように、小津は〈動き〉と〈明るさ〉の美学を一九二〇年代後半日本におけるハリウッド映画受容の文脈のなかで学んだ。たしかにこの文脈は、日本固有のローカルなものだが、それはハリウッド映画を介して、サイレント時代の映画美学に関するグローバルな地平に通じている。実際、後期サイレント映画の時代、アベル・ガンス、ルネ・クレール、フェルナン・レジェ、セルゲイ・エイゼンシュテインなど、多くのヨーロッパの前衛映画作家や理論家たちは同時代のアメリカ映画に触発されながら、独自の映画論を発展させたのである。そしてとりわけ注目したいのは、こうした映画作家や理論家たちも、映画の本質とは〈動き〉の性質にあると考え、さらにこの〈動き〉をたんなる被写体やカメラの動き以上に、映画ミディアムの〈動き〉として見なしていたということである（たとえば、クレールは「映画的リズム」論を、被写体の動き、カメラの動き、編集の相互作用という観点から定式化しようと試み、エイゼンシュテインはスクリーン上に展開されるダイナミズムを、観客への作用を強調しながら、「アトラクション」という言葉を使って考察した）[10]。本書は、〈動き〉と〈明るさ〉をめぐる小津の実践とはこうした欧州前衛映画論と比較されるべきだと主張しながら、ジャン・エプスタインとジークフリート・クラカウアーの映画論への参照を通じて、小津の映画実践の含意と射程の輪郭を描き出す[11]。

　ただし本書は、小津は欧州映画論の真剣な読者であったと主張するわけではない。あるいは、特定の前衛作品が小津に多大な影響を与えたというように、欧州サイレント映画と小津の直接的な関係を論証しようとするわけでもない。また、欧州前衛映画論を小津作品に適用することで、ヨーロッパにおける理論的言説によって小津の映画実践を説明しようと試みるわけでもない。そうではなく本書が目指すのは、小津と数人の欧州映画作家や理論家たちは同じサイレント映画美学の地平を共有していたと主張しながら、小津の映画実践と欧州映画論者たちの理論的言説を並列的に論じ、両者の共通点と相違点を際立たせることで、小津の映画実践（および欧州前衛映画論）の含意をより明確に分節化することである[12]。とはいえ小津へと議論を移すまえに、同時代の日本において、以上のような欧州前衛映画論が正しく理解されていたということを確認しておこう。戦間期日本を代表する映画批評家である岩崎昶（第五章で詳しく論じる）は、一九三〇年代までの映画史を素描するにあたって、一九一〇年代のアメリカ映画に言及することから始めている。

アメリカでは、映画はその頃Motion PictureとかMoving Pictureとか俗称されてゐた。のみならず、事実、何よりも第一に「動く絵」として考へられてゐた。こゝでは、映画の本質は「動き」にあると確信されてゐた。〔……〕そして、これはこれまでのヨーロッパの、文学や演劇などの立場からのみ映画を見る流儀に比べれば、遥かに映画の本質に接近した考へ方に相違ない。そして、現実に於ても、アメリカ映画はひたすらに「動き」を追及《ママ》しながら発展して行つた。何故といふに、この国の社会は、前述したやうな古い芸術的伝統を持つてゐないだけではなく、この時代（それは一九一〇年代のことであるが）にはまだ初期の植民時代からの極めて素朴な活動的な楽天性をそなへてゐて、思想とか教養よりも子供らしい明朗な活潑な動きを愛してゐたのである。[13]

岩崎はここで、映画がまずアメリカにおいてそれ自身の美学を探究し始めることができたのは、そこでは、舞台演劇をはじめとする芸術の伝統が欠けており、映画は演劇的形式から自由であったためだと主張している（ただしこの記述は完全に正確であるとは言えない）。こうしたアメリカ映画美学の中心に存するのは、〈動き〉という術語と、それに付帯する「楽天性」や「明朗さ」という性質である。そして、一九二〇年代の欧州前衛映画作家や理論家たちは、まさにこうした〈動き〉や〈活動性〉といった性質のために、アメリカ映画に魅了され、独自の映画論を発展させたのである。実際、岩崎は初期追いかけ映画《チェイス・フィルム》やD・W・グリフィスの作品に言及したのち、この点を正しく指摘している。「このアメリカ風の映画と、アメリカ風の映画の考へ方が、本当に意識的な裏付けを受けて、一貫した理論的立場にまで高まつて行つたのはヨーロッパ、特に一九二〇年頃からのフランスを中心としてゞあつた」[14]。そのうえで、岩崎はこうした欧州映画論の代表として、エプスタインのフォトジェニー論、クレールのリズム論、さらにはソヴィエト・モンタージュ論を挙げるのである。

一九二〇年代後半から一九三〇年代初頭にかけて、日本はこのように、グローバルな規模で共有されていたサイレント映画美学の地平の一部に属していた。本書は、一九三二年の岸松雄によるインタビューにおける発言の参照（第三章）や『生れてはみたけれど』の映画内映画シーンの分析（第五章）を通じて、小津もまた、以上のような映画美学に意識的であったことを示し、サイレント期の欧州映画理論に言及することで、初期作品における小津の実践はこうした映画論に比べられるべきものだと主張する。くわえて、サイレント前衛映画論者たちの理論的言説は、映画の〈動き〉についての鋭く洗練された思考であるため、小津の映画実践を分析するにあたって有益な示唆を与えてくれる。

小津と欧州映画論の差異

ただし同時に強調したいのが、小津と欧州同時代シネアストたちとの差異である。まず世代に関して指摘すれば、小津は一九〇三年生まれであるのにたいし、エプスタイン（一八九七年生）、クレール（一八九八年生）、エイゼンシュテイン（一八九八年生）、ヴェルトフ（一八九六年生）など多くの欧州前衛映画人たちは一九世紀末生まれだった。この約五年の違いは、彼らに影響を与えた作品を考慮に入れたとき、決定的な違いをもたらす。一方で欧州前衛映画人たちは、追いかけ映画を中心とした連続活劇、グリフィスの『イントレランス（*Intolerance*）』（一九一六年）、さらには一九一〇年代後半から一九二〇年代前半にかけてのスラプスティック・コメディーに熱狂したのだった（これは、彼らが二〇歳前後に見た作品に一致している）。たいして小津はなによりも、一九二〇年代半ば以降のルビッチのソフィスティケイテッド・コメディー、ロイドの大学喜劇、都市生活者の日常を描いたパラマウント作品に魅了されたのである。

　この差異はさらに、ヨーロッパおよび日本ないし東アジアの差異として言いかえることができる。すなわち、ヨーロッパの前衛映画人たちはアメリカ映画や「アメリカ」のイメージに、機械化と合理化によって急激な近代化を進める新興国の原動力となる、スピードないしアクションという価値を見たのにたいし、日本の観客はハリウッド映画および「アメリカ」という術語に、第一次世界大戦後の好景気にわく都市大衆文化と結びついた〈明るさ〉ないし自由の感覚を感じ取ったのである。[15] そして、小津と欧州前衛映画人たちはともに、映画の本質はそ

表1　欧州映画美学と小津映画美学の比較

〈動き〉に結びつけられた性質	スピード／アクション	vs. 〈明るさ〉
カメラ眼	生	vs. 宙吊り
映画の経験	直接性	vs. 自由／自己疎外

の〈動き〉にあるという理解を共有しながら、両者はこの〈動き〉というキータームを、それぞれ〈スピード／アクション〉と〈明るさ／自由〉というべつの性質に結びつけながら、映画美学と実践を異なる方向へ発展させたのである。

　映画の〈動き〉という鍵概念にくわえて、小津と欧州映画人たちは〈カメラ眼〉および〈映画の経験〉というサイレント映画美学のふたつの主要な論点も共有していた。よく知られているように、サイレント映画後期、欧州前衛映画作家や理論家たちは、映画というメディア装置ないしレンズという機械の眼を通じて、その対象となる事物に生命が与えられると考えたのだった〈カメラ眼〉。小津も事物の前景化という手法によって有名であり、事物から情感的《パセティック》な意味を引き出そうと試みたのだった。さらに〈映画の経験〉に関して言えば、欧州映画人たちは、映画の〈動き〉は観客にたいして直接的な影響を与えると考えたが、小津もスクリーン上に展開されるイメージを通して、観客の情動に訴えかける効果を得ようとしたのだった。

　ただしこうしたふたつの論点に関しても強調したいのは、両者の差異である。欧州映画人たちは、たとえばエプスタインのフォトジェニー論に代表されるように、映画によって暴露される無機物や世界の〈生〉を称揚したのにたいし、小津は事物に焦点をあわせたとき、しばしばその宙吊り的瞬間を前景化したのだった。あるいは、欧州映画人たちは、エイゼンシュテインの「アトラクション」のモンタージュ論に代表されるように、映画が観客にたいして持つ直接的影響の力を理論化しようと試みたのにたいし、小津にとって、映画の経験とはなによりも、〈明るさ〉ないし自由、さらにクラカウアーの言葉を使えば、そのラディカルな形態としての「自己疎外(self-estrangement)」によって定義されていたのだった。小津と欧州同時代映画作家との差異を図式化すると、表1のようになる。

〈明るさの映画〉

初期映画研究者のトム・ガニングはかつて、「アトラクションの映画（cinema of attractions）」という用語によって、長く支配的だった物語映画の底流に流れる「露出症的（exhibitionist）」層に光を当てた。[16] ガニングは主としてこの概念を、物語映画が成立する以前の初期映画の原理（おおまかには一九〇七年以前の映画）を名指すために提出したが、「アトラクションの映画」という概念は、スピードとアクションへの熱狂および観客にたいする直接的影響の称揚のために、欧州前衛映画理論家たちによって探究されたサイレント映画美学にも適用可能である。実際、ガニングはこの「アトラクション」という術語を、エイゼンシュテインの「アトラクションのモンタージュ」から借りてきているし、論文「アトラクションの映画」の冒頭では、アベル・ガンスの『鉄路の白薔薇（*La Roue*）』（一九二三年）にたいする興奮を伝えるフェルナン・レジェの文章が参照されている。ガニングの示唆に富む概念に触発されて、近年の映画学は映画の「見せる」能力と直接的スリルを与える力に注目して、映画がサイレントおよびトーキーの時代において、技術、娯楽、産業、近代《モダニティ》という文脈のなかで持っていた含意を探究している。[17]

しかしながら映画史には、「アトラクションの映画」とは異なる映画、すなわち同じく〈動き〉の美学に基づきながら、映画の〈動き〉を〈明るさ〉の性質に結びつけていた映画も存在していたのである。時代としては、〈明るさの映画（cinema of lightness）〉は、「アトラクションの映画」につづく、一九二〇年代中盤から後半にかけてのサイレント映画最後期に存し、地域としては、第一次世界大戦以降のグローバルな政治経済システムの移行に規定された歴史的で地政学的な状況のために、とりわけ日本（および「狂騒の二〇年代」に沸いたアメリカ）においてもっとも明瞭に照らし出されていた。[18] 本書はこの映画の含意をもっとも遠くまで推し進めた小津作品の軌跡を辿ることによって、〈明るさの映画〉を探究することを目指す。

より具体的に言えば、本書は小津の〈明るさ〉の美学を論じた最終部（第四章）で、小津の初期サイレント作品は、ミリアム・ブラトゥ・ハンセンが「ヴァナキュラー・モダニズム」と呼んだ実践の興味深い一例となっていると主張する。[19] 当初、ハンセンはこの概念を、ハリウッド映画の世界的な成功を「古典性（classicality）」という概念によって説明した、デイヴィッド・ボードウェル、ジャネット・スタイガー、クリスティン・トンプソンによる「古典的ハリウッド映画」論に対抗するために提出したのだった。[20] すなわちハンセンによれば、ハリウッド映画がグローバルな規模で成功を収めたのは、ボードウェルらが主張するように、物語の一貫性と統一性を構築するとともに、観者による作品の「読みやすさ《レジビリティ》」に奉仕する映画スタイル上の規範群や、作品を持続的に供給するための製作モードのため（ばかり）ではなく、ハリウッド映画は、一貫性のなさと不統一性、さらにはショックと断片性を含意した、近代の経験に応答し、それと折衝することを可能にする地平を差し出したためだというのである。

こうした地平を探るために、ハンセンはとりわけ、ヴァルター・ベンヤミンやジークフリート・クラカウアーをはじめとするフランクフルト学派の批評家を参照している。たしかに、映画についての彼らのエッセイは、観客にたいする映画の直接的影響という側面を強調しており、本書も見ていくように、とりわけクラカウアーの映画に関する主著『映画の理論――物理的現実の救済』はその傾向が強い（一九六〇年に出版されたのにもかかわらず、この著作は一九二〇年代のサイレント映画美学を例証していると見なすことができる）。しかし、クラカウアー（およびベンヤミン）の映画に関する論考は、こうした「直接性」という広く共有されていた言説に還元できない部分を持っている。本書はハンセンを参照しながら、クラカウアーの論考や「ヴァナキュラー・モダニズム」の重要な可能性は、映画の〈動き〉に含意された、自由ないし「自己疎外」のモーメントにあると論じ、小津のサイレント映画はこうしたモーメントに関わっていたと主張する。

3　本書の構成

序論を締めくくるにあたって、本書の構成を述べよう。本書は六章からなる三部構成をとり、小津の初期サイレント作品を大まかに時系列順に辿るように書かれている。ただし各部や各章は、それぞれが独立して持つ主題を優先して論じるため、かならずしも時系列にそって議論を進めない箇所もある。以下、第一部「ローカルな文脈」は小津作品を、一九二〇年代後半日本におけるハリウッド映画受容（第一章）、および松竹蒲田撮影所（第二章）という日本の文脈のなかで検証し、第二部「グローバルな文脈」はグローバルな規模で共有されていたサイレント映画美学を視野に入れながら、小津のサイレント美学のピークであると本書が主張する一九三三年作品を、ジャン・エプスタイン（第三章）、およびジークフリート・クラカウアー（第四章）の映画論を参照しながら考察する。第三部「〈動き〉と〈明るさ〉の美学を超えて」は焦点を日本に戻し、「小市民映画」としての小津作品の社会批判的側面と同時代的受容に光を当てるとともに（第五章）、一九三四年以降の小津サイレント作品をトーキー映画への移行という観点から辿る（第六章）。各章において論じる小津作品の時代区分をまとめると、表2のようになる。

表2　各章で扱う小津作品の年代

	--------1927------------1930------------1933--------
第一章	----------------------------(1931)
第二章	--(1933/1934)
第三章	(1932後半) - (1933)
第四章	(1930) ---------- (1933)
第五章	(1930) ---- (1932)
第六章	(1934) ---

　第一章「小津映画の起源――一九二〇年代後半日本のハリウッド映画受容」は、一九二〇年代後半日本におけるハリウッド映画受容のコンテクストを検証し、小津の最初期の作品をこの文脈に位置づける。まずハリウッド映画に関して書かれた当時の記事やレビューの精査を通じて、一九二〇年代後半日本において、ハリウッド映画はその〈明るさ〉と〈動き〉の性質のために称揚されていたことを明らかにする。つづいて、〈動き〉と〈明るさ〉という術語に注目しながら、一九二七年から一九三一年までの小津作品を辿り、一九三一年の『東京の合唱』におけるアクション軸を侵犯したアクションつなぎに注目する。またノエル・バーチとデイヴィッド・ボードウェルによる先行研究を批判的に検証することで、こうした研究との対比において、小津のサイレント作品と特異な映画スタイルにたいする本書の立場を明確にする。

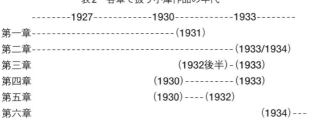

第二章「近代による征服――松竹蒲田撮影所と監督たち」は、松竹蒲田撮影所のコンテクストと蒲田撮影所におけるほかの映画監督の作品を論じることによって、この文脈のなかで小津作品の特異性を明確にする。当時の撮影所長である城戸四郎の回想にそって、松竹蒲田映画を特徴づける「蒲田調」の発生過程を辿ることから始め、一九二〇年代後半と一九三〇年代前半の蒲田映画をそれぞれ代表する、牛原虚彦《きよひこ》と島津保次郎の作品と小津作品を比較する。また、蒲田映画の近代にたいする関係という論点――蒲田映画は親《プロ》近代的か、あるいは反《アンチ》近代的か――についても考察し、ハリー・ハルトゥーニアンの「近代による超克（overcome by modernity）」を参照しながら、小津の映画実践を「近代による征服（mastered by modernity）」と呼ぶ。

小津サイレント作品を同時代日本の文脈のなかで考える第一部「ローカルな文脈」にたいし、第二部「グローバルな文脈」は同時代欧州映画理論への参照を通じて、一九三三年に製作された三本の作品（『東京の女』、『非常線の女』、『出来ごころ』）を中心に分析する。第三章「フォトジェニー的宙吊り――ルビッチ映画の〈動き〉について」は、フランスの映画理論家にして映画作家であるジャン・エプスタインに言及しながら、映画の〈動き〉をめぐる小津の実践を考察する。まず一九三二年一二月のインタビューから、小津はこの時期、トーキーへの移行という潮流のなかで自身のサイレント映画美学を確立させようと試みていたことを示し、不連続性を内包した映画の〈動き〉を取り扱うルビッチの方法の模倣という観点から、『東京の女』の冒頭シーンを分析する。さらに映画の〈動き〉の取り扱い方という論点に注目して、エプスタインの論考「フォトジェニーのいくつかの条件について」を読解し、小津の方法をエプスタインによる称揚と対比して、映画の〈動き〉の宙吊りと呼ぶとともに、小津が特異な〈視線の一致しない切り返し〉を発展させた過程を辿る。

第四章「はかない事物――ヴァナキュラー・モダニズムとしての小津サイレント映画」は、ジークフリート・クラカウアーに言及しながら、小津による〈事物のショット〉の使用を考察する。まず辿るように、小津が意識的に事物から強い意味を引き出し、それを物語のために使用しているかぎりで、彼は事物の新しい〈生〉に魅了された同時代のモダン文化（ないしモダニスト文化）の文脈で映画を製作していたと言うことができる。しかし小津の実践は、このような事物の雄弁な使用法にたいし過剰な部分を含んでおり、この点を考えるためにウジェーヌ・アジェによる無人のパリの街路の写真と小津のいくつかの「空《エンプティ》のショット」を比較しながら、クラカウアーがアジェの写真を評言するために使用した「自己疎外（self-estrangement）」という語を参照し、小津映画に潜在する解放的契機に注目する。そのうえで、スタンバーグにたいする小津の言及のいくつかのラインを辿るとともに、こうした小津の実践をミリアム・ブラトゥ・ハンセンが「ヴァナキュラー・モダニズム」と呼んだ近代にたいする応答という観点から検証する。

第一部と第二部は以上のように、小津サイレント作品をローカルおよびグローバルな規模で共有されていた映画美学という観点から考えるのにたいし、第三部「〈動き〉と〈明るさ〉の美学を超えて」は、社会的・政治的含意を含めたより広範な文脈のなかで、トーキー作品までを射程に収めて、小津映画を考察する。第五章「小市民映画の限界――岩崎昶の批判」は、小津作品の社会リアリズム的側面に焦点をあわせながら、同時代に書かれた批評を参照することで、小津作品が一九三〇年代初頭日本において、いかに受容され、批判されたかを検証する。とりわけ、小市民映画作家によって製作された政治的参与に欠ける映画という、今日一般的に使われる批判的映画としての「小市民映画」とは異なる意味に注目しながら、岩崎昶に代表されるプロレタリア映画批評家たちからの批判を辿り、『生れてはみたけれど』（一九三二年六月）の映画内映画シーンを、ジガ・ヴェルトフの『カメラを持った男（*Человек с киноаппаратом*）』（一九二九年）と比較しながら考察する。

第六章「一九三四年以降の小津――トーキーへ、さらにトーキー以降」は、一九三四年以降の小津作品の軌跡に道筋を示すことで本書の結論とする。よく知られるように、小津は一九三六年までサイレント映画にとどまりつづけたが、トーキーに関する留保にもかかわらず、小津は早くも一九三四年春にはトーキーの製作を意識していた。小津のトーキー作品への移行を、〈断片的編集〉の美学から〈演出（mise-en-scène）〉の美学への移行という観点から検証し、日本的価値への回帰と「巨匠」への欲望という論点を中心として、一九三四年から一九三六年にかけての小津作品を考える。そのうえで〈編集〉vs.〈演出〉というふたつの美学の対立的図式に基づいて、

『晩春』を含めた小津戦後作品にたいし新しい解釈を提示し、さらにハリウッド・スクリューボール・コメディーとの関連を指摘することで、戦後小津作品には、スタンリー・カヴェルの言う「認めること（acknowledgement）」のための空間が出現したと主張する。

＊

本書が提示したい小津像とは、サイレント映画の時代、スクリーン上に展開された〈動き〉と〈明るさ〉に魅了され、それとの関係において自身の美学を探究した映画作家の姿である。この時代、映画の本質はその〈動き〉にあるという考え方は広く共有されており、〈動き〉の性質は多くの場合、スピード、迫力、直接性の感覚と結びつけられていた。そのかぎりにおいて、小津の映画美学の特異性は、〈動き〉の美学が自由と解放を含意した〈明るさ〉の感覚に関係づけられていた点にある。そしてより広い視野のもと、今日におけるメディアの状況を見てみると、デジタル映画、インターネット、スマートフォン、テレビゲーム、アニメーションを介して生産され、流通させられる感覚は、以前にまして直接的かつ激しく、わたしたちを圧倒し、突き刺している。サイレント映画から約一世紀を経て、スクリーンやディスプレイ上に展開される、視覚（および聴覚）メディアの〈動き〉に重きが置かれる時代が再来したのである。小津安二郎研究やサイレント映画研究の枠組みを超えて本書の企図を語るとすれば、〈動き〉の美学が自由の感覚に結びつけられていた小津サイレント作品は、直接性の名のもとに経験が麻痺され、搾取されている、わたしたちとメディアとの関係を再考し、開かれた〈明るい〉メディアの可能性を予感させてくれるのではないかと考えるのである。(21)

第一部　ローカルな文脈

第一章　小津映画の起源
——一九二〇年代後半日本のハリウッド映画受容

一九五〇年におこなわれた座談会「春宵放談」において、小津安二郎は「初めてうんと唸ったのは何ですか」という質問にたいし、次のように答えている。

割合に面白く見ていたけれども、やはりチャップリンの『巴里の女性』ルビッチュの『マリッジ・サークル』（結婚哲学）なんというのは面白かった。それまで連続物とか、そんなものを見ていたのと、その面白さが違って来た。『巴里の女性』とか『マリッジ・サークル』はね。描いているものは非常にソフィスティケーション趣味の、何か感情の機微というようなものが、大変よく出ていた。それまでのは筋だからね。とにかく口をきかないで出ているやつの気持が実に手に取る如くわかったということは大変面白いと思った。[1]

この一節はまず、小津は一九二〇年代、ハリウッド映画の強い影響下から映画作家としてのキャリアを始めたというよく知られた映画史のエピソードを確認させてくれる。『巴里の女性（*A Woman of Paris*）』（一九二三年）と『結婚哲学』はともに、一九二四年、小津が撮影助手として松竹蒲田撮影所に入社した翌年、日本において公開された。小津による発言も示唆しているように、一九二〇年代前半までのハリウッド映画は、アクロバティックな身体的アクションを売り物にした、連続活劇やスラプスティック・コメディーの時代だった。たいして一九二〇年代中盤以降、登場人物の細かな心理描写に重点を置いた、ソフィスティケイテッド・コメディーという新しいジャンルが隆盛することになる（ただし一九二〇年代を通じて、連続活劇やスラプスティック・コメディーの人気も衰えなかった）。ここに引用した小津の発言は、以上のような映画史的趨勢を背景としたものであり、小津はなによりも、当時の新しいハリウッド映画が持つ「ソフィスティケーション趣味」と「感情の機微というようなもの」に魅了されたのである。

しかしながら、小津にたいするハリウッド映画の影響という映画史的事実は、小津の「成熟した」後期作品を考慮に入れたとき、いくぶん奇妙に聞こえてくるかもしれない。序論で述べたように、小津の戦後作品は先行研究において、しばしば反ハリウッド的だと考えられてきたのだった。本書がここで念頭においているのは、小津の戦後作品を平安和歌の「もののあわれ」や禅の「侘び・寂び」といった日本の伝統的美学の見地から評価した、一九七〇年代初頭の文化論的小津論というよりも[2]、小津作品の特異な映画スタイルに注目した一九七〇年代中盤以降の形式主義的小津研究である。たとえば、ノエル・バーチは、〈視線の一致しない切り返し〉や〈事物のショット〉といった、小津の特異な映画スタイルに含意される不連続性は、ハリウッド映画の連続的で透明な表象モードに「挑戦」していると主張し、デイヴィッド・ボードウェルはバーチの単純な二項対立的図式を批判しながら、映画のスタイル的規範のダイナミズムという観点から、小津作品の軌跡をハリウッド映画からの「理由のない逸脱（unreasonable deviation）」として描き出したのである[3]。

以上のような形式主義的小津研究の貢献は、小津映画のもっとも顕著な特徴のひとつである、特異な映画スタイルを明らかにしたことにある。しかしながら、こうした達成は小津映画とハリウッド映画を多かれ少なかれ、対比させることによって可能になった。たしかに、ボードウェルはルビッチやロイドの作品を参照しながら、小津にたいするハリウッド映画の影響を語りのための規範という観点から指摘している。しかしボードウェルのシナリオによれば、こうしたハリウッド映画の規範は、小津が特異な映画スタイルを練り上げる過程のなかで、「理由のない逸脱」を介して脱中心化されてしまう。言いかえれば、ボードウェルの研究においてすら、小津とハリウッド映画の関係はいまだ否定的に捉えられたままにとどまっているのである。

それでは、小津にたいするハリウッド映画の影響とはいかなるものだったのか。本書は、先行研究が前提としてきた物語映画─反物語映画という軸のかわりに、〈動き〉と〈明るさ〉という術語を導入することで、この問いを肯定的に考えることを試みる。本章では、冒頭で引用した小津の発言におけるふたつの鍵言葉「ソフィスティケーション」と「機微」に注目しながら、一九二〇年代後半日本におけるハリウッド映画の受容コンテクストを検証することから始める。つづいて、小津はこうした文脈のなかで、ハリウッド映画から〈動き〉と〈明るさ〉の美学を学んだと論じながら、小津の初期作品を辿り、一九三一年八月公開の『東京の合唱《コーラス》』における奇妙なアクションつなぎに注目していく。本章では、このアクションつなぎを、小津が映画の〈動き〉に含意される不連続性に気づいた瞬間を徴《しるし》づけたものと解釈し、さらに小津の特異な映画スタイルの重要な一部分は、この不連続性を含意した映画の〈動き〉に関わっていたと主張する。このように論じたうえで結論として、バーチとボードウェルの小津論をより詳しく検討し、本書の立場を明確にする。

1　「ソフィスティケーション」の意味

ルビッチの同時代的評価

映画製作の場をドイツからハリウッドへ移した一九二三年以降のエルンスト・ルビッチのサイレント作品は、登場人物の心理のきめ細かな描写とそこから引き出される皮肉や風刺を含んだ笑いの効果のために高い評価を受けてきた。とりわけハリウッドにおける第二作『結婚哲学』は、二組の夫婦間で繰り広げられる過度な思い込みと勘繰りのニュアンスに富んだ叙述のために、チャップリンの『巴里の女性』とともに、ソフィスティケイテッド・コメディーの先駆的作品と見なされている。こうした理由のために、ルビッチは一九六〇年代の作家主義的批評から近年の学問として確立された映画学まで、映画的語り（narration）の名手として称賛されてきたのである。[4] あるいは一九二〇年代前半、ハリウッド映画の主流はいまだ、連続活劇やスラプスティック・コメディーといった、その魅力を身体的アクションに頼ったジャンルであった。そうだとすれば、ルビッチの映画史にたいする貢献は、いくぶん粗雑な身体的アクションから精緻な心理描写へといたるラインにそって、映画言語の発展という観点から捉えることもできる。たとえば、映画史家のクリスティン・トンプソンはドイツ時代とハリウッド時代のルビッチを比較した研究で、こうした視点をほのめかしながら、次のように書いている。

一九二一年や一九二二年に製作されたドイツ作品は、彼が古典的手法について最新の知識を持っていたということを示している。〔……〕アメリカへ移住後、彼は急速に古典的原則の使用に磨きをかけ、『結婚哲学』（一九二四年）や『ウィンダミア夫人の扇（*Lady Windermere's Fan*）』（一九二五年）といった一連の傑作で、すぐにほかの映画作家たちに影響を与えるようになった。[5]

この一節では「古典的（classical）」という用語が使用されているが、デイヴィッド・ボードウェルやジャネット・スタイガーとの共著『古典的ハリウッド映画——一九六〇年までの映画スタイルと製作モード』で、トンプソンは「古典的規範システム」を、語りのために効率的な映画手法という観点から定義していたことを思い出そう。[6] そうだとすれば、トンプソンはここでルビッチを先進的な語りの手法のために評価しているのであり、こうした見解を敷衍すれば、ルビッチのハリウッド作品はその先進的映画手法のために、「洗練されている（sophisticated）」と呼ばれていると考えることができる。

ルビッチは一九二〇年代日本においても、語りのための熟練した映画手法によって知られていた。たとえば、当時のもっとも重要な映画批評誌のひとつである『映画評論』において組まれたルビッチ特集号（一九二七年五月）に寄稿された論考で、清水俊二は、ルビッチによる「クローズ・アップ、オヴアー・ラップ、移動」の如才ない使用を高く評価している。また、この雑誌の編集長でもあった佐々木能理男は同じ号で、ルビッチの「分析的」かつ「暗示的」手法は「或る重要な細部に観客の注意力を集中」させると同時に、「観客の想像力に充分の余地」を与えると指摘している。[7] しかしながら注記しておきたいのは、ルビッチ映画にたいして使われる「ソフィスティケーション」という語は、すくなくとも一九二〇年代日本の文脈においては、この種の語りの巧さを指していなかったということである。

こうした観点から重要なのは、『映画往来』一九二七年二月号に掲載された、筈見恒夫のエッセイ「才人時代」である。この論考で、筈見は「ソフィスティケーション」のかわりに、「才気」あるいは「才能」という語を使って、最近のハリウッド映画の傾向を次のように記述している。

> それまで Director は手確い《ママ》職工であれば良かつた。良心、こそ今日以上に重要視されてゐたが、才能は左程にまで必要とされてゐなかつた。多少、才気が足りなくても、製作に対して手馴れがあれば、監督者として立派に通用してゐた。〔……〕それでは、不可なかつた。巴里の女性や幌馬車、結婚哲学は、職工の熟練では出来ない。〔……〕
>
> 今迄あまり省り《ママ》見られなかつた、監督の才がこれによつて一躍問題にされ、一に才気、二に才気、才気万能の世の中になつたのである。小手先が利いて、器用で、切れる技巧を見せて、末梢神経が豊富なら、芸術家としての素養に欠ける処があつても、質量が乏しくとも、浮腰で大地を踏しめてゐなくても、名監督として、称えられる時代が来た。[8]

たしかにここで言われる「才気」とは、ある種の熟練した映画手法――「切れる技巧」――を意味しているだろう。しかしこの「才気」は、「小手先が利く」、「器用」、「末梢神経が豊富」といった語句が示しているように、語りの手法以上に曖昧で捉えがたい性質に関わっている。あるいは、ハリウッド映画は一九二〇年代初頭までに、語りのための古典的規範システムをかなりの程度、安定化させていたことを思い出せば、ここで「製作に対して手馴れ」であると言われる「職工」としての映画監督は、編集をはじめとする映画的語りの方法についてすでに通じていたと考えることができる。そうだとすれば、旧来の監督が欠けていたとされる「才気」とは、語りにたいして決定的に過剰ななにかを指しているはずである。本章の冒頭で引いた一九五〇年の座談会で、小津は「ソフィスティケーション趣味」という語を使っていた。すなわち一九二〇年代後半日本の文脈において、「ソフィスティケーション」という語は、映画的語りの先進性というより、当時のハリウッド映画が持っていた、ある種の趣味、ムード、雰囲気を意味していたのである。

ただし筈見はこの一九二七年のエッセイで、「ソフィスティケーション」というまさにその語を使用していない。その理由はおそらく、この語は一九二〇年代後半の日本において、いまだ一般的ではなかった、あるいは存在していなかったためだろう。本書はのちに、「ソフィスティケーション」という語の日本における最初期の使用例のいくつかを検証するが、ここではまず、この語の欠如は「ソフィスティケーション」によって名指される感覚が不在であったということを意味していないという点を確認しておこう。実のところ、この語の欠如にもかかわらず、「ソフィスティケーション」という感覚こそが同時代日本の観客にとって、ハリウッド映画の魅力の中心をなしていたのである。

日本におけるハリウッド映画受容

まず筈見もエッセイで書いているように、「ソフィスティケーション」――あるいは「才気」――の隆盛は、同時代ハリウッド映画を特徴づける新しい傾向だった。この新しい潮流を代表する映画作家として、筈見は、主としてパラマウント撮影所で映画を製作していた、モンタ・ベル、クレランス・ブラウン、マル・セント・クレア、エドワード・サザーランドといった映画監督たちの名前を挙げている。(9) よく知られているように、この時期のアメリカは、第一次世界大戦終結にともなう欧州からの経済的ヘゲモニー移行に支えられ、前代未聞の繁栄を謳歌していた（「狂騒の二〇年代」）。経済的・産業的下部構造の変化は、都市生活という新しい生活様式および、都市部に生きるホワイトカラー階級の労働者、大学生、モダンガールといった社会階級を生み出し、映画はこうした新しい社会のなかで娯楽の中心的位置を占めていた。そればかりか、ハリウッド映画は再帰的に、こうした階級の人々の日常生活をすすんで描き、新しい生活様式と価値観を促進するメディアとしての役割を演じたのである。

そして日本においても、一九二〇年代半ばから後半にかけては、関東大震災後の復興期にあたり、都市大衆モダン文化が急速に発展した時期と重なっていた。[10] こうした状況のなかで、ハリウッドのソフィスティケイテッド・コメディーは、百貨店や遊園地といった商業・娯楽施設、新しいファッションと髪型に身を包んだ女性、友情と恋愛に彩られた学生生活など、当時の日本人が「モダン」であると想像し、あこがれたイメージを視覚化しているように思われた。『キネマ旬報』、『映画評論』、『映画往来』といった当時の主要映画雑誌をめくってみると、ハリウッド映画は、「明るい」、「朗らか」、「軽快な」、「潑溂とした」といった語で称揚されていたことがわかる。[11] ここではこの種の多くの記事やレビューから、一九二八年に『映画往来』に掲載された「アメリカニズムの根拠」と題されたエッセイを引用しよう。

> アメリカ映画をご覧なさい〔。〕一々例をとるまでもなく、殆んど皆んなが、明るい、自然な、しかも力の籠つた瞳を潑溂とさせてゐるではありませんか。〔……〕
> 更にアメリカ人の反発性、伸展性、冒険力を見よ、映画に展開されたスクール・ライフ。スポーツ。ユーモア。フレツシユネス。シンプルネス。[12]

たしかに、「ソフィスティケーション」はその外来語としての出自とアイロニカルな含意のために、この一節で楽天的に称揚されている「明るさ」や「潑溂さ」に比べ、よそよそしい響きを持っている（とりわけルビッチ作品の場合、皮肉の意味合いが強くなる）。しかしながらここで注記したいのは、「明るさ」と「ソフィスティケーション」という語はともに、ハリウッド映画が大衆モダン文化の隆盛という歴史的文脈のなかで持っていた感覚、とりわけ憧れの対象としての「モダンなもの」に結びつけられた感覚を指していたということである。そしてこの感覚を名指すために、もっとも頻繁に使われたのが〈明るさ〉という語だった。この語にちなんで、自由、活力、アイロニーなど、すべての含意を保持しつつ、本書では、一九二〇年代後半日本という歴史的コンテクストのなかで受容されたハリウッド映画を〈明るさの映画〉と呼びたい。

それでは、こうした〈明るさの映画〉にはどのように接近できるだろうか。もちろん、モダンな日常生活というハリウッド・ソフィスティケイテッド・コメディーの主題は〈明るさ〉の感覚に関わっていたし、軽快な移動ショットや矢継ぎ早なショット転換など、いくつかの映画技法もこの感覚に寄与していただろう。しかしここで強調したいのは、一九二〇年代後半日本という受容コンテクストにおいて、この〈明るさ〉の感覚は特定の主題やスタイルに還元されるというより、同時代の大衆文化のなかで、映画そのものに付与された価値に関わっていたということである。

近年の映画学は、その本質がテクストの領域の外部にある映画《シネマ》にアクセスするために、映画のどういった側面が実際の観客に魅力を持っていたかという問いを中心に、受容コンテクストの実証的研究を強調している[13]。そして、ハリウッド映画に関する同時代日本における言説を調べてみると、ハリウッド映画の〈明るさ〉という性質は、もうひとつの映画の特性である〈動き〉という術語に結びつけられていたことがわかるのである。たとえば、一九二〇年代後半、『映画評論』を中心に多くの論考を発表した批評家の佐藤信行は、ハロルド・ロイドについて次のように書いている。

『ロイドの要心無用』では『ロイドの人気者』に比べて」ロイドの「動き」が、いつもかたくなで、ぎごちない様に思はれてならない。そこからは、何等のうま味も、快よさも、朗らかさも発散しない[14]。

すなわち、ロイド映画の魅力としての「快さ」や「朗らかさ」はなによりも、ロイドの身体的身振りとしての〈動き〉から引き出されると見なされていたのである。さらに言えば、佐藤はスラプスティック・コメディーの色合いが濃い『ロイドの要心無用（*Safety Last!*）』（フレッド・ニューメイヤー、サム・テイラー、一九二三年）以上に、カレッジ・コメディーの代表作である『ロイドの人気者（*The Freshman*）』（フレッド・ニューメイヤー、サム・テイラー、一九二五年）を高く評価しており、こうした態度は一九二〇年代後半の〈明るさの映画〉の受容を例証している。

それでは、このハリウッド映画の〈明るさ〉を表現する〈動き〉とはなんだろうか。もちろん佐藤も書いているように、この〈動き〉はロイドをはじめとする数人の映画スターによって特権的に身体化されていたと考えることができる。とはいえここでは、この映画の〈動き〉は、より複雑かつ総体的に映画ミディアムそのものの動きとして捉えられていたということに注意を向けておきたい。一九二〇年代日本を代表する映画批評家のひとりである飯島正は、「フラッパー＝パタパタ動く人」と呼ばれたクララ・ボウ主演の『あれ（*It*）』（クラレンス・G・バッジャー、一九二七年）に関するレビューで、次のように書いている。

> 「イット」の良さは、その潑溂たる動きにある。縦横無尽の移動撮影の巧みさは、最近稀に見る所で、たゞ驚くばかりである。巻頭のビルディングのてつぺんから下までの斜めの移動、百貨店内部の移動、クレァラ・バウを中心として、階段をかけ上つたり、街を駆けたりする移動の素晴らしさ。それだけでもう幸福である。海水浴場の遊び場の秀抜さに至つては！(15)

ここで注目したいのは、飯島が『あれ（イット）』の魅力を帰すところの「潑溂たる動き」の動作主が曖昧のまま、一種の横滑りを起こしているということである。映画装置のフェティシストとしても有名な飯島は、ボウの動きというより、『あれ』の移動ショットを列挙することから始めている（映画冒頭の「斜めの移動」や「百貨店内部の移動」）。しかし、「クレァラ・バウを中心として、階段をかけ上つたり、街を駆けたりする移動」という一節が示すように、カメラの動きは飯島の記述のなかで、次第にクララ・ボウの動きと混ざりあわされていく。そして飯島は最終的に、クララ・ボウが船上から海へ飛び込むラストシーンのカリフォルニアの陽光に輝く海面のイメージ――スクリーン上に展開される映画ミディアムの〈動き〉――に感嘆するにいたるのである。このように、飯島が書いている〈動き〉とは、被写体あるいはカメラいずれかの動きに還元できるものではない。むしろそれは、両者がアマルガム状に渾然一体となった、スクリーン上に輝きとして広がる〈動き〉であり、ハリウッド映画の〈明るさ〉という感覚は、一九二〇年代後半日本の大衆モダン文化という文脈において、こうした映画ミディアムの〈動き〉によってこそ与えられたのである。[16]

このように論じるからといって本書は、ハリウッド映画の〈明るさ〉という性質は映画ミディアムの〈動き〉のみによって決定されたと主張しているわけではない。むしろその〈明るさ〉という性質は、アメリカにたいする日本の地政学的関係のパラメーターでもある、さまざまな社会的、政治的、経済的、文化的要因によって重層的に決定されていたと言うべきである。あるいは日本の映画市場のなかでハリウッド映画が占めていた割合は、「大衆」文化と呼ぶにはごく限定的なものにとどまっていたと主張することもできるかもしれない。日本映画研究者のマイケル・レインが朝日新聞社発行の『映画年鑑』（一九三四年版）から示したように、一九二七年から一九三三年までの日本で公開された映画本数のうち、外国映画が占める割合は約三〇パーセントを推移していた（一九二六年までのデータによれば、この外国映画のほとんどをハリウッド映画が占めていた）。ここから推測すれば、日本の観客の大部分は主として日本映画を楽しむ一方で、ハリウッド映画は都市部に暮らす知識人や大学生を中心とする観客が見るものとして、むしろハイカルチャーに属していたと主張できるかもしれない。[17] ただし一部の観客に限定されるとしても、たしかに一九二〇年代後半日本においては、ハリウッド映画の〈明るさ〉は、スクリーン上に広がるその〈動き〉によって与えられると想像されていたのであり、まさにこうしたハリウッド映画受容の地平こそが、小津の映画作家としてのキャリアの出発点だったのである。

初期における「ソフィスティケーション」と「機微」の用法

小津の初期作品を検討するまえに、冒頭で引用した一九五〇年の座談会に戻り、「ソフィスティケーション」と「機微」というふたつのキーワードに注解を加えよう。まず「ソフィスティケーション」に関して言えば、すでに指摘したように、この語は語りのための手法の先進性というより、ハリウッド映画の感覚ないし趣味を指している。ただしこれも指摘したように、この語は一九二〇年代後半日本において、いまだ一般的に使用されていなかった。こうした観点から興味深いのは、一九二七年三月号の『映画往来』に翻訳が掲載された、ジム・タリーによるルビッチに関する記事である（同じ雑誌の二月号には、先に参照した筈見の「才人時代」が掲載されている）。注目すべきことに、「ソフィスティケーション」という語はこの翻訳において、英語のままになっている。

彼の米国映画は主として sophistication の物語り《ママ》であつた〔原文――His American pictures have, for the most part, been stories of sophistication〕[18]。

まずタリーの「sophistication」という語の用法は、アメリカにおいても、この語はルビッチによる語りの方法以上のことを指していたということを示唆している。たしかにタリーは、この語によってなにを意味しているのか、明確に書いていない。しかしこの一節に先立って、タリーは「〔ルビッチは〕決して深刻な男ではない。彼は人生の表面を軽く滑走して行く、そして世界中のかうした型の人間の例に洩れず、表面だけで底までなのだと確信し切つてゐるらしい」と書いている[19]。そうだとすれば、「sophistication」とは、こうした世俗的で表層的なルビッチの態度を意味していると考えることはできないだろうか。同時代の日本人にとって、こうした表層的な態度は、ハリウッド映画がその範例を示し、現実に出現しつつある新しいモダンな生活様式と不可分に結びついていた（たとえば、モダンガールはまさにその表層性によって特徴づけられていた）。日本語の翻訳者はおそらく、こうしたまったく新しい様態を適切に指し示す日本語はないと判断し、この語を英語のままに残しておいたのである。

日本語としてのもっとも早い「ソフィスティケーション」の使用例のひとつは、同じく筈見恒夫によって書かれた一九三二年のエッセイに見つけることができる。「アメリカ映画の独自性」と題されたこのエッセイで、筈見は一九二〇年代後半のハリウッド映画を回顧して、次のように書いている。「例へば、ルビツチユの「結婚哲学」によつて、先鞭をうけられたハリウツド・ソフイステイケーションがそれだ。勿論、古い善悪の観念はなく、男と女とか、互ひに相手の弱点を見つけ出してにやにやと笑つてゐる。古いありきたりのものへの反逆——ソフイステイケーションといふ奴は、どうしても否定的になる。掘下げてゐると、ニヒリズムの匂ひが鼻をついて来るのだ[20]」。ここでも「ソフィスティケーション」は、ルビッチの映画言語の先進性ではなく、当時のハリウッド映画の趣味、雰囲気、ムードを指している。ただし、一九二〇年代において〈明るさ〉として肯定的に価値づけられていた同じ趣味が、一九三二年のエッセイにおいては、懐疑のまなざしで捉えられている点にも注意しよう。より広範に当時の日本と世界を取り巻く政治経済的文脈を思い出せば、わたしたちはこの態度変更に、一九二九年の大恐慌に起因する断絶と大きな社会変動の痕跡を読みとることができるのである。

もうひとつのキーワード「機微」に関して言えば、とりわけ「ソフィスティケーション」を語りのための映画言語の先進性を指す語だと捉えるとき、「何か感情の機微というようなもの」という語句は、より単純に登場人物の「機微な感情」ないし「繊細な心理」を意味するものとして理解することができる（ルビッチは洗練された語りのスタイルを持っているために、細かな感情の揺れ動きを如実に描くことができる）。しかし「ソフィスティケーション」が特殊な意味を持っていたように、この「機微」という語も一九二〇年代の文脈（あるいは一九五〇年の座談会の文脈）において、登場人物の「機微な感情」という、より一般的な意味とは異なる含意を持っていた。まずアメリカにおいても、「機微（subtlety）」という語はルビッチ映画を形容するにあたっての常套句であり、それは登場人物の心理の状態を指していなかった。たとえば、一九二四年二月の『結婚哲学』のプレミア上映を伝える『ニューヨーク・タイムズ』の記事は次のように書いている。「演出は独創的で、機微である。ルビッチ氏がこの作品を如才なく取り扱ったことを認めるのは容易い〔The direction is original and subtle, and it is easy to perceive that Mr. Lubitsch handled this film without interference〕[21]」。すなわち、機微であるのは登場人物の感情ではなく、ルビッチの演出なのである。

たしかに「機微」という語は、〈明るさ〉や〈動き〉と異なり、一九二〇年代後半および一九三〇年代前半日本における映画批評においてほとんど使われておらず、また小津がいかなる経緯で、この語を使用するようになったのかについても不明である。しかし、小津は一九三五年の時点ですでにこの語を使っていた。この年におこなわれた座談会で、小津は「機微」という語を使って、歌舞伎役者の音羽屋（六代目尾上菊五郎）を次のように称賛している。

音羽屋の芸談は理窟でなしに人情の機微に触れているのです。例えば、わたしとお前さんと何か約束しましたね。「ああそうそう」と思い出す場合、膝を叩くとする。叩いてから「ああそうそう」と云う場合は普通の人で「ああそうそう」と云ってから手が遅れる場合は按摩だと云うのです。〔……〕そう云われるとまことにそうなのです。そういう表情外の機微を直截に云い現わすのは何と云っても名人です[22]。

一見したところ、日本の伝統芸能に属する歌舞伎とハリウッド映画を代表するルビッチ作品は掛け離れている。しかしこの発言から、小津は一九三五年までにハリウッド映画に背を向け、日本の伝統美学へと転向したと結論づけるのは早急だろう。一九二〇年代後半から一九三〇年代中頃にいたる、小津による映画美学の探究の軌跡はきわめて複雑だからである。この軌跡を辿ることが本書の目的だが、ここで注目したいのは、この引用に使われる「機微」の用法である。興味深いことに、小津がここで使っている「人情の機微」という語句は「感情の機微」とほとんど同じである。「人情」も「感情」と同様に曖昧な語だが、「表情外の機微」という語句からわかるように、機微であるとされる「人情」の領域は表情（すくなくとも登場人物の内面の表出としての表情）の外部にあることは明らかである。この一節において、小津はもっぱら、音羽屋の演技や身振りについて述べているのであり、小津は、こうした演技や身振りによって産み出される感覚が、登場人物の内面という回路を経由することなく、機微だと言っているのである。

このような機微な身振りの捉え方はおそらく、ヴァルター・ベンヤミンがブルジョワジーの主体の内面という伝統的な概念との対置のもとで練り上げた観相学や、フセヴォロド・メイエルホリドが新しい演技法として提唱したビオメハニカに比されるべきものだろう。[23] 身振りや演技にたいする小津の姿勢とは、登場人物の内面を徹底的に軽視した、モダニストのそれだったのである。さらに言えば、上記一節における小津の関心はもっぱら、音羽屋の演技によって表現される、シーン全体の雰囲気ないしムードに向けられている。小津を敬愛する映画作家であるヴィム・ヴェンダースはかつて、「映画（motion picture）」をもじって、「感情映画（emotion picture）」という造語を作り出した。[24] そうだとすれば、「感情」とはシーン全体の感情であるという点を強調しつつ、ヴェンダースの「emotion」を「motion」へと元に戻し、「何か感情《エモーション》の機微というようなもの」とはなによりも、演出によって引き出される、スクリーン上に広がる〈動き《モーション》〉に関わっていたと考えることはできないだろうか。小津が提唱する「感情の機微」とは、映画《モーション・ピクチャー》の〈動き〉の「機微」のことを言っているのである。

2　小津によるハリウッド映画の模倣

小津初期作品における〈明るさ〉と〈動き〉

一九二七年二月、いまだ助監督であった小津安二郎は「乙雀《オッチャン》」という筆名で『映画往来』に、「鶏肋戯語——Boxing のお話」と題された三頁足らずの短編小説を寄稿している。[25] 小説の前半、モンタ・ベルという名のボクサーがニューヨークでの試合に負ける。彼は骨折と引きかえに二五ドルのファイト・マネーを得る。つづいてカリフォルニアに場を移し、日本人ボクサーの荻野貞行がサクラメントでの試合で、足に怪我を負いながら、かろうじて引き分けに持ち込む。小説の最後、荻野はただひとり、ハリウッドを歩いていく――「明るいカリフォルニヤの天日の下を淋しい心に感激を抱いて、とぼとぼと」[26]。

筈見恒夫が「才人時代」（このエッセイは小津の小説が発表された『映画往来』の同じ号に掲載された）で高く評価したモンタ・ベルや、実在のボクサーである荻野貞行、さらには当時ハリウッド留学から帰国したばかりであった牛原虚彦といった名前を持つ人物が登場することからわかるように、小津はハリウッド映画に関連づけられた新しい生活様式ないし〈明るさ〉の性質に魅せられた同時代人のひとりだった。実際、一九二七年一〇月公開のデビュー作『懺悔の刃《やいば》』につづく小津の最初期の作品を言い表すにあたって、〈明るさ〉以上に適切な用語はない[27]。たとえば、現存している小津作品のうちでもっとも古い『若き日』（一九二九年四月）は、ふとしたことで知りあった女性にロマンスを感じ、スキーを楽しみ、試験は一夜漬けで乗り切る、大学生の気楽な生活を主題としている。また、『若人の夢』（一九二八年四月）、『引越し夫婦』（一九二八年九月）、『肉体美』（一九二八年一二月）、『結婚学入門』（一九三〇年一月）といった失われた初期作品においても、小津はハリウッド映画に倣いながら、都市部に住む若い男女や大学生の生活に映画の題材を求めたのだった[28]。

こうした理由から、批評家の福井桂一は一九三〇年七月に発表された小津に関する最初の作家論のひとつで、〈明るさ〉という観点から、次のように小津を評価したのである。

米国映画が世界を風靡したについては幾多の理由原因が存在するであろう。〔……〕しかし、その中にあつて最も力強く国境を超越して各国人に受け入れられたものは、米国映画の持つ「明るさ」である。そして、従来の日本映画に最も不足してゐたのが、この「明るさ」である。

〔……〕此の如く「明るさ」に欠いてゐた日本映画に「明るさ」を与へたのは、蒲田の新星小津安二郎である[29]。

図1－1 『ロイドの人気者』

図1－2 『落第はしたけれど』

ただし小津作品が明るいとすれば、それは小津がハリウッド映画からいくつかの物語主題を借りてきたためばかりでない。こうした観点からより重要なのは、〈動き〉の水準における模倣である。たとえば、小津のカレッジ・コメディーである『若き日』や『落第はしたけれど』（一九三〇年四月）には、学生の小躍りという『ロイドの人気者』を明示的に参照した身振りを確認することができる（図1－1、1－2）。

また小津は、モダンガールという人物形象を〈動き〉に結びつけて造形していた。たとえば『朗かに歩め』（一九三〇年三月）には、モガ女優である伊達里子が社長に扮する阪本武に、彼が入れあげているタイピスト（川崎弘子）に関して「エロ」な策略を持ちかけるシーンがある。この策略の背後には、伊達のボーイフレンド（高田稔）が川崎に惚れてしまったことに起因する嫉妬があるのだが、こうした物語上の動機づけ以上に重要なのは、エレベーターのシーンに挿入された、彼女のタップする足のクロースアップである（図1－3）。すなわちこのタップは、クララ・ボウが『あれ』で見せたタップ、とりわけ彼女が想いを寄せるハンサムな富豪のサイラス（アントニオ・モレノ）の交友関係を探るために、共通の友人のモンティ（ウィリアム・オースティン）を誘ってリッツ・カールトンのレストランに行くシーンでのタップを共鳴させながら、モダンガールの軽快さを表現しているのである（図1－4）。（また『朗かに歩め』における高田稔のアパートには、ボウ主演の『乱暴ローシー（*Rough House Rosie*）』［フランク・ストレイヤー、一九二七年］のポスターが貼られており、これは、伊達演じるモガがボウをモデルとして造形されていることの証左となっている。）

以上のようなハリウッド映画の模倣から、小津にたいするルビッチの影響の要点もまた〈動き〉の美学にあったと推測できるだろう。よく知られているように、『結婚哲学』は穴のあいた靴下のクロースアップとそれを脱ぐストック教授（アドルフ・マンジュー）のロングショットから幕を開けるが（図1-5、1-6）、小津は初期作品において、しばしばこの穴のあいた靴下を、映画の〈動き〉と関連づけて引用していた。たとえば『若き日』には、主人公の渡辺（結城一郎）が千恵子（松井潤子）から、彼女がほかの男性のために編んでいた靴下を奪ってしまうシーンがある。渡辺は靴下を自分のものとするために、それを履いてしまうが、カメラはこのアクションを効果的に捉えるために、低い位置に置かれる（図1-7）。

また穴のあいた靴下への明示的な言及は、『淑女と髯』（一九三一年一月）に見つけることができる。作品の中盤、それまで髯面でバンカラを気取っていた大学生の岡島（岡田時彦）は心を変え、頬髯をそった好青年になり、幸運にもある企業への就職内定を得る。岡島はそれを報告するために、広子（川崎弘子）の家に訪れ、家に上がるために靴を脱ぐ。フォーマルな背広姿にもかかわらず、岡島は靴下を履いていない。岡島はパンツの下に履いている股引を引っ張り出して、靴下を履いているように装おうとするが、カメラは低い位置から、彼の落ち着かない指の動きをクロースアップで捉える（図1-8）。つづいて、この場面の要点はこの指の〈動き〉にあったことを明示するように、岡島の指のクロースアップは、べつのモボ青年（南條康雄）をまえにして、かわいいふりをしようとしきりに指を動かす幾子（飯塚敏子）の手のクロースアップにつなげられる（図1-9）。

図1-3 『朗かに歩め』伊達里子の足

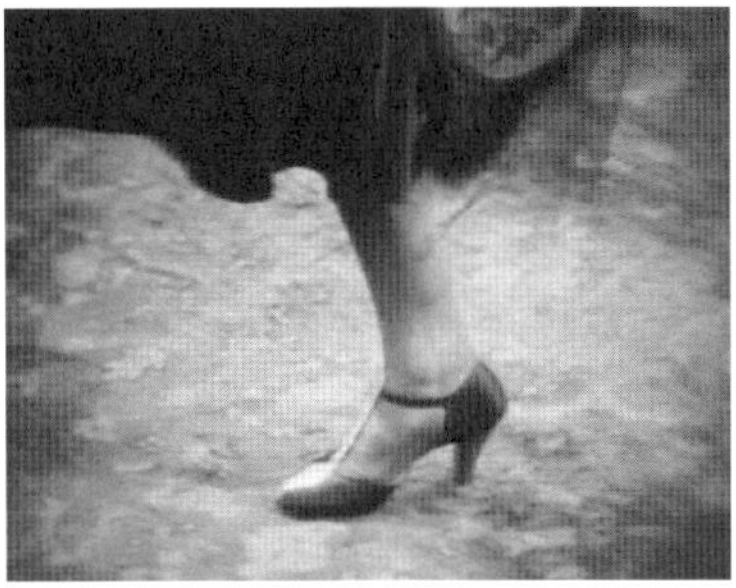
図1-4 『あれ』クララ・ボウの足

図1－5 『結婚哲学』（図1－6まで）

図1－6

図1－7 『若き日』

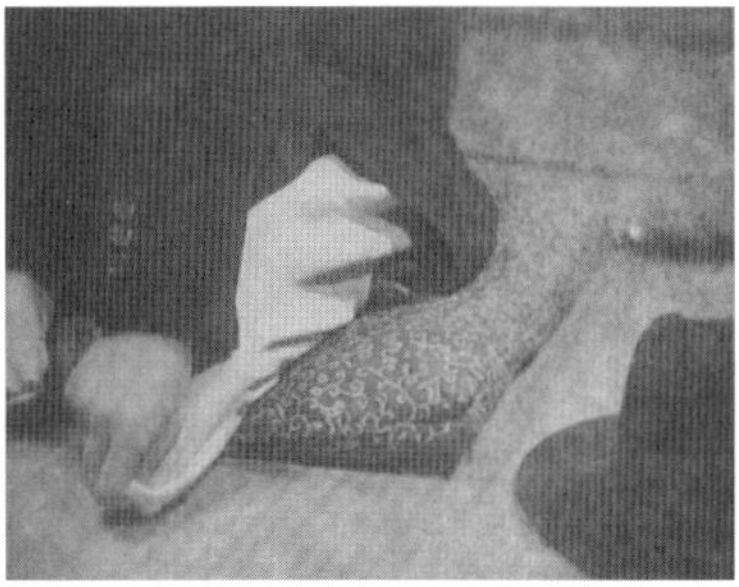

図1－8 『淑女と髭』（図1－9まで）

図1－9

映画ミディアムの〈動き〉と不連続性

以上のように、小津は最初期の作品で、ハリウッド映画の〈動き〉の模倣を介して、その〈明るさ〉を再現しようと試みたのだとしたら、映画の〈動き〉に関する小津の実践の特異性はどこに見つけることができるだろうか（次章で見るように、この時期の松竹映画を特徴づける「蒲田調」は〈明るさ〉の性質によって定義づけられており、この意味で〈動き〉と〈明るさ〉の美学は当時の日本映画のあいだで広く共有されていた）。こうした観点からまず主張したいのは、小津も佐藤や飯島といった批評家と同様に、この〈動き〉を映画ミディアムのそれとして捉えていたのではないかという仮説である。見てきたように、小津は大学生やモガといった人物形象を〈動き〉というタームに結びつけて模倣してきたが、とりわけモガに関していえば、彼女のタップを前景化すべく、彼女の足をクロースアップで捉えている。あるいは『若き日』において結城が靴下を脱ぐショットでは、小津は被写体の動作を前景化するべく、カメラを低く構えている。もちろん、小津の名高い「ロー・ポジション」をこればかりに帰することはできないが、この特異な映画スタイルは、映画の〈動き〉をミディアムのそれとして捉えるという試みと関係していたと考えることはできないだろうか[30]。さらに言えば、やや時代は下るが、小津は『出来ごころ』（一九三三年九月）のラストシーンで、飯島がスクリーン上に広がる海面の〈動き〉に感嘆した『あれ』の海辺のシーンを参照している。ここで、主人公の喜八（阪本武）は『あれ』のボウと同じく、家へ戻るために船から飛び込み、陽の光を反射する

図1－10　『出来ごころ』

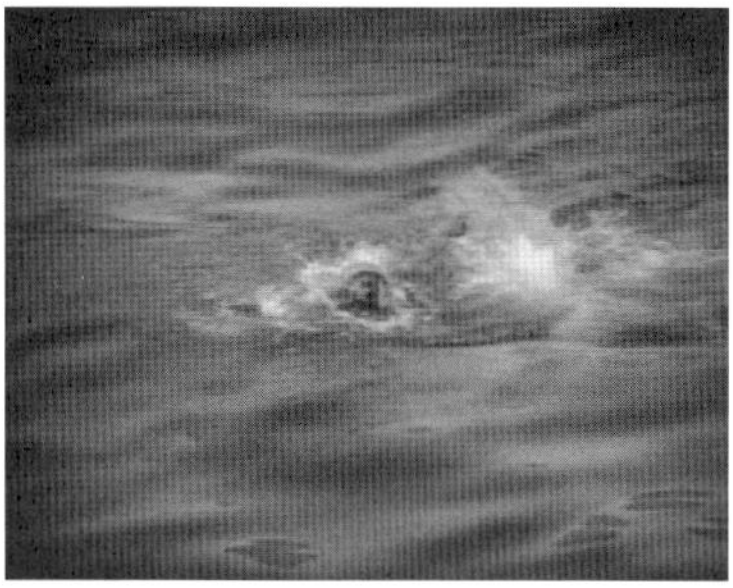

図1－11　『あれ』

海上を泳いでいく[31]（図1－10、1－11）。

さらに、小津の映画実践を決定的に方向づける要因として提起したいのは、小津はこのように映画ミディアムの水準で捉えられた〈動き〉には、不連続性が含意されているという要点に気づいていたのではないかという問いである。すなわち、基体としての映画ミディアムが動いているとすれば、それは映画ミディアムそのものの不安定性をも意味している。さらに、こうした映画の〈動き〉が高められるとするならば、それは究極的には、基体としての映画ミディアムが崩壊してしまうほどまでにその動的性質が活性化させられたラディカルな不安定性に行きついてしまう。ドキュメンタリー映画作家にして批評家のダイ・ヴォーンは初期映画に関する論考で、リュミエール兄弟の『港を離れる小舟（*Barque sortant du port*）』（一八九七年）を見たロンドンの最初期の観客たちは、スクリーン上で波打つ海面が観客席のほうへとこぼれ落ちてしまうのではないかと訝ったという逸話に言及している[32]。もちろん歴史的に言って、世紀末ヨーロッパの観客とサイレント映画後期の日本の観客を同一視することはできない。しかし、ヴォーンも「ホログラムに手を伸ばして触れたいと欲する」現代の観客（あるいは論考の書かれた一九八〇年代の観客）に言及することで示唆しているように、こうした想像力は最初の観客を超えて、さまざまな時代と地域の観客によっても共有されていた[33]。そうだとすれば、小津（および飯島）も不安定性を含意する映画ミディアムの〈動き〉に魅了されたと言うことができるはずである。

『結婚哲学』と『東京の合唱』のアクションつなぎ

本書を通じて見ていくように、以上のような不連続性を孕んだ映画の〈動き〉に関する理解こそが小津のサイレント映画美学の核心を構成していたのである。とはいえここでは、小津が映画の〈動き〉に内在する不連続性に気づいたことを知らせた「最初の瞬間」として見なすことのできるシーンに注意を向けておこう。見てきたように、小津は〈動き〉の美学をハリウッド映画から学んだが、映画の〈動き〉に含意される不連続性に関する洞察も、ハリウッド映画、とりわけ彼にとってもっとも重要なハリウッド映画監督であるルビッチから得たのだっ

図1－13　『結婚哲学』（図1-15まで）右側へフレームオフする衣類

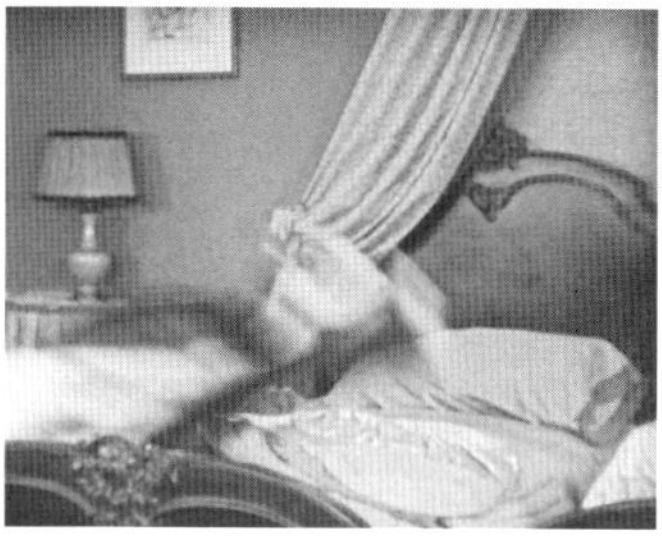

図1－14　左側からフレームインする衣類

図1－15　位置関係提示ショット（椅子とベッド）

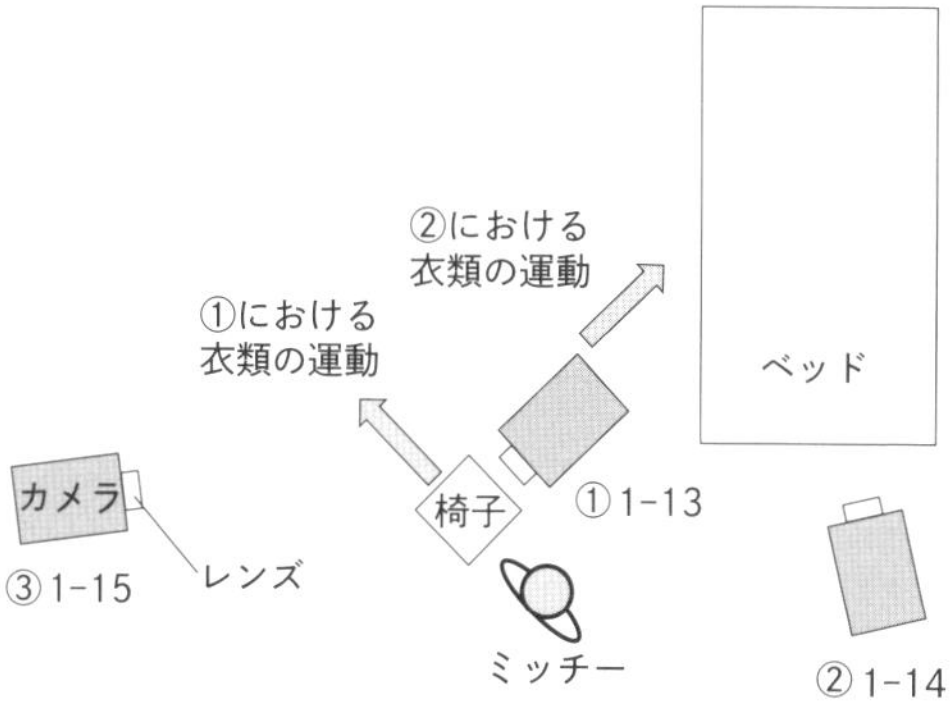

図1－12　『結婚哲学』　衣類を投げる場面のデクパージュ（カメラ横の丸つき数字はショット番号、その横の数字は図版番号を指している）

た。こうした観点から重要なのは、『結婚哲学』の冒頭、先述の靴下のクロースアップとそれを脱ぐストック教授のミディアム・ロングショットの直後につづく、次のような奇妙なアクションつなぎである（図1－12を参照）。

① ミッチー（マリー・プレヴォー）のミディアム・ロングショット。椅子に掛けられた衣類を画面右側へ投げる（図1－13）。

② 衣類がフレームオフする瞬間にショットは切り替わり、フレーム外・左から右へ飛んできた衣類がベッドのうえに落ちる（図1－14）。

③ 椅子とベッドは筋交いに反対方向を向いていることを示す

ロングショット（図1‐15）。

一見したところ、①と②は投げられた衣類のフレームオフとインのタイミングと方向性（左から右へ）において、正確にアクションが一致されてつなげられているかのように見える。しかし、③の遅れてきた位置関係提示《エスタブリッシング》ショットが、椅子とベッドは反対方向を向いていることを暴露する。すなわち、この最後の位置関係提示ショットが信頼されうるかぎりで、①で右へとフレームオフした衣類は、ベッドとは反対方向、手前におかれたキャビネットの方へ飛んでいくはずなのである。（しばらくのちに、ミッチーはベッドから椅子へと衣類を投げ返すが、衣類の運動はここでも、①と②のカメラ位置から捉えられ、正確なアクションつなぎによって連続される。このデクパージュは、ここで見たショットのつなぎ間違いが意図されたものであることを確認させてくれる。）

このアクションつなぎの一般的解釈とはおそらく、ルビッチはハリウッド映画の〈連続性《コンティニュイティ》のシステム〉と戯れることによって、映画的に構築された物語空間の虚構性を暴露しているというものだろう。しかし本書はむしろ、これまで辿ってきたハリウッド映画の〈動き〉の美学に引きつけながら、ルビッチがきわめて注意深く扱っている投げられた衣類の運動（①と②は正確にアクションつなぎでつなげられている）に注目して、このアクションつなぎの含意を、ルビッチは映画の〈動き〉をたんなる被写体の動きとしてではなく、映画ミディアムの水準で、しかも危機的なまでに不安定な状態において捉えていることを告知するものだと考えたい。ルビッチは投げられた衣類の動き――スクリーン上でパッと広がるアラベスク状の動き――によって、みずからが崩れ落ちるほどまでに不安定な状態に達した映画ミディアムの〈動き〉を視覚化し、さらに偽のアクションつなぎから誘発される不連続性の感覚によって、こうした〈動き〉に含意される不連続性を明示的に知らせているのである。

映画の〈動き〉を中心に据えたこの解釈の妥当性については、第三章で、通過というアクションに注目しながら『結婚哲学』冒頭シーンをより包括的に検証することで論証する。ここではさしあたって、小津がこの奇妙なアクションつなぎに気づいていたことを示唆する、一九三一年の『東京の合唱』におけるアクションつなぎに注意を向けよう。映画の冒頭近く、大学生活を描いたプロローグにつづいて、サラリーマンとなった岡島（岡田時彦）が窓に取りつけられた鏡を見ながらネクタイを結んでいると、紙風船がフレーム外から飛んでくる（図1-16を参照、なお鏡を見てネクタイを締める岡島の仕草は『結婚哲学』において髭をそるストック教授の身振りへの明示的なオマージュとなっている［図1-17、1-18］）。

① 鏡を見ながらネクタイを締めている岡島のミディアムショット。すると、紙風船がフレーム外・左から投げ込まれる（図1-17）。
② 畳のうえに落ちる紙風船のクロースアップ（図1-19）。
③ 岡島のロングショット。紙風船を拾いあげ、フレーム外・左へ放り返す（図1-20）。
④ フレーム外・左から右へ飛んできた紙風船を子ども（高峰秀子）がキャッチする（図1-21）。
⑤ 岡島のロングショット。子どもがフレーム外・左から入ってくる（図1-22）。

ノエル・バーチは形式主義的観点から、このアクションつなぎにおけるアクション軸の侵犯に注目している[34]。すなわち、③（父親が紙風船を投げる）から④（子どもがキャッチする）へのショット転換において、カメラが父親と子どもをつなぐアクション軸を侵犯して交替させられているために、③で右から左へと投げられた紙風船が、④では左から右へ飛んでくるというように、スクリーン・ディレクションの一貫性が損なわれているのである。バーチは、このアクション軸の侵犯のために、ハリウッド映画が隠そうとするショット間の不連続性があらわになっていると主張している。

たしかにバーチが論じるように、このアクションつなぎには不連続性の感覚が含まれているだろう。しかし、小津がこのアクションつなぎを『結婚哲学』のそれをモデルとして組み立てたとするならば、この不連続性の感覚はアクション軸の侵犯のみならず、投げられた紙風船の動きにも由来しているとは言えないだろうか[35]。たしか

図1－19 『東京の合唱』(図1-22まで)

図1－20 左側へフレームオフする紙風船

図1－21 左側からフレームインする紙風船

図1－22

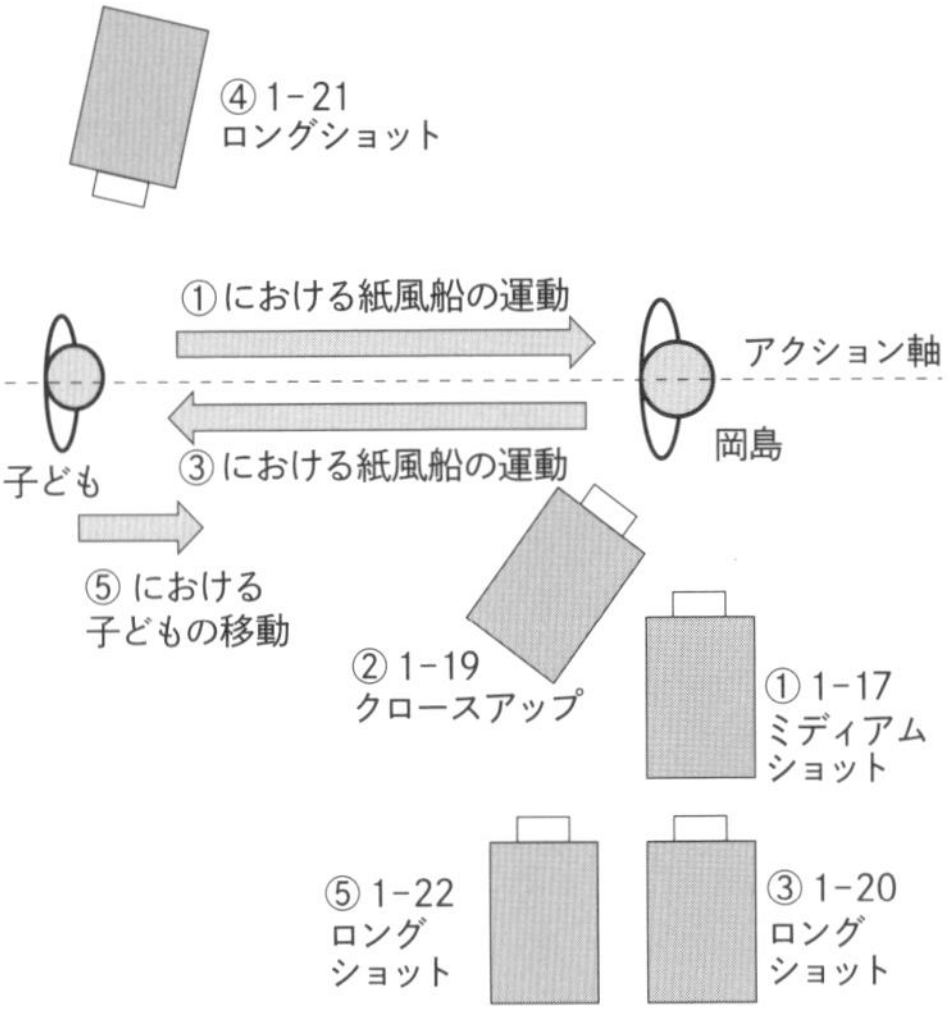

図1－16 『東京の合唱』 紙風船を投げる場面のデクパージュ

図1－17 『東京の合唱』

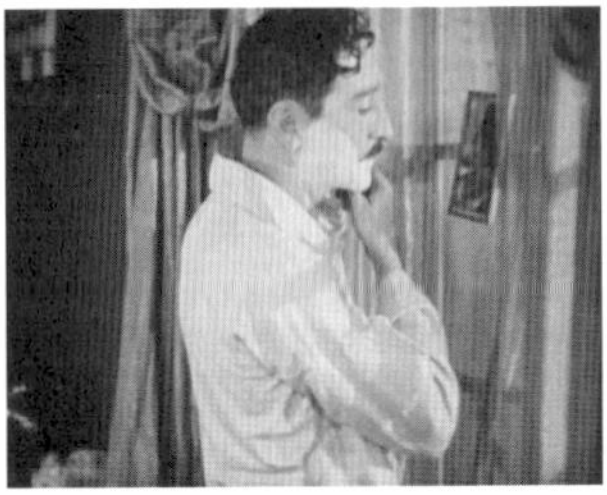

図1－18 『結婚哲学』

により正確に言えば、『結婚哲学』では物語世界の一貫性が混乱させられるのにたいし、『東京の合唱』ではスクリーン・ディレクションが一致させられていないという点で、ふたつのアクションつなぎのあいだには差異がある。しかし、小津はこのアクションつなぎのデクパージュを描くにあたって、フレームオフとフレームインのタイミングを正確に一致させるべく、投げられた紙風船の動きを、ルビッチと同様の注意深さで取り扱っている。そうだとすれば、小津は『東京の合唱』の製作時までに、映画の〈動き〉に孕まれる不連続性という『結婚哲学』のアクションつなぎの含意を正しく理解し、このアクションつなぎにおいて、映画の〈動き〉に内在する不連続性を明示的に知らせるために、ルビッチの偽のアクションつなぎを意識しながら、アクション軸を侵犯したと考えることもできるのである。

おそらく、こうした映画の〈動き〉に含意される不連続性の告知という決定的瞬間が、しばしば小津の最初の傑作と見なされる、一九三一年の『東京の合唱』で確認できることは偶然でない。初期作品における小津の実践とはなによりも、映画の〈動き〉に関わっていた。たとえば、カメラを低い位置に置くことなどによって、小津がいかにこの映画の〈動き〉を注意深く扱ってきたかを考慮に入れれば、小津は初めから、映画の〈動き〉をミディアムの水準で捉えていたと考えることができる。そしてこうした実践を繰り返すなかで——決定的な飛躍をともないながら——、小津は一九三一年夏に、ついにミディアムの水準で捉えられた映画の〈動き〉に含意される不連続性という決定的に重要な論点に気づいたのである。以降、小津は自身のサイレント映画の実践において、不連続性に穿たれた映画の〈動き〉をいかに扱うかという難題をめぐって、ルビッチを含めた、彼の尊敬するハリウッド監督を参照しながら、みずからの映画美学を探究していくことになるのである。

こうした小津の映画実践の軌跡を詳細に辿ることが、次章以降の課題である。とはいえそのまえに、バーチとボードウェルによる先行研究を批判的に検証することで、本書の主張をより明確に描き出そう。近年の日本映画研究は、バーチやボードウェルの研究が日本語で書かれた一次資料を限定的にしか参照していない点を批判しながら、彼らの形式主義的研究に比して、歴史的なアプローチを取っている。[36] 本書も同じ精神で、一九二〇年代後半日本におけるハリウッド映画受容の文脈を、両者の研究に欠けているコンテクストとして掘り起こしてきた。と同時に、小津に関して言えば、バーチやボードウェルの研究はとりわけスタイル分析において重要な貢献を果たしているという点をあらためて強調したい。次節では、彼らの研究を批判的に見直しながら、ふたりによって示された研究成果を、より歴史的かつ意義深い小津サイレント作品研究へ開いていくことを目指す。より具体的には、バーチの研究からは小津の特異な切り返しに関する論点を、ボードウェルの研究からは小津作品の軌跡を素描するにあたっての方法という論点を引き出す。(37)

3 ノエル・バーチとデイヴィッド・ボードウェルによる小津論

〈視線の一致しない切り返し〉――バーチの小津論とそれへの批判

ノエル・バーチの小津論が収められている『遠くの観察者へ』は日本映画研究という枠組みを越えて広く読まれてきたが、その理由のひとつはこの著作の企図に求めることができるだろう。バーチが序文で明らかにしているように、この著作の目的は、田中純一郎やドナルド・リチー（ジョセフ・アンダーソンとの共著）、マックス・テシエがこの時までに達成していたような日本映画史を書くことではなく、「東洋への迂回」、あるいは他者としての日本映画への迂回を介して、ハリウッド映画の基礎となっている西洋的表象モードを批判することにあった。(38)こうした企図に照らすかぎりにおいて、バーチの小津論は日本映画研究というよりも、D・N・ロドウィックが「政治的モダニズム」と呼んだ、イデオロギー装置としての映画を問題にした一九六八年以降の映画学の文脈で読まれるべきなのである。(39)

図式的に言えば、バーチはハリウッド映画と小津映画を、物語映画―反物語映画という軸にそって対比している。バーチによれば、一方においてハリウッド映画は、本来は不連続であるはずのショットを連続的につなげ、ショット間の分離を目立たなくさせることで、語りの物質的水準を隠す傾向にある。たいして、小津映画はこの語りの水準を隠そうとしない。そして、こうした小津の隠されていない映画スタイルとしてバーチが着目するのが、小津映画に特異な〈視線の一致しない切り返し〉と物語の流れに中断をもたらす〈事物のショット〉(バーチの言葉では「枕ショット」)というふたつの特異なスタイルである。「枕ショット」に関しては、第四章で小津による事物の使用を論じるさいに詳しく参照するため、ここでは〈視線の一致しない切り返し〉に焦点を絞ろう。

バーチは小津の特異な切り返しを論じるにあたって、カメラはショット転換時、切り返しの対象となるふたりの登場人物を結ぶアクション軸(あるいはイマジナリー・ライン)を越えて交替されてはならないという「一八〇度の規則」について述べることから始めている。この規則が遵守されるかぎりで、登場人物の視線はカットを超えて一致させられるのであり、バーチは政治的モダニズムの観点から、ハリウッド映画が暗黙のうちに則る「一八〇度の規則」に、ショットの連続性という語りの物質的水準を隠そうとする西洋的表象モード(「透明な」表象モード)のイデオロギーを読みとるのである。こうしたオーソドックスな切り返しとは対照的に、小津映画の切り返しにおいては、カメラはアクション軸を跨いで交替される。結果として登場人物の視線は、ふたりはともに同じ方向に向いているというように一致させられないのであり、こうした特異な切り返しでは、ショットの転換に内在する不連続性があらわにされているというのである。小津作品の切り返しに含まれる効果について、バーチは次のように書いている。

彼〔小津〕は、連続性の原則に挑戦した。というのも「悪い」視線の一致は、編集の流れに「衝撃〔jolt〕」をもたらし、物語空間での観客の方向感覚を一瞬混乱させ、それを再調整することを求めるためである。この中断から生じる効果は、発達した「編集法則」が知覚のうえで消し去ってしまった、ショット転換における不連続性を強調する。(40)

この不連続性の感覚がハリウッド映画で隠されているかぎりで、視線の不一致から生じる「衝撃」の感覚は観客にたいし、語りの過程という表象モードを気づかせる異化の効果を持つことになるというのである。

しかしながら、小津映画における不連続性の感覚に関するバーチの議論は、次の二点で問題を含んでいると言えるだろう。第一に、初期小津に対するハリウッド映画の影響を考慮に入れれば、ハリウッド映画―小津映画というバーチの二項対立的図式はあまりに単純化されすぎたものとなっている。しかもバーチは、ハリウッド映画の影響が顕著であった小津の初期作品を中心に論じているのであり、バーチの二項対立はこうした映画史的事実と齟齬がある。さらにバーチは、物語の要素が断片的なままにとどまり、語りの過程があらわにされている小津映画の表象モード（あるいは現前モード）を、和歌、枯山水、文楽など、平安時代から江戸時代まで、それ自体多様な背景と形式を持っている日本の伝統美学によって説明している。[41] バーチのこうした議論は、小津映画を不当に貶めているわけではないが、ハリウッド映画と他者の映画という二項対立的図式に基づきつつ、他者の映画の多様性を無視しているという意味で、オリエンタリズムの陥穽に囚われているのである。

第二に、より根本的に、バーチが不連続性の感覚を理論化するにあたって自明視している前提そのものに疑問を呈することもできる。バーチは小津の切り返しに含意される不連続性の感覚を「一八〇度の規則」の侵犯に帰しているが、本当にそうなのか。そもそも、小津の切り返しは不連続性の感覚を含んでいるのか。これは、デイヴィッド・ボードウェルによって提起された問いである。

バーチの説明が個別論的かつ否定的であることに注意しよう。この説明はカットの瞬間のみに注目し、それをつなぎの規則にたいする侵犯、「挑戦」とだけ見なしている。しかしひとつづきのショットが、ショットの大きさ、アングル、動きや人物の配置といったパターン化を通じて、いかに空間全体の文脈を構築しているかを見れば、小津が固有の肯定的システム、安定化をもたらす多くの特徴をもつシステムを提示していることがわかる。[42]

ボードウェルはここで、映画の背後には、「ショットの大きさ、アングル、動きや人物配置などのパターン化」といったさまざまな営為が働いており、観者が物語世界を構築することを助けていると主張している。言いかえれば、ショットのつなぎ（編集）とはそうした活動のひとつにすぎないのである。そうだとすれば、ショットつなぎの規則の侵犯が、それだけで不連続性の感覚に帰結するとはかぎらない。ボードウェルはこのように論じながら、バーチはショットつなぎの規則とその侵犯のみを抽出《アブストラクト》＝抽象化し、ほかの要因を捨象することによって、小津の切り返しに不連続性の感覚を認めたのだと批判するのである。

以上のようなバーチの議論にたいする批判は正当だと考えられるが、本書はそれでも、バーチは小津映画の重要な点を鋭く指摘していると主張したい。というのも、『東京の合唱』のアクションつなぎで見たように、小津映画にはたしかに不連続性ないし「衝撃」の感覚が含まれているためである。しかしながら、この不連続性の感覚にたいしてバーチが与えた論拠については同意できない。まずすでに主張したように、この不連続性の感覚はアクション軸の侵犯というより、映画の〈動き〉に起因している。さらに、この不連続性の感覚は日本の伝統的美学モードに由来するというより、ハリウッド映画の〈動き〉の美学に起源を持っている。バーチは「不連続性」という小津映画のもっとも重要な特徴を言い当てたが、ハリウッド映画─小津映画という間違った対立図式のために、それを誤って概念化してしまったのである。

より具体的に言えば、バーチは小津の特異な映画スタイルの発展にとって決定的に重要な瞬間を、正しく指摘している。すでに見たように、バーチは『東京の合唱』のアクションつなぎを、小津が「一八〇度の規則」を明示的に侵犯した最初の例であると述べている（ただし第三章で論じるように、一九三一年以前の作品にも「一八〇度の規則」を細部において侵犯した例を見つけることができるし、小津の初期作品は「最初の瞬間」を決定するためには、あまりに多くが失われている）。くわえて〈視線の一致しない切り返し〉の使用に関しても、バーチは一九三三年二月の『東京の女』を、小津が「不正確な視線のつなぎをつねに生み出すようなカメラ配置を体系的に始めた」作品であると鋭い指摘をおこなっている。[43] 本書はこうしたバーチの主張に導かれて、小津がこの特異な映画スタイルを、一九三二年後半から一九三三年にかけて、いかにして発展させたかを辿っていく。

ボードウェルの「規範」概念

それでは、ボードウェルは小津をどのように論じているのか。ボードウェルもバーチと同じく、形式主義的アプローチを取っている。ボードウェルは、クリスティン・トンプソンとの共著で書かれた初期論文「小津作品における空間と説話」で、バーチとほとんど同じ仕方で小津映画をハリウッド映画と対比しながら、小津作品における「物語」にたいする「空間」の優位性、あるいは物語にたいして自律性を獲得する空間の使用を論じている。[44] この一九七六年の論文で、ボードウェルはすでに、バーチによる日本伝統美学への参照を批判しているが、先述したように、彼がバーチの議論をその前提から根本的に批判しながら、独自の議論を発展させたのは、一九八八年の大著『小津安二郎――映画の詩学』においてだった。[45] この著作で、ボードウェルは「規範（norm）」という概念を提示することで、一群の規範内で――ほかの規範との連関において――機能する小津作品の規範システムを精査するとともに、ハリウッド映画からの「理由のない逸脱」として小津作品の軌跡を辿ったのである。

まずボードウェルは、バーチの小津論にたいする批判に関して見たように、小津作品はハリウッド映画の規範を侵犯しているが、それは観客にたいし、物語世界の構築を助けるようなシステムを備えていると主張する。そのうえでボードウェルは、小津映画の規範システムがどのように機能しているかを記述しようと試みるのである。切り返しに関して言えば、ボードウェルはまず、小津映画においても、位置関係提示ショットによって登場人物の位置関係は明確に示され、登場人物の演技や編集は「読みやすい（legible）」ように演出されているという点を強調する。[46] すなわち、小津映画は紛れもなく物語映画であり、反物語的であることは意図されていないのである。

ただし、ボードウェルの主眼は小津の特異な映画スタイルにある。彼は小津の特異な〈視線の一致しない切り返し〉を、「三六〇度のシステム（the 360-degree system）」という用語によって説明する。通常用いられるアクション軸という直線に緊縛された「一八〇度の規則」にたいし、小津は、登場人物を中心とした円形の場をベースとしてカメラ位置を選択した。カメラは登場人物にたいし、四五度の倍数のいずれかの位置（ただし多くの場合、登場人物を正面から捉える位置）を占めるのである（図1-23[47]）。切り返しの場合、典型的には、ふたりの登場人物は対角線をはさんで向かいあって置かれ（ボードウェルはこれを「筋交い」の配置と呼ぶ）、ふたりの人物を中心としたふたつの円が重ねられる。そして、各々の登場人物を正面から捉えたショットが交替されると、アクション軸の規則は侵犯されるのである（図1-24[48]）。ボードウェルはさらに、小津がこうした規範のダイナミズムの帰結として発展させることのできたスタイル上の特徴を指摘している。すなわち切り返しにおいて、同様の身振りを示した登場人物が同じ角度から捉えられるとき（典型的には、正面から捉えられた、やや斜め横に視線を向けた人物のショット）、ショット間には「図柄上の一致」という効果が生まれるのである[49]。

たしかに小津の映画スタイルのいくつかは、ハリウッド映画のコンベンションを侵犯している。しかし、小津映画の規範もまた、「図柄上の一致」や「パラメトリック・プレイ」（構図、ショットサイズ、ショットの持続時間

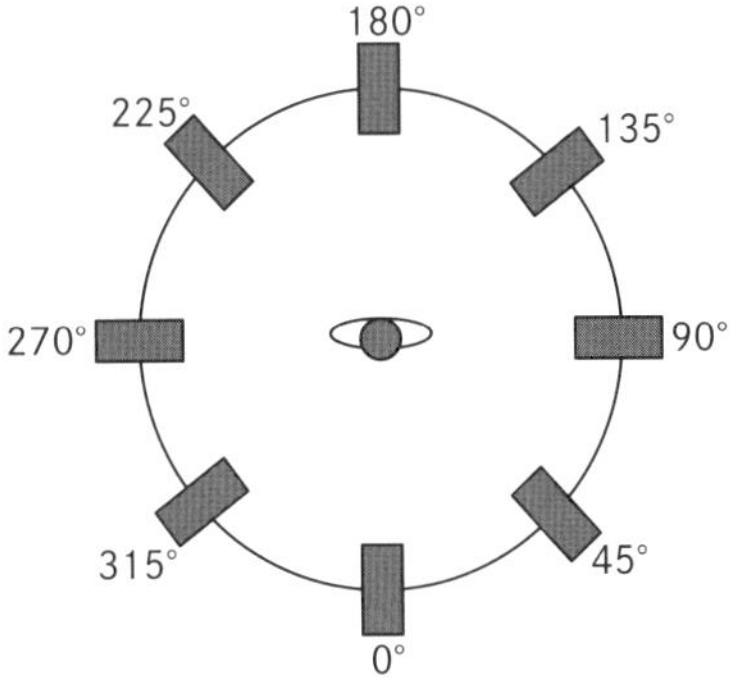

図1-23　ボードウェル「360度のシステム」の説明

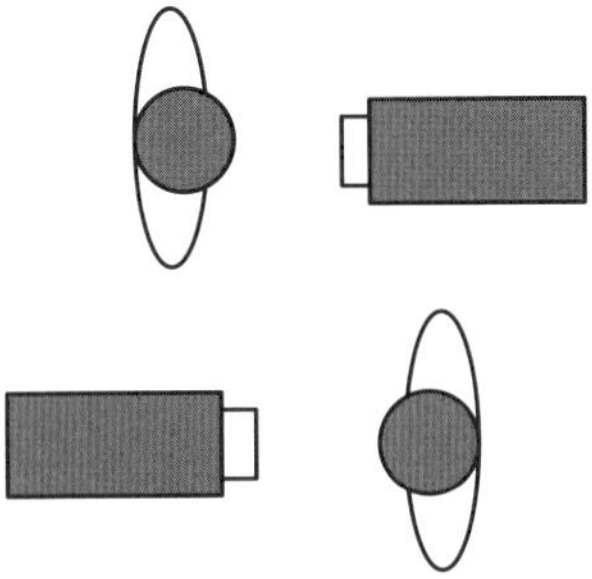

図1-24　ボードウェル「360度のシステム」による切り返しの説明（筋交いの配置）

などの形式的要素を媒介変数として再帰的に働く、純粋にスタイル上の遊戯）など、複数の規範の連関のなかで、一貫性を持ったシステムとして機能しているのであり、ボードウェルはこうした小津映画のスタイルが機能する仕方を「肯定的に」記述することを目指したのである。

「理由のない逸脱」

小津の特異な規範システムを解明することにくわえ、ボードウェルは「規範」という概念によって、小津がこの特異な映画スタイルを発展させたダイナミズムを説明しようと試みる。ボードウェルは次のように書いている。

> 一定の選択肢の「理由のない〔unreasonable〕」排除や、ほんの二、三の技術的パラメーターの集中的使用によって、小津はユニークできめ細かい内在的規範のシステム――それは外在的規範から引き出されたものであるが、彼自身が考案した規則にしたがった結果、「脱中心化〔decentered〕」されている――を発達させることができる。(50)

ボードウェルはまず、小津初期作品にたいするハリウッド映画の影響を考慮に入れながら、小津はハリウッド映画から「外在的」規範（その存在理由をシステム外に持つ規範）として、語りのための規範を獲得したと指摘する。そのうえでボードウェルは、小津はこうしたハリウッドに由来する映画スタイルを、語りを含めたいかなる目的からも切り離し、そのつど自身の感覚に基づいてアドホックに、いくつかのスタイルの排除と集中的使用をおこなったと主張するのである。この議論の要諦は、小津はこうした目的も理由もない「試行錯誤」の反復のなかで、実験的に自身の映画スタイルを模索したという点にあり、さらにその結果として、その存在理由をシステムそのものに再帰的に持ち、場合によっては自身の存在理由の無意味さを遊戯的に暴露する、語りにたいして過剰な「内在的」規範システムを作り上げることができたという点にある。

小津の特異な映画スタイルはこれまで、語りにたいする過剰な要素（あるいは小津の個人的芸術趣味）という観点から論じられることがほとんどだった。[51]こうした先行研究を考慮に入れれば、「規範」概念による小津の映画スタイルの肯定的機能の解明にくわえ、ハリウッド映画の影響を視野に収めながら、小津映画全体の軌跡にハリウッド映画からの「理由のない逸脱」という、小津作品を映画史のなかに位置づける説明を与えたボードウェルの研究の貢献は大きい。たしかにボードウェルが主張するように、小津映画は、ハリウッド映画からの「逸脱」の一種であると考えることができる。しかし本書が問題として提起したいのは、はたしてこの逸脱の過程は「理由のない」ものだったのかという問いである。

たとえばボードウェルは、小津後期映画の〈引き延ばされた移行シークエンス〉における「パラメトリック・プレイ」を論じるとき、この「理由のない」という語を、映画スタイルを語りという目的から切断する契機として肯定的に使っている。[52]たしかに「理由のない」という術語は、純粋にスタイル上の遊戯として機能する「パラメトリック・プレイ」を説明するにあたって有効かもしれない。しかし、この映画スタイルはとりわけ後期作品にあてはまる小津映画の一部にすぎないのであり、言いかえれば、ボードウェルはここで「理由のない」という術語を使うことで、前期小津と後期小津（の一部）を性急につなげながら、一九二七年から一九六二年までの小津作品の軌跡すべてをハリウッド映画からの「理由のない逸脱」という一語によって説明してしまっているのである。

以上のようなボードウェルの議論にたいし、いかなる目的論も排した規範のダイナミズムの行動主義的説明という理論上の射程を評価しながらも、小津は自身のキャリアのさまざまな段階で、そのつどなにかしらの意図をもって、みずからの映画スタイルを探究したと考えることはできないだろうか。本書はこうした観点から初期サイレント作品の検証を試みるのであり、とりわけここで問題にしたいのは、ボードウェルが「理由のない逸脱」と言ったとき、小津にたいするハリウッド映画の影響の中心は、いずれ小津の「理由のない」集中と排除によって「脱中心化」されることになる語りのための規範にあったということが前提とされているという点である。しかし、もしこの影響の中心が語りのための規範にないとすれば、小津作品の軌跡は、そもそも語りのための規範を「脱中心化」する必要がなく、ハリウッド映画からの「理由のない逸脱」とは異なるラインにそって辿ることができるはずである。そしてこうした観点から小津映画の端緒として注目したいのが、サイレント後期におけるハリウッド映画の〈動き〉と〈明るさ〉の美学なのである(53)。

本章の冒頭では、一九五〇年の座談会における小津の発言を参照しながら、「ソフィスティケーション」と「機微」というふたつのキーワードに注目することから始めた。ここでは結論として、ボードウェルが同じ一節に言及している箇所を引用し、彼の主張との対比を明らかにすることで、本書の企図を明確にしておきたい。サイレント映画期における小津にたいするハリウッド映画の影響を論じた第七章「枕とカーテン」の終わり近くで、ボードウェルは、小津に影響を与えたサイレント後期のハリウッド・コメディー作品もまた、「図柄上の一致」をはじめとする「目立つ」話法といった、いくつかの「矛盾（inconsistency）」を含んでいたことを認め、ハリウッド映画からの「理由のない逸脱」という小津作品の軌跡に関する自身の主張を、規範の「一貫性と逸脱の遊戯」というシナリオへと書きかえている。

> ルビッチは、ショット間の図柄の相互作用にとくに興味を持った。〔……〕『豪勇ロイド〔*Grandma's Boy*〕』〔フレッド・ニューメイヤー、一九二二年〕では、ピアノのまえでの「不正確な」切り返しが、際立った図柄の一致をもたらす。全体として言えば、小津は技術にたいする感受性があったために、自分で磨きをかけ、拡張し、微細な効果に変えることのできるものに目を光らせた。彼は、『巴里の女性』とか『マリッジ・サークル』はね。描いているものは非常にソフィスティケーション趣味の、何か感情の機微というようなものが、大変よく出ていた」と回想している。アメリカの喜劇のおかげで小津は、古典的な映画の文体が、その一時的な矛盾のなかに、一貫性と逸脱の精妙で体系的な遊戯の可能性を隠し持っていることを知った〔American comedy revealed to Ozu that classical film style, even in its momentary inconsistencies, harbored the possibility of a

subtle and systematic play of coherence and deviation」。こうして一九二九年から一九三一年にかけての小津作品は、完全に「ハリウッド的」であり、よりオーソドックスな選択肢のみならず、彼がのちに依存することになる文体上の選択肢をも実質的にすべて含んでいた。『東京の合唱』と『生れてはみたけれど』によって、小津はもはや利用できないものを捨て始め、その後一九五〇年代にいたるまで選択肢をふるいにかけ検討しつづけた。一作ごとの文体の発展のなかで、小津は、アメリカ映画にたいする修正と脱中心化から自身の規範を作り出していったのである。(54)

小津の一九二九年から一九三一年の作品が「古典的スタイル」と「逸脱したスタイル」の両方で、「完全に「ハリウッド的」」だったという点において、本書はボードウェルに同意する。また、小津が明確な意識をもって自身の映画スタイルを探究し始めたのは『東京の合唱』(あるいは『生れてはみたけれど』)のころからだったという点に関しても、ボードウェルと同じ見解を持っている。しかしボードウェルは、小津がいかなる過程をへて特異な映画スタイルを練り上げたかについて詳しく検証しないまま、「一九五〇年代にいたるまで選択肢をふるいにかけ検討しつづけた」と主張するばかりである。

こうした問題を念頭において注目したいのが、小津にたいするハリウッド映画の影響に関するボードウェルの議論からは〈動き〉と〈明るさ〉という論点が排除され、語りに奉仕する古典的映画スタイルの問題にすり替えられているという点である。ボードウェルはここで、『巴里の女性』とか『マリッジ・サークル』はね。描いているものは非常にソフィスティケーション趣味の、何か感情の機微というようなものが、大変よく出ていた」という一九五〇年の座談会における小津の発言を引用しているが、この一節は「*A Woman of Paris* and *The Marriage Circle* had very sophisticated styles which could express even the smallest nuances of emotion〔『巴里の女性』と『結婚哲学』は、きわめて洗練された映画スタイルを持っていたために、感情のもっとも細微なニュアンスさえ表現できた〕」と訳されている。すなわち小津の意図では、きわめて率直に「ソフィスティケーション趣味」と「何か感情の機微というようなもの」、あるいは一九二〇年代ハリウッド映画の〈動き〉と〈明るさ〉の性質について述べたはずの発言が、ボードウェルの議論では、「〔登場人物の〕感情のもっとも細微なニュアンス」を表現することのできる「きわめて洗練された〔語りのための〕映画スタイル」に関する言明として理解されているのである。しかしながら、ボードウェルの見解とは反対に、小津はまさにここで省略されている〈動き〉と〈明るさ〉という論点を中心に、自身のサイレント映画美学を探究していくのである。

論じてきたように、小津は一九二〇年代後半日本の大衆モダン文化という受容コンテクストにおいて、ハリウッド映画から〈動き〉と〈明るさ〉の美学を学んだ。彼は最初期の作品で、ハリウッド映画におけるいくつかの類型的な身振り上の〈動き〉を模倣することから始めたが、ハリウッド映画の模倣の反復のなかで——とりわけルビッチ作品を介して——、映画の〈動き〉に含意される不連続性、すなわち基体としての映画ミディアムが崩壊してしまうほどまでに活性化させられた〈動き〉に起因するラディカルな不安定性に気づいたのだった。小津は『東京の合唱』におけるアクション軸を侵犯したアクションつなぎで、この不連続性に気づいたことを徴づけたのであり、以降、この極限化された〈動き〉の美学に基づいて、自身の映画スタイルを探究することになるのである。小津の映画スタイルは特異であることは疑いえない。しかし、小津がこうした映画スタイルを先鋭化されたハリウッド映画美学から引き出したのだとしたら、小津の映画スタイルが特異なのは、先行研究が主張してきたように、小津作品はハリウッド映画に対立しているためではなく、倒錯的と言えるほど過度にハリウッド的であるためなのである。

第二章　近代による征服
——松竹蒲田撮影所と監督たち

前章では、一九二〇年代後半日本におけるハリウッド映画受容の検証を通じて、小津初期作品の核心には〈動き〉と〈明るさ〉の美学があると論じた。しかし、こうした美学は小津だけにとどまるものではない。〈動き〉と〈明るさ〉という術語が、ほかの日本の映画監督にとっても中心的関心事であったことを示すためには、戦間期の松竹蒲田映画を決定づける「蒲田調」とは、「明るく、朗らかな」調子によって特徴づけられていたことを思い出す必要があるだろう。本章では、当時の蒲田撮影所の所長であった城戸四郎の自伝や、一九二〇年代後半および一九三〇年代前半の蒲田撮影所を代表する映画監督である牛原虚彦と島津保次郎の作品を論じることで、小津作品を戦間期蒲田映画の文脈のなかに位置づけ、この地平のなかで小津映画の特異性を照らし出す。

本章ではまた、近年、日本映画史家ミツヨ・ワダ・マルシアーノによってあらためて提起された、松竹蒲田映画と近代の関係という問題についても考察する。[1] 従来の日本近代史や映画史において、一九三〇年代前半にピークを迎えた蒲田映画は、一九三〇年代後半に勢いを強める帝国主義的ナショナリズムの前夜、伝統的なジェンダー規範や社会的ヒエラルキーからの束の間の解放を享受していた時期に、サラリーマンや大学生、モダンガールといった新しい都市部の社会階級の人々を中心として、日本のモダンな生活を好意的に描いた映画ジャンルであると見なされてきた。[2] たいしてワダ・マルシアーノは、近代《モダニティ》とは日本人にとって、避けがたく西洋的価値を帯びていたという点に注目することで、こうした楽観的な見解に反論している。ワダ・マルシアーノによれば、近代はその西洋的性質のために日本人にとって、憧れの対象であるばかりか、脅威を引き起こす原因となっていたのであり、それゆえ、蒲田映画はその親近代的《プロ》な見かけにもかかわらず、実際には近代にたいして反動的な態度をとっていたというのである。

たしかに、日本の近代についての好意的な表象という蒲田映画をめぐるヴィジョンそのものがすくなくとも部分的には、文化産業としての蒲田映画によって作られた神話であり、そのかぎりにおいて、ワダ・マルシアーノによる蒲田映画のイデオロギー的側面の批判は重要である。しかしながら、一九三〇年代前半の蒲田映画のイデオロギー的含意を一九四〇年代の軍事政権によるスローガン「近代の超克」をほのめかしながら、「近代の征服(mastering modernity)」と名指したとき、ワダ・マルシアーノは一九三〇年代前半の映画作家の実践と一九三〇年代後半に顕在化した帝国主義的イデオロギーを、あまりに直接的に結びつけてしまっているのではないだろうか(結果として彼女の分析は、いずれの蒲田作品も「近代の征服」というイデオロギーを構造的に反映しているという安易な還元主義におちいる傾向にある)。[3] たとえ近代とは、映画作家がそれにたいして反応せざるをえない異質なにかであったとしても、その応答は一九三〇年代前半において、かならずしもワダ・マルシアーノの主張するような「近代の征服」という反動的な形式をとるとはかぎらなかった。ただし本書はこのように論じるからと言って、蒲田映画はただ楽観的に親近代的《プロ》であったと主張したいわけではない。そうではなく、近代の厳しく苛酷な面を認めつつ、蒲田の映画作家たちの実践にはそれでも、一九三〇年代後半や一九四〇年代における軍事ファシスト政権の帝国主義的イデオロギーへと通じるのではない、「近代の征服」とは異なる実践が示唆されているのではないかと問いたいのである。

蒲田の映画作家の実践をその複雑性と多様性において考えるために、本章はふたたび〈動き〉と〈明るさ〉という術語に注目する。前章で見たように、一九二〇年代後半日本において、ハリウッド映画の本質はその〈動き〉と〈明るさ〉の性質にあると見なされたが、蒲田映画もまた、まさに同じ〈明るさ〉と〈動き〉の性質のためにモダンであると称揚されたのである。本章は〈動き〉と〈明るさ〉という術語を介して、映画と近代が交差する地点において蒲田映画を検証する。以下、城戸四郎の自伝を中心として、一九二〇年代から一九三〇年代初頭にかけての蒲田映画の変化の過程を概観することから始め、つづいて牛原虚彦と島津保次郎の作品を分析しながら、小津作品と比較していく。本章はこうした検証から、小津作品は〈動き〉と〈明るさ〉にたいする彼の特異な姿勢のために、「近代の征服」とは異なる実践を示していると主張し、こうしたオルタナティヴな実践を、「近代の超克（overcoming modernity）」から「近代による超克（overcome by modernity）」へ態を変換したハリー・ハルトゥーニアンに倣いながら、「近代による征服（mastered by modernity）」と呼ぶ。[4]

1　「蒲田調」の発生過程

ふたつのモダン化

まず一九二〇年代前半の状況に関して言えば、一九二四年、城戸四郎が撮影所の所長に就任したとき、蒲田映画は新派メロドラマの全盛期にあった。一九二〇年から一九二一年にかけての設立当初の蒲田撮影所は一般的に、よりモダンでハリウッド的なスタイルの映画を製作するという革新的野心のために知られているが、一九二四年までに、明治期の近代化を背景として、女性が彼女の息子や恋人のために自己を犠牲にするという、より伝統的な物語ジャンルが復活していたのである。劇作家の小山内薫を中心として、編集に基づく映画独自のナレーションを研究するために設立された松竹キネマ研究所は、早くも一九二一年に解散した。アメリカの先進的技術を導入するためにハリウッドから招かれたカメラマンのヘンリー・小谷も、一九二一年に松竹を去っている。これ以降、蒲田撮影所の所長の座にあったのは、新派メロドラマの名手として知られる野村芳亭だった。[5] 城戸は、このようにいくぶん保守的な状況のなかで撮影所長に就いたのであり、蒲田映画をモダンの方へとふたたび舵を切ることで、一九三〇年代の蒲田調を準備したのである（城戸の実質的貢献は、監督を製作の中心に据えたディレクター・システムの整備と未来の脚本家の育成にある）。

松竹キネマ研究所に代表される最初期における松竹の野心と一九三〇年代の蒲田調という蒲田映画のモダンへいたるふたつの潮流は、しばしば連続的に考えられてきた。しかし、ここで概観した蒲田撮影所の最初期の歴史からもわかるように、このふたつの潮流のあいだには断絶がある。両者の違いを明確にするためには、ロシア映画史家のユーリー・ツヴィアンに倣いながら、一九二〇年前後のロシア映画にたいするハリウッド映画の影響に関して、ミリアム・ブラトゥ・ハンセンがおこなった区別を参照することが有益だろう。ハンセンによれば、ハリウッド映画は一方では、エフゲニー・バウエルをはじめとするモンタージュ派以前のロシア映画にたいして、〈連続性のシステム〉をはじめとする、同時期のハリウッド映画が整備しつつあった、語り（narration）の効率性のための古典的規範の導入を促したのだった。ただしそれに劣らず重要なことに、アメリカ映画は、パール・ホワイトの主演作品に代表される、ヒロインの危機一髪を描いたシリアル・クイーン・メロドラマといった「低俗なジャンル」にたいする熱狂をはじめとする趣味（taste）の次元においても、ロシア映画に影響を与えたのである。[6]

日本においてもソヴィエト・ロシアの場合と同時期、松竹キネマ研究所のメンバーたちが、ハリウッドの〈連続性のシステム〉に基づく映画独自の語りの方法を模索していた。語りのためのハリウッドの規範システムの採用は一九二〇年代初頭までに実質的に完了したのであり、新派メロドラマすら、その利点を享受していた。[7]それにたいし一九二〇年代後半における蒲田映画の変化は、趣味の次元——ただしこの場合は連続活劇というより、ソフィスティケイテッド・コメディーの趣味——に関わっていた（前章で見たように「ソフィスティケーション」とは、語りの問題に還元できないこの趣味を指している）。以下では、この一九二〇年代後半における蒲田映画の変化である蒲田調の成立過程を、城戸の自伝『日本映画伝——映画製作者の記録』（一九五六年）にそって辿っていこう。見ていくように城戸は、（一）新派メロドラマ、（二）映画の〈動き〉を介した明朗化（lightening）、

（三）小市民の日常生活という主題への焦点化という三つの段階をへて、蒲田調は発展していったことを示唆している。

城戸の『日本映画伝』

まず先述した撮影所の最初期の歴史から、蒲田調は新派メロドラマから派生したということが予想されるだろう。実際、城戸が「蒲田調」を定義しようと試みたとき、彼の記述は、蒲田調と新派メロドラマの差異ばかりでなく、両者の連続性をも示唆している。

〔蒲田調とは〕人間社会に起る身近な出来事を通して、その中に人間の真実というものを直視することである。要するに人間は神様ではない、いつまでたっても永遠に神様ではない〔……〕。そこで僕にいわせると、永遠に欠点があるところに人間の本質がある。そこに又芸術というものも生まれて来るし、この世の中の複雑さが出て来たり、あるいは名誉欲が頭を擡げ出したり、逆にそういうものの執着から離れようとする恬淡さだとか、あるいは孤独だとか、そういうものも反撥的に出て来たり、いずれにしても人間はいろいろな面を持っている。ところがこれが人間の現実の姿であり、どうにもならない一つの真実だ。その真実の姿を掘り下げるのが芸術だが、そのいろいろの面を努めてあたたかい明るい気持で見るのと、暗い気持で見る見方とがある。〔……〕松竹としては人生をあたたかく希望を持った明るさで見ようとする。(8)

まずこの一節において、わたしたちは城戸自身の口から、「人間社会に起る身近な出来事」を「明るい」調子で描くという、もっとも簡潔にしてオーソドックスな蒲田調の定義を聞くことができる。同時にここで注意したいのは、蒲田調に関するこの記述は、社会的リアリズムというしばしばメロドラマの主要な特徴のひとつと見なされる性質を思い出させてくれるということである。城戸によれば、社会にたいする蒲田映画の貢献は、人間社会の日常的出来事を透徹した視線で見通すことによって、「世の中の複雑さ」や人間の「名誉欲」や「欠点」といった「人間の現実の姿」をあらわにした点にあったが、こうした劇的描写を通じての社会的現実の暴露とは、まさにメロドラマの特徴として考えられているものなのである。[9] 実際、城戸はこの引用につづく箇所で、「蒲田以前の新派調」も「人間」を描くという点において「多少の真理には触れている」と書いている。[10] あるいは城戸は、『日本映画伝』の広く読まれた箇所である「女性向きの映画」というセクションで、蒲田撮影所が女性映画を製作した理由として、旧来の道徳的価値観のなかで抑圧されてきた女性たちを力づける映画の製作を企図したこと、女性は芸術にたいする感受性が豊かであること、女性は映画館にひとりでは訪れず、恋人や友人と連れ立ってくるため、商業的価値が高いことという三点を挙げている。そして、この理由の最初のふたつはメロドラマの特徴として知られるものに一致しているのである。[11]

それでは、蒲田調を新派メロドラマから隔てるものとはなんだろうか。それは言うまでもなく、「あたたかく希望を持った明るさ」と書かれるさいの〈明るさ〉の性質である（反対に「暗い気持で見る見方」とは、新派メロドラマの叙述モードを指している）。ならば、この〈明るさ〉はいかにして蒲田映画に導入されたのか。こうした問いを考えるために注目したいのは、上記で引用した「蒲田調なるもの」につづくセクション「時代劇との対決」である。この箇所で、城戸は時代劇に言及しながら、蒲田調の〈明るさ〉は映画の〈動き〉に由来していることを示唆している。

> 時代劇の流行は、震災頃からで、京都の牧野省三が日活を出てマキノプロダクションを起し、高木新平、阪東妻三郎、月形龍之助などの若手スターをさかんに養成し、アメリカ活劇式なスピードのある剣戟物を、どしどし作ったからだ。僕自身は、そのため蒲田の現代劇が押されたとか、沈滞したとかいうようには思っていなかったが、松竹系の館主連盟という人達が、一度蒲田へ陳情に来たことがあった。時代劇に対抗して、蒲田映画の奮起を望むというようなことだったと思う。

ところで蒲田映画は、新派調から逸脱して、それにテンポとムードを重要視し、監督本位の製作体制を整えて、日本映画の新しい表現形式を打出すことに成功もし、又、これを得意としてやつて来たし、それがある程度は客に受けたが、最大ヒットということにはならない。いわゆる蒲田調の基底は出来たが、一つ一つがビンビンヒットするというところには行っていない[12]。

このように城戸は、蒲田映画とほかの撮影所の時代劇（とりわけマキノ映画）のあいだの商業的対立について語っている。しかし、この発言をより一般的に、一九二〇年代中頃の日本映画についての記述として読むならば、この一節は、一九二〇年代の日本映画がハリウッド映画の影響のもとで、どのように変容したのかを証言しているものとして解釈することができる。まず城戸は、一九二〇年代半ばのマキノの時代劇は「アメリカ活劇」の影響下で作られたと述べている。この言明が含意しているのは、この影響の要点は、スピードとアクションを前景化したこのジャンルにおいて最大限に活用されている映画の〈動き〉にあったということである。つづいて、城戸はアナロジーによって、蒲田映画の変化に言及しているが、蒲田調を新派メロドラマから逸脱させたものとは、前者の「テンポ」と「ムード」であったと書いている。そうだとすれば、この「テンポ」と「ムード」は、映画の〈動き〉——ただしこの場合は、アクション映画のそれというより、ソフィスティケイテッド・コメディーのそれ——によって与えられたと考えることができる。たしかに『日本映画伝』の全編を通して、城戸がソフィスティケイテッド・コメディーに言及した箇所はないが、前章で概観した一九二〇年代後半の日本におけるハリウッド映画に関する言説からも、蒲田調の〈明るさ〉はハリウッドのソフィスティケイテッド・コメディーの〈動き〉によってもたらされたと主張することができるだろう。

こうした観点から言えば、城戸が五所平之助を、蒲田調を代表する監督のひとり（もうひとりは島津保次郎である）として名指したとき、「五所はやはり才人であると思う」と述べていることは示唆的である[13]。前章で見たように、この「才人」という語は一九二〇年代日本映画の文脈において、ソフィスティケーションの感覚を持った人物を指していたためである。さらに、城戸によっても蒲田調作品の最初の一本に挙げられる『村の花嫁』（五所平之助、一九二八年一月）に関する興味深い作品評を引用しよう。「しんみりと、ほんとうにしんみりと見る人々を泣かせる。／が併し、決して在来の新派悲劇の様に、之でもか〳〵と涙を要求してゐるのでは毛頭無い(14)」。『村の花嫁』の物語は、馬車の事故によって大怪我をした姉が、みずからを犠牲にして、許嫁であったエリート郵便局員に妹を嫁がせるという、まさに新派メロドラマのジャンルの規則に従ったものである。しかしこの短い映画評によれば、五所のソフィスティケーション趣味が、お涙頂戴もののセンチメンタリティーを解除するというのである。

先に引用した城戸の一節「時代劇との対決」に戻れば、映画の〈動き〉によって明朗化された新派メロドラマが「蒲田調の基底」をなしている。しかし城戸によれば、一九二〇年代中盤から後半にかけて、蒲田映画はいまだ、その作品のすべてがコンスタントに「ヒット」するというわけではなかった。こうした状況に対処するため、城戸は映画の内容ないし脚本を強化することにしたのである。

何しろ映画は新しい芸術だから、何もかも新規に養成しなければ、内容・形式ともに合致したものにならない。そこで、シナリオ研究生というものを養成することにした(15)。

厳密に言えば、脚本家の北村小松は城戸の門下生ではない。しかし、北村は城戸がもっとも信頼した脚本家のひとりであり、彼が脚本を担当した『マダムと女房』（五所平之助、一九三一年八月）は、城戸がここで「内容」という語によって意味したものを例証している。作品の冒頭、新進の劇作家である芝野新作（渡辺篤）は、東京郊外に引っ越してくる。しかし彼は、猫やネズミ、赤ん坊の泣き声、妻の使うミシン、隣家のジャズの演奏などの雑音に悩まされて、執筆に集中できない（日本初のフル・トーキーとして製作された『マダムと女房』には最初、『隣の雑音』という題名がつけられていた）。耐えかねた芝野は、隣家のマダム（伊達里子）に文句を言いに訪れるが、マダムやバンド・メンバーたちとパーティーを楽しんでしまう（図2-1）。しかし芝野は快楽に溺れるというより、「スピード！　スピード！」と歌うジャズに活力を与えられることになる。奇跡的に脚本を書き上げたことを伝える字幕につづいて、映画は、芝野が妻（田中絹代）と郊外のあぜ道を歩くシーンにカットし、「マイ・ブルー・ヘブン」の音楽とともに明るく終わる（図2-2）。

蒲田映画が特権的に扱った主題とは、以上のような近代化にともなって新しく出現したホワイトカラー階級である小市民の日常生活の些細な出来事だった。蒲田調とは文字通りには、一種の形式としての「調子」に関わっているだろう。しかし城戸は、それは形式と内容の双方に関係していると述べているのであり、そうだとすれば蒲田調は、一九三〇年代初頭、その〈明るい〉調子が小市民という題材に出会ったときに完成したのである。

城戸の見解にたいする批判

以上、城戸の回想にそって、蒲田調の発生過程を辿ってきた。

図2-1　『マダムと女房』（図2-2まで）

図2-2

あらためて整理すれば、一九二〇年代前半の新派メロドラマは、一九二〇年代後半、映画の〈動き〉を通して明るくされ、一九三〇年前後に小市民という主題に焦点をあわせることで、蒲田調は完成したのである。また蒲田映画と近代の関係について言えば、城戸の証言は、蒲田映画は形式と内容においてモダンであると述べているという意味で、日本における近代の好意的な表象という蒲田映画の一般的見解を裏書きしていると考えることができる。以上のような蒲田調の発生過程に関する城戸のナラティヴと、それにともなう親近代的《プロ》映画としての蒲田作品という見解は概して正しいと言えるが、城戸の発言には、次の二点の留保をくわえるべきだろう。

まず城戸の回想には、自己神話化の欲望が働いており、蒲田調の発生過程がより直線的で目的論的なものとして語られていると指摘することができる。たとえば、城戸は蒲田調の「テンポ」ないし「ムード」の発展を、ディレクター・システム（「監督本位の製作体制」）という新しい製作モードに帰しているが、それは元来、一九二五年、自身の人気を盾として製作にまで口を挟み始めた、勝見庸太郎や諸口十九《つづや》といった映画スターの言動を牽制するために導入されたものだった。(16) また城戸は、未来の脚本家――北村、野田高悟、池田忠雄、荒田正男など――を育成したと誇らしげに語っているが、たとえば北村や野田は一九二〇年代から蒲田の中心的な作品の脚本をまかされており、彼らの多くは城戸の支援がなくとも成功しただろう。そしてなによりも重要なことに、城戸の記述からは、一九二〇年代の蒲田撮影所で中心的役割をはたした牛原虚彦（次節で詳しく論じる）が、ほとんど排除されている。

第二にワダ・マルシアーノが主張するように、蒲田映画は見かけほどには、近代にたいしてリベラルでないと考えることができる。先述したようにワダ・マルシアーノは、近代とは日本人にとって、西洋と避けがたく結びついていたという特徴に注意を向けながら、近代は日本人のうちに、西洋にたいする「植民地的な」不安を引き起こさざるをえなかったと指摘している。(17) こうした観点から、蒲田映画において、近代（すなわち西洋的近代）を意味する要素がどのように物語のなかに位置づけられているかに注意を向けるとすれば、こうした要素はたんに称揚されるためばかりでなく、他者との関係において「国民的アイデンティティー」を確立するために利用されていることがわかる。(18) たとえば、この時期の蒲田作品のなかでも、親近代的《プロ》な傾向の強い『マダムと女房』においてすら、映画の最後、主人公の芝野が妻と郊外を歩くシーンで、「隣の「マダム」＝モガ」は「完全に映画空間から排除」されている。(19) 当時の日本の文脈において、近代とはとりわけモダンガールによって象徴的に意味されていたことを考慮に入れれば、マダムの排除というこの物語上の手続きは、この作品もまた西洋的近代以上に、より保守的な芝野の妻によって代表される、日本の伝統を支持しているということを示唆しているのである。

以上の批判的視点を念頭におきながら、つづくふたつの節では、牛原、島津、小津の作品を分析する。たとえ親近代的《プロ》映画としての蒲田映画というヴィジョンには留保が必要だとしても、見ていくように、〈動き〉と〈明るさ〉というタームはこれら三人の監督作品を通じて中心的論点でありつづけたのであり、さらに言えば、彼らの作品はこの〈動き〉と〈明るさ〉の性質のために、同時代の観客からモダンであると評価されたのである。以下ではまず、城戸の回想から省略されている重要なミッシングリンクとして、牛原作品の検証から始める。つづいて、島津の『隣の八重ちゃん』（一九三四年六月）と小津の『東京の女』（一九三三年二月）を、両作品にある映画内映画シーンにとりわけ注目しながら比較する。

2　スペクタクルとしての〈動き〉——牛原虚彦

ブロックバスター映画監督としての牛原

牛原虚彦[20]の名前が城戸の『日本映画伝』にほとんど不在なのはおそらく、牛原は一九二〇年代の蒲田撮影所で、城戸と同等の大きな影響力を持った唯一の人物であったためだろう。[21]一九二〇年、東京帝国大学の英文科を卒業後、牛原はそのまま松竹に入社し、松竹キネマ研究所の一員となった。牛原はそこで、研究所のほとんど唯一の成果と見なされる『路上の霊魂』（村田実、一九二一年四月）の脚本を書いている。研究所の解散後、牛原は自身の監督デビュー作『山暮るゝ』（一九二一年七月）を製作し、一九二六年、ハリウッドで映画製作を学ぶために松竹を離れるまでに五五本の作品を監督した。半年間の留学から帰国後の牛原は、とりわけ映画スターの鈴木傳明《でんめい》とのコラボレーションによって知られている。一九三〇年末、松竹を辞め、欧州へ旅立つまでに、牛原は傳明を主人公として、『彼と東京』、『彼と田園』、『彼と人生』という「彼もの」三部作（一九二八年五月—一一月）を含む、一五本の作品を完成させている。これらの作品で、傳明は健康な肉体と尊敬に値する努力によって、階級

図2－3 『進軍』（図2－5まで）

（ブルジョワvs.労働者）、地域（都市vs.田舎）、世代（古い儒教的価値観vs.平等という新しい理念）といった、さまざまな対立を架橋するヒーローの役割を演じている。[22]「明るく、朗らかな」映画の監督として最初に評価されたのは、五所や島津といった蒲田調の監督ではなく、牛原だったのである。

約一年間の製作期間をへて一九三〇年五月に完成した『進軍』は、蒲田撮影所設立十周年を祝うために製作された、現在で言うところのブロックバスター映画である。そのいずれもが完全な形で現存していない自身の一九二〇年代の作品を踏襲しながら（『噫無情　第一篇』、『海浜の女王』、『感激時代』、『彼と人生』は数分のクリップが残っている）、牛原はこの一九三〇年の大作で、ヒーローの叙事詩をそれまでにない規模で描いたのだった。この作品においても、鈴木傳明が主人公を演じている。彼は懸命に努力することでパイロットとなり、この社会的成功とともに、愛する女性（田中絹代）と結婚する。階級、地域、世代をめぐる対立も周到に設けられ、主人公はそれを乗り越える。傳明は小作農の息子であるのにたいし、田中絹代が演じるヒロインは地主の娘であるし、彼は社会的成功を求めて、田舎から上京する。さらに傳明は戦争に行くにあたって、両親を説得しなければならない（両親は古い価値観に基づいて、反対しているわけではないが）。作品のクライマックスとなるのが、四〇分間にわたって持続する戦争シーンである。旗を掲げた軍隊の後進、戦闘機の離陸から、戦場の航空写真、銃撃戦、主人公による戦友（さらにはヒロインの兄）の救助までを描いたのち（図2－3）、日本はついに戦争に勝ち（ただし映画を通じて、敵国がどこであるのかは明らかにされない）、この勝利とともに、主人公はヒロインとの恋愛を成就させ、ハッピーエンドを迎える。

スポーツ映画の〈動き〉

以上の『進軍』の概要から、牛原作品の特徴とは、とりわけ男性主人公のアクションによって身体化され、スペクタクルとしてクライマックスを迎える、映画の〈動き〉にあったということが推測されるだろう。実際、牛原の一九二〇年代の作品は、スポーツ（とりわけボートと陸上）という装置を通して、この映画の〈動き〉をスペクタクルとして前景化させたのであり、さらにはこうした〈動き〉の性質のために、牛原作品は「明るく、朗らか」だと評価されたのである。一九二七年から一九二九年にかけて発行された撮影所のプロモーション誌『蒲田』には、牛原の映画がいかに〈動き〉で満ち、それゆえ〈明るさ〉の性質に溢れているかを宣伝した、多くの記事が掲載されている。批評家のみならず、監督や脚本家、俳優によっても書かれた記事のひとつで、牛原は映画の〈動き〉にたいする自身の熱中を、とりわけスポーツに関連づけて次のように書いている。

> 話は変るのであるが、極く特殊のスポーツを除くとスポーオツ位映画的なものはあるまい。健康美に漲れ切つた四肢のリズミカルな跳躍、男性美そのもののような体軀のダイナミツクなスキング、清新潑溂の気に満ち溢れた快いスピイド〔……〕。[23]

ここでは〈明るさ〉という語そのものは使用されていないが、〈動き〉の性質は、「健康さ」、「清新さ」、「潑溂さ」といった〈明るさ〉の性質に結びつけられている。もちろん、こうした牛原映画の〈明るさ〉は、とりわけスポーツによって身体化されるダイナミックな運動性に直接的に結びつけられるかぎりで、むしろ都市部における日常生活に焦点をあわせた、蒲田調の〈明るさ〉の性質と同じものであるとは言いがたい（ただし、蒲田調映画の〈明るさ〉も都市部のモダンな生活の一部として、スポーツの要素を含む場合がある）。しかし、牛原こそが一九二〇年代後半の蒲田撮影所のなかで中心的位置を占めていたのだとすれば、蒲田映画を特徴づけるとされる〈明るさ〉とは、牛原のスポーツ映画におけるスペクタクルな〈動き〉に起源を持っていると考えることができるのである。[24]

もちろん、牛原が最初の〈明るい〉蒲田映画の監督であったということは、前節で辿った城戸のナラティヴが完全に間違っているということを意味しない。すでに見たように、五所は一九二七年前後、牛原とほぼ同時期に、べつの経路を辿って〈明るい〉映画を作り始めていた。ただしここで注意したいのは、牛原は五所以上にスタジオのなかで中心的な位置を占めていたということである。そうだとすれば、蒲田映画はすくなくとも主流においては、城戸が辿ったラインというよりも、牛原の作品を経由して変革されたと考えるべきである。より具体的には、蒲田映画はハリウッドのソフィスティケイテッド・コメディーの影響から明朗化されたというよりも、まず『ハーバードのブラウン（*Brown of Harvard*）』（ジャック・コンウェイ、一九二六年）や『娘十八運動狂（*The Campus Flirt*）』（クラレンス・G・バッジャー、一九二六年）、『蹴球王（*The Quarterback*）』（フレッド・ニューメイヤー、一九二六年）といったスポーツ映画の模倣を通じて、モダン化されたのである。[25] また物語主題に関して言えば、新派メロドラマにおける明治期の家族の物語が、同時代の小市民生活の描写に直接置換されたというより、まずヒーローの叙事詩へと変容させられたのである（牛原作品における階級、世代、地域に関する二項対立とそれに基づく物語設定は、新派メロドラマの設定を完全に踏襲している）。撮影所内における牛原の中心的役割を考慮に入れながら、いくぶん誇張して言えば、蒲田映画とはむしろ、城戸が蒲田調と対立させていた時代劇に近い経路を辿って、モダンの方へ進んだとさえ考えることができる。

牛原にたいする同時代的評価

一九三〇年代の蒲田調映画へと移るまえに、同時代に書かれたいくつかの批評を参照しながら、映画の〈動き〉と近代の関係という観点から牛原作品の特異性を考えよう。すでに論じたように、牛原作品の特徴はスポーツという装置を通じてスペクタクル化される映画の〈動き〉にあるが、このスペクタクル化は牛原の卓越した映画技法によって達成されたのである。たとえば批評家の鈴木重三郎は、大学レガッタを主題とした『感激時代』

（一九二八年三月）を評して、次のように書いている。

> 我が国で従来作られた学生劇乃至スポーツ劇はその真を写し得てゐなかつた。青春の美と朗らさとを盛つた明るい映画は求め得られなかつた。然しその不満はこの映画に依つて完全に補はれたといつてよい。〔……〕以つて学ぶに足るべき明確なるテムポ、整調なるカメラ。それに我が国でアメリカ式の学窓スポーツ劇の生れない最大因子たる競技の場面の要領のよい省略法等は感嘆の他はない。[26]

すなわち、牛原の映画がほかの日本映画と比較して、とりわけモダンだと看取されたとすれば、それは「明確なるテムポ」や「整調なるカメラ」、さらには「要領のよい省略」といった編集という映画技法によって組織化され、高められた〈動き〉のためだったのである。『進軍』においても、飛び立つ飛行機のショットや空撮ショットが矢継ぎ早につなげられる戦争シーンをはじめとする多くの場面で、映画の〈動き〉が牛原の映画技法によってスペクタクルへと発展させられる。たとえば映画の冒頭近く、鈴木傳明がヒロインの田中絹代を暴走する馬から助け出すシーンでは、馬に乗って追いかける傳明のミディアム・ロングショットと暴走する馬にしがみつく田中のミディアム・ロングショットが数度にわたって交替されるが、その交替の速度は救出の瞬間に向けて、徐々に速められていく（図2-4、2-5）。

図2－4

図2－5

このように牛原は、〈動き〉をスペクタクルへと発展させる卓越した映画技法のために称賛されたが、牛原作品はまさに同じ理由によっても批判された。まず、『進軍』に含意されたイデオロギー的要素を正確に指摘した、岩崎昶の批判を参照しよう。

> 「進軍」の、帝国主義戦争讃美、貧農の倅と大地主の娘との、階級を超えた恋愛。それらのショーヴィニズム宣伝、階級対立の隠蔽、等の芸術的犯罪に、牛原虚彦氏は絶大の感激を以て従事したらしく見える。(27)

第五章で詳しく見るように、一九二〇年代後半、数人の批評家たちはマルクス主義的見地から、映画に含意されるイデオロギーを批判することを始めた。岩崎はこうした潮流のなかで中心的役割を演じた批評家である。この一節で若い岩崎（一九〇三年生）は、戦争支持の根底に潜む帝国主義や排外主義から恋愛による階級対立の欺瞞的解消まで、『進軍』に織り込まれたすべてのイデオロギー的含意を鋭く指摘している。岩崎は一九三〇年代前半、映画作品《フィルム》の批評以上に映画《シネマ》という装置そのものの批判へと映画論を発展させていくが、岩崎の広範な批評活動については後述することにして、ここでは牛原作品に焦点を絞ろう。一九二〇年代後半、同じくマルクス主義的見地から多くの批評を書いていた岸松雄は、牛原の映画技法に注目して、鈴木傳明演じる主人公の機関士が〈最後の瞬間〉に到着することで労働者と資本家が和解する『大都会　労働編』（一九二九年五月）のラストシーンについて次のように書いている。

> これらの反動的内容は必然に、反動的なる映画手法を齎らした。鈍重なるテムポ。冗漫なるスピード。鉄、機関車、レール、労働者ｅｔｃの近代資本主義的なる諸物質は、牛原氏の温い手の中で、美事に腐敗した。鉄やレールや機関車が腐る。これは恐ろしい事だ。(28)

『大都会　労働編』のフィルムは現存しないため、このシーンが実際のところ、どれほど「鈍重」で「冗漫」

であったのかを確認することはできない。しかし岸がここで、階級の対立を欺瞞的に解消してしまうスペクタクルとそれに奉仕する牛原の映画技術を厳しく批判していることは明らかである。こうした岸の議論を岩崎の批判と接続させながら敷衍すれば、牛原作品のスペクタクルと映画技術は、映画の〈動き〉の持つエネルギーを、帝国主義的戦争と産業的発展という近代化をめぐるイデオロギーのために搾取するように機能していると言うことができるだろう。

見てきたように、牛原作品の特徴は良くも悪くも、そのスペクタクル化される〈動き〉にある。牛原作品はその〈動き〉の性質のためにモダンであると称揚されたが、スペクタクルへと発展する〈動き〉は国家主義的イデオロギーに奉仕するものとしても批判されたのである。そして、松竹映画の主流が牛原のスペクタクル映画から蒲田調映画へ移行したときに起こったこととは、このスペクタクルの除去＝再動態化（removal）であった（象徴的にも、牛原は一九三〇年一一月に松竹を辞めている）。この移行とともに、蒲田調映画はすくなくとも牛原の映画ほど明示的にはイデオロギーに加担しているように見えなくなった。軍国主義的政権前夜における親近代的《プロ》映画という蒲田調映画にたいする見解は、こうした政治との緩い関係によるところが大きいと言えるだろう。しかしワダ・マルシアーノも注意しているように、蒲田調映画がいかなるイデオロギーからも自由であったと結論づけることは早計である。次節では、こうした蒲田調映画のイデオロギー的側面——蒲田調映画にたいするイデオロギー批判はどの程度まで有効かという方法論上の問いを含めて——に注意しながら、島津の『隣の八重ちゃん』と小津の『東京の女』を、両作品に見られる映画内映画シーンを中心に分析する。

3　ふたつの映画内映画シーン——『隣の八重ちゃん』と『東京の女』

島津の「スケッチ」描写

大学生の恵太郎（大日方伝）と高校生の精二（磯野秋雄）という兄弟および隣家に住む女学生の八重子（逢初夢

子）を主要登場人物として、東京郊外に住む二組の家族の日常的風景を描いた島津保次郎の『隣の八重ちゃん』は、小市民のモダンな生活の好意的表象を示しているという意味で、蒲田調映画を例証した作品である。『隣の八重ちゃん』は、たがいに隣りあう二軒の家を滑らかな横移動で捉えるトラッキング・ショットから始まる。家のまえの空き地で、ふたりの兄弟はキャッチボールをしているが、精二は暴投してしまい、八重子の家の窓ガラスを割ってしまう。八重子は微笑みを浮かべながら、冗談交じりに精二を責め、八重子の母親（飯田蝶子）は「いいのよ」と言う。この八〇分の作品の前半はこのように、恵太郎と八重子の他愛のない会話や八重子宅への友人の訪問から両家族の父親たちの晩酌まで、物語上特筆すべき出来事のないまま進行する。こうした日常の描写から示唆されるのは、八重子はおそらく恵太郎のことが好きであるということと、精二は鈍感であるためにそれに気づいていないということのみである。

作品の後半は、八重子の姉である京子（岡田嘉子）が夫とけんかして、実家に戻ってくる場面から始まる。京子は夫への不満を恵太郎に漏らし、気晴らしのために八重子と精二を連れだって銀座へ出かける。後日、京子は恵太郎を誘惑するが、恵太郎は困惑して、その場から立ち去る。その後、京子はいかなる物語的動機づけも与えられないまま（映画はこれを恵太郎の拒否に帰さない）、いくぶん唐突に姿を消す。映画の最後、八重子の家族は朝鮮半島へ移住するが、八重子は女学校を卒業するまで、東京に残ることに決める。このように映画は、八重子とふたりの兄弟の関係を作品冒頭の状態に戻すことで終わるのである。

同時代における『隣の八重ちゃん』の受容を見るために、ふたたび岸松雄の批評を参照しよう。岸は作品公開直後の『キネマ旬報』（一九三四年八月一一日号）に掲載された作品評で、前半部分の「スケッチ」と後半部分の「ドラマ」という『隣の八重ちゃん』の二種類の叙述モードを区別している。岸によれば、作品の前半部はスケッチのように小市民の日常生活をありのままに描いているが、京子が戻ってきたのちの作品後半部は物語をドラマティックにしようと試みているというのである。岸の批判の要点は、作品後半部における京子の大げさで「ヒステリツク」な演技、あるいはより正確に言えば、このような演技指導を通じて作品を劇的にしようと試みる島津の演出にある。たしかに、岸はここで新派メロドラマに言及していないが、「ドラマ」という言葉を使って京子の演技スタイルを批判したとき、彼はこの旧来の叙述モード（それは一九三四年においても支配的であった）を意識していたのではないだろうか。[29] この推論を敷衍してさらに言えば、前半の「スケツチ」の部分を称賛したとき、岸は新派メロドラマにたいするソフィスティケイテッド・コメディーの叙述モードを念頭においていたのではないだろうか。

岸は『隣の八重ちゃん』の前半部分について、次のように書いている。

> たそがれ近い郊外。近郊によく見かける小市民住宅が桐の木にかこまれた空地を境にして二軒隣合つて立つてゐる。その全景を左から右にゆるやかに移動パンしながら、そこにキヤツチボールののんびりした音が聞えて来る。それから又、翌日の昼、隣の家で午飯をたべてゐる恵太郎、それに八重子とその友達。会話「だつて、お乳の話なんぞ」「いいぢやないの、女同志《ママ》ですもの」「いかんね、いかんね。男性のゐるところで、さういふ……」「あら嫌アだ、恵太郎さんも近頃そんなことに敏感ね……」等々。まつたく近郊の小市民生活のスケツチとして、これは素晴らしい。[30]

岸は一九三〇年代前半、それまでのマルクス主義的批判に背を向け、映画作品のデクパージュをショット毎に書き出すという独自のスタイルを編み出すことで、批評家としての地位を確立したのだった。[31] こうした岸の方法論的特徴を考慮に入れれば、上記引用における冒頭の「ゆるやか」なカメラ移動から、キャッチボールの音、八重子と友人の会話や恵太郎と八重子のやりとりの調子までの記述のトーンは、「スケッチ」という叙述モードを反映していると考えることができる（図2-6）。そしてここで岸の批評にくわえたいのは、たとえば、キャッチボールの球をはじめとする被写体の〈動き〉が、こうしたテンポを作り出すにあたって重要な役割を演じているのではないかという仮説である。

図2－6 『隣の八重ちゃん』（図2－10まで）

図2－7

この〈動き〉という観点からさらに注目したいのが、『隣の八重ちゃん』のなかでもっとも明示的にルビッチ作品の影響を徴づけていると見なすことのできる、穴のあいた靴下という小道具の使用法である。作品の中盤、恵太郎が八重子の家で昼食を食べているとき、八重子は彼の靴下に穴があいていることを見つける。恵太郎がそれを脱ぐさい、カメラは彼の動作に焦点をあわせる（図2－7）。のちに八重子が靴下を繕い、それを届けにいったとき、恵太郎は足を前に投げ出し、八重子にそれを履かせてくれるように要求する。ふたりのやりとりと動作上のコレオグラフィー、さらには両者のミディアムショットの軽やかな交替は、シーンを軽快なものにしている。島津はここで、『結婚哲学』の冒頭で提示されたハリウッドのソフィスティケイテッド・コメディーを表すエンブレムである靴下という小道具を、映画に〈動き〉を招き入れるためのアイテムとして使用しているのである（第一章で見たように、小津は同じようにルビッチを意識しながら靴下を使用しているが、五所平之助も一九三五年の『人生のお荷物』で穴のあいた靴下を登場させていることから、「穴のあいた靴下」というアイテムは、この時代の松竹映画で一般的に使われていた小道具であったと考えることができる）。本章の前半部分で参照した、蒲田調の成立過程に関する城戸の回想を思い出せば、岸による『隣の八重ちゃん』前半部分の記述は、蒲田映画の〈明るさ〉はハリウッド・ソフィスティケイテッド・コメディーの〈動き〉を介して導入されたという点を裏書きしているという意味で、城戸の主張を補強していると言うことができる。

『隣の八重ちゃん』に含意されたイデオロギー

たしかに岸が指摘するように、『隣の八重ちゃん』の特徴はその軽快な性質にあるだろう。しかし岸の『隣の八重ちゃん』評は、作品の提示する世界にたいしあまりに楽観的であり、政治的意識を欠いていると批判することはできないだろうか（ただし岸はこの時期、新しいタイプの映画批評を発展させる過程にあったというかぎりにおいて、彼が一九二〇年代のマルクス主義的批評にたいして後退したというわけではない）。こうした蒲田調映画を称揚する言説にたいし、ワダ・マルシアーノはより一般的に、蒲田調映画はこれまで、リベラルな時期における親《プロ》近代的な映画としてしか見られてこなかったと指摘しながら、一見したところ非政治的であるように見える映画の下部に潜んでいるイデオロギーに注意を向けている。『隣の八重ちゃん』に関して言えば、ワダ・マルシアーノは以下の三点を指摘している。

まず映画の最後で、八重子の両親は朝鮮半島へ転任するが、このエピソードは言うまでもなく、植民地主義という当時の日本政府の政策を背景としている。さらにワダ・マルシアーノは、八重子の家族が入植を決めるとき、彼らのあいだでいかなる家族会議もおこなわれず、反対意見も出されないことに注目して、『隣の八重ちゃん』はこの政策を当然のものとして「自然化」していると指摘している。[32] 第二に、八重子が恵太郎に彼女の直した靴下を届け、恵太郎が彼女に履かせてもらうように頼むシーンでは、恵太郎は「女性は夫にたいし従順でなければならない」と言う。たしかにこの場面のムードは明るく、いくぶんコミカルであるが、恵太郎のこの台詞には、旧来の封建的で保守的な価値観が巧妙に刷り込まれている。[33] 第三に、恵太郎と精二という兄弟は作品を通じて階層化されており、この階層は、恵太郎がドイツ語を読む東京帝国大学法学部の学生であるのにたいし、精二はアメリカの国民的スポーツである野球に精を出す高校生であるという点で、ヨーロッパとアメリカの序列に対応している。すでに繰り返してきたように、ワダ・マルシアーノの主張の要諦は、蒲田映画は、西洋のものと受けとめられた「近代」にたいする日本の反応《リアクション》＝反動を反映しているということにある。ただしこの場合、ワダ・マルシアーノによれば、『隣の八重ちゃん』は西洋的近代を、アメリカの商業主義的で消費文化的近代とヨーロッパのより「権威的」近代というふたつの様態に「分岐」させたうえで、両者を対立させているのであり、こうした対立を通じたヨーロッパ的近代の優位的表象は、数年後に締結される日独伊の防共協定（一九三七年）と三国同盟（一九四〇年）を予期しているというのである。(34)

以上のようなイデオロギーが〈明るい〉ムードの背後で作用しているとすれば、蒲田調映画の親近代的《プロ》な特徴は、見かけ上のものにすぎないと言うことができるだろう。ワダ・マルシアーノは松竹映画に含意される国家主義的で帝国主義的な傾向を、一九三五年から一九三八年にかけての城戸の発言（そこでは戦時下において映画のはたすべき役割が論じられ、この時期の中国侵略が明示的に支持されている）を概観することによって、説得的に提示している。(35)言いかえれば、蒲田調映画の国家主義的な側面は、それが小市民生活の他愛のない小事を扱っているかぎりにおいて、目立たないだけなのであり、かならずしも積極的に西洋的近代にたいしリベラルであることを意味していないのである。

あるいは、作品の形式とその背後に潜むイデオロギーの関係を、牛原作品と比較して次のように考えることもできるだろう。前節で見たように、牛原作品では、その〈明るい〉ムードを負うところの映画の〈動き〉がスペクタクルへ高められるが、『隣の八重ちゃん』では、映画の〈動き〉はいかなる大団円にも導かれることはない（示唆的にも、野球少年の精二は作品の終盤、東京大会の優勝をへて甲子園出場を決めるが、決勝戦の場面はいくつかのショットで簡単に構成されるばかりで呆気なく終わる）。そしてわたしたちは、観客を熱狂へと巻き込むスペクタクルにたいするこうした無関心な態度のうちに、『隣の八重ちゃん』がイデオロギーにたいし積極的に加担しているように見えない理由を求めることができるのである。

以上の議論を踏まえて、映画の〈動き〉とそこに含意されるイデオロギーがこの作品のなかで例外的に編み込まれる、『隣の八重ちゃん』のクライマックスとも言える映画内映画シーンに注目しよう。映画の終盤、京子と八重子、恵太郎と精二という二組の姉妹と兄弟は銀座の繁華街へ出かける。彼らは映画館でベティ・ブープのアニメーションを鑑賞し、ウィンドー・ショッピングを楽しむ。実際のスクリーンに映されるのは、映画館で上映されるベティ・ブープの映像（図2－8、2－9）から、カフェ内のモダンな内装、洋品店のショーウィンドー、移りゆく車窓から捉えられたネオンの明滅（図2－10）までの光景である。ワダ・マルシアーノはこのシーンを分析して、このように目まぐるしいまでに騒がしいモダンな光景を捉えた場面は「近代生活における認識論的な「経験」を反映し」ており、映画はそうした「近代的主体」の経験を、『隣の八重ちゃん』を実際に見ている「観客」自身のものとしていると指摘する。[36] さらにワダ・マルシアーノは、分散させられたアイデンティティーを表象する「近代めぐり」の終わりに、「家族が囲む昔ながらの天麩羅のショット」が挿入されることに注目して、『隣の八重ちゃん』は「家庭的な映像」の提示という手続きを通じて、「日本人というナショナル・アイデンティティー」を再導入していると主張する。[37] この場面で、銀座は堅実な日常生活を営む人々にたいして適切な気晴らしを与えてくれる場として提示されており、近代の経験はかならずしも否定的なものとして描かれているわけではない。しかし、作品のクライマックスと見なすことのできるこのシーンは、まさに近代の経験のなかでナショナルなアイデンティティーを呼びかけるように構造化されているのであり、そうだとすれば、『隣の八重ちゃ

図2－8　映画内映画シーン（ベティ・ブープの引用）

図2－9

図2－10

ん』ないし蒲田映画を特徴づけるとされる〈明るさ〉や親《プロ》近代的な性質は、見かけにすぎないものと考えることもできるのである。

『東京の女』の映画内映画シーン

小津に関して言えば、前章で見たように、彼も一九二〇年代後半、ハリウッド・ソフィスティケイテッド・コメディーの影響下から映画作家としてのキャリアを始め、初期作品は〈明るさ〉の性質のために称賛されたのだった。この意味において、小津もまた「蒲田調」の映画監督であると言えるだろう。[38] とはいえ、小津作品も『隣の八重ちゃん』と同様、そこに含意されているイデオロギーのために批判することができる。たとえば、社会批判的作品として名高い『生れてはみたけれど』でさえ、戦場において突破口を開くために爆弾を持って敵軍に突っ込んだ、第一次上海事変における英雄「爆弾三勇士」への言及があり、さらに主人公の兄弟たちに、将来は軍人になりたいとさえ言わせている。あるいは、小津作品にもほかの蒲田映画と同じく、しばしばモガが登場するが、ワダ・マルシアーノが指摘するように、彼女たちは多くの場合、より伝統的な価値観を持った女性と三角関係を演じ、恋に破れるのであり（『朗かに歩め』や『淑女と髯』では、モガは滑稽に描かれ、『非常線の女』では、モガのヒロインが伝統的な女性になるべく改心する）、こうした物語は近代にたいする日本人の不安の徴候として解釈することができる。[39] 言うまでもなく、小津もこうした同時代のイデオロギーから自由でなかった。しかし、小津作品はこのように批判するだけで十分だろうか。

ワダ・マルシアーノは小津の一九三三年作品『東京の女』の映画内映画シーンの分析から、彼女の蒲田映画論における主たる論点のひとつである「近代の征服」という命題を引き出している。しかしワダ・マルシアーノは、彼女がそこに含まれると主張するイデオロギーを強調するあまり、近代に関する小津の実践の重要な部分を見逃してしまっているように思われる。ワダ・マルシアーノが注目するのは、『東京の女』の冒頭近く、良一（江川宇礼雄）と恋人の春江（田中絹代）がパラマウント社のオムニバス映画『百万円貰ったら（*If I Had a Million*）』

（ジェームズ・クルーズなど、一九三二年）のルビッチが担当したパート「事務員（Clerk）」を見る場面である。このシーンは、物語世界の空間的・時間的一貫性にたいして語りを信頼できない、後期作品の〈引き延ばされた移行シークエンス〉を予期させるような奇妙な構造を持っている。

①良一の姉であるちか子（岡田嘉子）がオフィスでタイプしている。シーンは彼女の指のクロースアップで終わる（図2-11）。

②『百万円貰ったら』のクレジット・タイトルにつなげられ（図2-12）、シーンは次のように進む。まず、映画館の座席に座っている良一と春江のロングショットが示され（図2-13）、オフィス内で事務を執るランバート（チャールズ・ロートン）にカメラが寄る移動ショットに切り替わる（図2-14）。ふたたび、場面は観客席に戻り、良一と春江を個別に捉えたミディアムショットが三回交替されたのち（ふたりは映画のパンフレットについて話している）、『百万円貰ったら』に切り替わる。ランバートは言づけをもらい、

図2－11　『東京の女』（図2-18まで）

図2－12　映画内映画シーン（ルビッチ作品の引用）

図2－13

図2－14

図2－15

図2－16

図2－17

社長室に行くように指示される。彼は長くつづくらせん階段を上り、「事務室（Administration Offices）」や「秘書室（Secretary of the President）」といった表札の張られたドアを次々と開けて、社長室へ向かう（図2－15、2－16）。

③春江の家の内部に掛けられたサーベルと白い手袋のクロースアップ（奈良真養が演じる春江の兄は警察官である）（図2－17）。

このシーンのもっともオーソドックスな解釈はおそらく、このルビッチ作品への言及に「立身出世」のテーマを読むというものだろう。ちか子はランバートと同じく事務員として働くことで、良一の学費を稼いでおり、ランバートの上る階段は、貧しい状態から身を立てるまでの長く苦しい道のりを示唆しているのである[40]。このように社会的現実を読み込むアレゴリカルな解釈にくわえて、ワダ・マルシアーノはこの『百万円貰ったら』の引用を、小津によるルビッチの「征服《マスタリー》」という観点から注解をくわえている。すなわちこのシーンで、小津はルビッチの作品を、彼の好きなように切り刻み、編集し、利用しているのであり、ワダ・マルシアーノによれば、小津はさらにこの「征服」を、切り返しという技法によってドラマ化しているというのである。

このシーンは、良一と春江をはじめとする観客のショットと、スクリーン上に映される『百万円貰ったら』のクリップの交替から構成されるが、この切り返しにおいて、日本人の観客は西洋の映画作品にたいし視線の主体の位置を占めている。さらに、前シーンの最後のオフィス内でタイプするちか子の指のショット（図2－11）から、映画内映画シーン冒頭の『百万円貰ったら』のクレジット・タイトル（図2－12）へ直接つなげるという小津の遊戯的な移行は、ちか子がこのハリウッド作品のタイトルをタイプしているという錯覚を見る者に与える。こうした視線や行為の主体―客体の関係を論拠として、ワダ・マルシアーノは「小津によるルビッチ作品の専有化《アプロプリエーション》のなかで、〔『東京の女』を見る実際の〕観客は近代にたいする征服の見かけを作り出すことに関わる」と結論づけるのである。(41)

このように論じるにあたって、ワダ・マルシアーノが依拠するのは、近代をまえに不安を感じざるをえなかった日本人の観客は、近代を「征服する」――すくなくともその「見かけ」を作り出す――ように駆り立てられたという推論である。たしかにこの時代におけるほかの多くの映画やモダン文化を考えるにあたって、こうした推論はかなりの程度、妥当かもしれない。しかし、この定式を小津作品にそのまま当てはめることはできるだろうか。ワダ・マルシアーノが上記の分析で見逃しているのは、延々とつづくらせん階段を上り、次々とドアを開けるというランバートの通過の行為によって生じさせられる〈動き〉の性質である。同様に見逃されているのは、『百万円貰ったら』における階段やドアのショットから、春江の住居におかれたサーベルと手袋のクロースアップへと直接移行させることで、映画の〈動き〉のためにルビッチ映画が有している不確かさの性質の度合いをさらに強めようと試みる、小津の編集上の意図である（シーンが春江の住居に移行したさい、観客はここが春江の住居であるということを知らされていない）。

観客は小津の遊戯的な交替のなかで、「コギト」に基づく西洋的主体の条件である、空間と時間の確かさを失う。すなわち、小津はこの移行シークエンスで、映画を見るとはこの敷居性（liminality）の感覚を通過＝経験する（go through）ことにほかならないと知らせているのである。もしこの不確かさと敷居性の性質こそが、ルビッチ映画の本質をなしているとすれば（ドアとはルビッチ映画にとって特権的装置である）、小津はルビッチを「征服する」というより、ルビッチ映画の特性をよく理解し、彼の美学に忠実であることで、このシーンを構成したと言うべきだろう。

近代による征服

さらにこの眩暈を引き起こすような〈動き〉の性質が近代の経験に関わっているとすれば、小津は映画の〈動き〉に内在する不確かさの性質を増幅させようとしたこの『東京の女』のシーンで、それ自体が近代のメディアである映画の内部から、近代に応答し、それと折衝していると言えるだろう。しかし小津の応答の仕方は、ワダ・マルシアーノが「近代の征服」と呼んだものと大きく異なっている。すなわち、小津はここで、ルビッチにたいし過剰なまでに忠実であることで、近代に応答しようと試みているのであり、そうだとすれば、小津のこうした応答は「近代の征服（mastering modernity）」というより「近代による征服（mastered by modernity）」と呼ばれるべきものなのである。

本書はこのように言いかえるにあたって、征服—被征服という単純な二項対立的図式を想定していない。そうではなくここで念頭においているのは、ハリー・ハルトゥーニアンが戦間期日本における思想と文化のひとつの傾向を名指すさいにおこなった、「近代の超克（overcoming modernity）」から「近代による超克（overcome by modernity）」へという態の転換である。ハルトゥーニアンは次のように書いている。

一九二〇年代の日本人は、生活の急激な商品化のなかに、近代を超克すること〔overcoming modernity〕によってではなく（一九三〇年代後半には、それは国民的な幻想への脱出口以外のなにものでもなかった）、それに超克されること〔being overcome by it〕、すなわち、それに完成をもたらすことによって達成されるような、より人間的な秩序の約束と素描図を見るように駆り立てられていた。[42]

ハルトゥーニアンがここで焦点をあわせている「近代」とは、戦間期の日本人にとって、新しい生活様態ないし「モダンライフ」として知覚された近代である。この近代は、商品化された事物やその流通という物質的水準およびこの新しい物質文化に特有な知覚という経験モードの変化を巻き込みながら、戦間期にヴァイマル・ドイツやアメリカをはじめとしてグローバルな規模で、「日常性（everydayness）」という新しい生活様態を生み出したのだった。しかしながら、この「日常性」は新しく開かれると同時に、ほとんど同語反復的に、「日々の」、「ありふれた」、「つまらない」ものとして貶められ、非歴史化されてしまう様態でもある。そして、ハルトゥーニアンはこの近代的日常性にたいする姿勢を基準として、「近代の超克」と「近代による超克」というふたつの態度を峻別するのである。

一方で「近代の超克」の論者たちは、商品とルーティーンに満たされた日常的生活を非本来的なものだと考え、より伝統的な過去の価値や習慣に本来的な価値を求めたのだった。たとえば民俗学者の柳田國男は、東北地方の失われつつある習慣と民話を収集しようと試みたし、和辻哲郎や九鬼周造をはじめとする哲学者は、奈良時代の建築や江戸時代の「いき」に、日本の伝統的美学を見出そうとした。[43] 他方で「近代による超克」の主唱者たちは、それがどれほどはかなく見えようとも、まさにこの〈はかなさ〉と凡庸さこそが、近代の本質を構成していると考え、近代的日常生活の歴史性に注意を向けたのだった（こうした〈はかなさ〉の性質のために、近代はそのつど、過去からラディカルに切り離され、まだ見ぬ未来を約束しているように見えたのである）。「近代による超克」の論者たちの思考は、この近代的日常性が与えられている条件とそれが照らし出す可能性を見通すことを目指す、歴史唯物論的視線によって導かれている。前衛芸術家の村山知義はこうした思考のもと、構成主義的プロジェクトを起草し、今和次郎は脱中心化された人類学的ないし「考現学的」視線をもって、銀座や東京の路上を観察した。また、戸坂潤は近代における日常生活の空間を、さまざまな慣習や道徳概念、価値がつねに一時的にのみ（always temporally）共存し、相互に関係し、競合しあう場として概念化しようと試みたのだった（戸坂にとって、慣習、道徳、価値観の歴史性とは、過去や伝統との連続的な紐帯によってではなく、日常生活の空間内における、複雑ではあるがその都度の関係のなかで与えられるものだった）。(44)

以上の議論を踏まえて提起したいのは、戦間期日本における広範な文化的状況を視野に入れたとき、小津の映画実践は「近代の超克」というよりも、「近代による超克」の潮流に与するのではないかという主張である。小津は一九三〇年代前半を通じて、彼が一九二〇年代後半のハリウッド映画から学び、彼にとって近代の経験を構成しているところの〈動き〉と〈明るさ〉の美学に過剰なまでに忠実であることによって、一九二〇年代の「近代による超克」のパラダイムにとどまりつづけ、近代に「完成をもたらそう」と試みたのではないのか。本書は次章以降、とりわけルビッチやスタンバーグとの関係に焦点をあわせながら、一九三三年の小津作品を詳細に分析することによって、こうした小津の実践を、映画美学および近代との関係という観点から考察する。

とはいえここではさしあたって、『隣の八重ちゃん』との比較から、小津の実践の含意について次の二点を指摘しておこう。第一に先述したように、島津は近代の経験を観客自身のものとする銀座周遊のシーンの最後に、ナショナルなアイデンティティーを強調するために、日本料理である天ぷらのショットを挿入したのだった。それにたいし、小津は『東京の女』の映画内映画シーンの最後に、近代社会の抑圧性を象徴するエンブレムとして、警官のサーベルと白い手袋のショットを置いている（なお『東京の女』の約二カ月後に公開された『非常線の女』も、サーベルがパトロールをする警察官の腰で揺れるショットで終わっている）。第二に、これもすでに見たように、島津は『結婚哲学』に由来する「穴のあいた靴下」を、それをめぐる〈動き〉ないしアクションを通じて、〈明るさ〉の感覚を表現するための小道具として使用している。それにたいして一九三三年までに小津映画においては、「穴のあいた靴下」とそれをめぐる〈動き〉は、〈明るさ〉の感覚以上のなにかを含意するようになったように思われる。すくなくとも第一章で見たように、小津はこのルビッチ作品を徴づける小道具の取り扱いにたいして、カメラ位置を低くすることによって、それをめぐる登場人物の〈動き〉を前景化するほど注意深く取り扱ったのだった（小津の名高い「ロー・ポジション」をこの理由だけに帰すことはできないとしても）。こうした注意深い取り扱いの結果、映画の〈動き〉は〈明るさ〉以上のなにか――近代に内在するカタストロフィックななにか――を表現するようになったように思われる。

次章以降のプロローグとして、この〈明るさ〉を超えたなにかを「うすきみわるい静寂の感じ」と言い表した『東京の女』の同時代評に言及しながら、映画の〈動き〉をめぐる小津の実践を同時代の受容のなかに位置づけることで本章の結論としよう。広く言えば、一九三三年初頭までに、小津はとりわけ『東京の合唱』や『生れてはみたけれど』の成功のために、社会批判的な映画作家と見なされていた（『東京の女』が公開された一九三三年二月は、『生れてはみたけれど』が一九三二年作品の『キネマ旬報』年間投票において第一位に選ばれた時期にあたる）。実際、一九三三年三月までに『キネマ旬報』および『映画評論』というふたつの有力映画批評誌に掲載された七つの批評のうち六つまでが、この作品は近代生活の現実を捉えることに成功しているか否かと問いながら、『東京の女』を社会批判的作品という観点から論じたのだった。[45] 上記の映画内映画シーンに関して言えば、ふたつの批評が階段を上るという行為に、「立身出世」のテーマを読み込んでいる。それにたいして、このシーンの〈動き〉の性質を指摘した批評はない（ただし視線の主体―客体の関係を指摘した批評もない）。しかし、詩人であると同時に映画批評家である北川冬彦のみが例外的に、美学的立場から、春江とちか子が良一の自殺を知るというべつのシーンに関して、小津の事物の使用法という問題に関連づけながら、映画の〈動き〉という論点について鋭い指摘をおこなっている。

図2－18　時計の振り子の動き

たとへば、娘〔春江〕と姉〔ちか子〕が坐つてゐる時〔、〕時計屋の小僧が電話がかゝつて来たと知らせにくる。その時、玄関に下つてゐる長靴を小僧は一瞬間おもちやにする。こゝなんな、気付かずにすごしかねない一寸したところだ。小津安二郎はどちらかと云へばそれを隠してゐる。それ故に生きる時は大きいのである。娘が弟が自殺したと電話で知り驚き悲しむところを、時計屋のいくつも動いてゐる時計を撮つてその激しい感動のもたらすうすきみわるい静寂の感じを狙つたところ〔……〕、等すぐれてゐた個所であらう〔図2-18〕[46]。

たしかに北川は明示的には小津の事物の使用を、登場人物の感情の比喩的表現という観点から評価している。しかし、小津の〈動き〉の美学を、この種の映画的修辞法に制限して考えなければならない理由はない。そうだとすれば、このシーンで壁一面に掛けられた時計の振り子の〈動き〉が北川を打ったのは、こうした時計の〈動き〉が春江の感情を表現しているばかりでなく、機械と規格化によって時間と空間の律動が刻まれる、近代の意味＝感覚を分節化している——あるいはその句点を打っている——ためだとも考えることができるのである。

論じてきたように、蒲田調とは、ハリウッドのソフィスティケイテッド・コメディーに起源を持つ、映画の〈動き〉から引き出された〈明るさ〉の調子であると定義することができる。小津がハリウッドのソフィスティケイテッド・コメディーの影響下からみずからの映画作家としてのキャリアを始め、彼の最初期の作品がその〈明るさ〉の性質のために称賛されたという意味において、彼が蒲田調の流れをくむ映画監督であることは疑いえない。しかし、小津はこの〈動き〉と〈明るさ〉の美学にたいし、あまりに忠実でありすぎた。それゆえ、小津はこの美学を、映画の〈動き〉が〈明るさ〉以上のことを意味する地点にまで推し進めたのであり、この極限性にこそ、松竹蒲田映画——さらには日本映画全体およびグローバルな規模でその美学が共有されたサイレント映画——という文脈と歴史のなかにおける小津映画の特異性が存するのである。

第二部　グローバルな文脈

第三章　フォトジェニー的宙吊り
――ルビッチ映画の〈動き〉について

第一章では、『結婚哲学』と『東京の合唱《コーラス》』の奇妙なアクションつなぎに注目することで、ルビッチと小津の作品の中心には、ミディアムそのものが不安定となる極限的度合いにおいて捉えられた映画ミディアムの〈動き〉があると主張した。ルビッチは『結婚哲学』で、投げられた衣類の動きによって映画ミディアムの〈動き〉を表現するとともに、〈連続性のシステム〉を侵犯することで映画ミディアムの〈動き〉に含意される不連続性を明示したのであり、小津は『東京の合唱』で、スクリーン・ディレクションの一貫性を破ることによって、この論点に気づいたことを徴づけたのである。

すでに述べたように、一九三一年の『東京の合唱』におけるアクションつなぎは、つづく時期における小津の特異な映画実践への出発点を徴づけている。以降、小津は不連続性を含意する〈動き〉を中心として、みずからの映画実践を探究していくのである。それでは、このような実践とはいかなるものなのか。本章ではこの問いを考えるために、第二章でも分析した『東京の女』を中心に、一九三二年後半から一九三三年までの小津作品を辿る。以下、小津は一九三三年初頭の『東京の女』の冒頭シーンで、映画の〈動き〉をいかに取り扱うかという論点をめぐって、『結婚哲学』冒頭シーンをデクパージュの水準で模倣したことを示し、さらにこうした映画の

〈動き〉をめぐる実践は、小津の特異な映画スタイルのひとつである〈視線の一致しない切り返し〉の発展の過程に関わっていたと論じる。

本章ではまた、小津の映画実践を、サイレント時代にグローバルな規模で共有されていた映画美学の地平のなかで考える。論じてきたように小津は、一九二〇年代後半日本におけるハリウッド映画受容と松竹蒲田撮影所という日本固有のコンテクストのなかで映画を製作していた。しかし、こうした文脈は日本というローカルなコンテクストに制限されるというより、ハリウッド映画を経由して、映画美学に関するグローバルなコンテクストに通じている。〈動き〉の美学に関して言えば、サイレント映画後期にあたるこの時期、フランスの前衛映画からソヴィエトのモンタージュ派まで、ヨーロッパにおいてさまざまな映画作家や理論家たちがこの論点を中心として、映画という新しいメディアの可能性を探究したのだった[1]。なかでも本章は、一九二〇年代のフランスにおいて「フォトジェニー（photogénie）」を提唱したジャン・エプスタインの映画論を参照する[2]。

ここではさしあたって、本書がエプスタインの映画論のいかなる側面に注目するのかを素描するために、最初期のエッセイのひとつ「拡大」（一九二一年）を参照しよう。もっとも一般的には、エプスタインのフォトジェニー論は、映画の暴露的能力（revelatory power）を称揚した言説だと見なされている。すなわち、新しい複製技術としての映画はその技術的能力によって、アニマ、精神、精霊（génie）としての世界の動的側面をあらわにすることができるという主張だと考えられてきたのである。しかし、本書がエプスタインのフォトジェニー論のうちで注目したいのはこうした祝言的側面以上に、映画の〈動き〉について書かれた不吉な部分である。その表題の通り、クロースアップ論である「拡大」の冒頭近くで、エプスタインはアメリカ映画のクロースアップに魅了される瞬間を次のように書いている。

筋肉の先触れが皮下に波打っている。影は移り、震え、躊躇する。なにかが決定されようとしている。感情のそよ風が雲で口上を際立たせる。顔の山岳的地形が揺れる。地殻変動のショックが始まる。毛細血管のひだが断層を裂こうとする。波がそれを洗い去る。次第に強く。筋肉が引きつる。唇が劇場のカーテンのように、痙攣で締められる。すべては動きであり、不均衡であり、危機である〔Tout est mouvement, déséquilibre, crise〕。裂け目〔Déclic〕。熟した果実が割けるように、口が開く。(3)

ここでの記述はきわめて詩的であるが、この一節は、エプスタインが映画の〈動き〉をどのように捉えていたかを明らかにしてくれる。まず指摘しておくべきは、エプスタインはこの〈動き〉をスクリーン上に展開された映画ミディアムのそれとして捉えているということである。たしかにこの一節は、なにか不穏な決心をし、それを口に出そうとしている瞬間の顔について書かれたものであることが示唆されている。しかし、エプスタインはこのエッセイの冒頭近くで、あたかも被写体は彼にとって重要でないかのように、これがどの映画の誰のクロースアップであるかを特定しないまま、彼が魅了された〈動き〉について書き始めるのである（エッセイを通読しても、これがどの映画の誰についての記述なのかは明らかにされない）。さらに言えば、「筋肉の先触れ」、「山岳的地形」、「地殻変動」といった顔の動きに関するエプスタインの言葉は、映画ミディアムの〈動き〉についての記述へと絶えず横滑りしていく。

さらにこの一節で重要なのは、エプスタインがこの映画の〈動き〉を極限にまで推し進め、この極限状態にある〈動き〉を、「不均衡」、「危機」、「裂け目」といった言葉で記述している点である。たしかに、クロースアップで映される人物は今まさに口を開こうとしており、そのかぎりで、彼または彼女の表情は不安定性を含意している。しかし、もしエプスタインの主な関心が映画ミディアムの〈動き〉にあるとすれば、ここで不安定なのは映画ミディアムそのものであると言えるだろう。エプスタインは、「すべては動きであり、不均衡であり、危機である」と、「動き」、「不均衡」、「危機」という術語を等価的に連続させている。極限的度合いにおいて捉えられた映画ミディアムの〈動き〉は、究極的にはその基体としてのミディアムが耐えられないほど、危機的なまでに不安定な状態に達してしまうのである。

本書が第一にエプスタインのフォトジェニー論から引き出したいのは、以上のような不安定性をも意味する映画の〈動き〉という論点である。以下では、こうしたラディカルな映画の〈動き〉が小津サイレント作品の中心にあったという仮説のもと、小津によるルビッチの模倣を辿り、さらにここで引用したエプスタインのクロースアップに関する一節は、しばしば不連続性を含意していると言われる〈視線の一致しない切り返し〉をはじめとする、小津映画のいくつかのショットをきわめて適切に記述しているのではないかと問う。

ただし小津とエプスタインのあいだには差異もある。すでに示唆したように、エプスタインは詩的メタファーによって、映画の〈動き〉を言祝《ことほ》ぐ傾向にある。「フォトジェニー」とは「写真（photo）」と「精霊（génie）」を掛けあわせた造語であり、エプスタインはこの語によって、肉眼では到達不可能だが、カメラによって見ることのできるスピリチュアルな〈生〉の領域を名指したのである。[4] くわえてエプスタインは、映画によってあらわにされた霊的次元としての〈動き〉は、観客の精神に直接的に影響を与えると主張した。たしかに以下で見るように、こうした〈カメラ眼〉や〈映画の経験〉という論点は小津映画を考えるにあたって有益な示唆を与えてくれる。しかし映画の〈動き〉を「フォトジェニー」という語で称揚したとき、エプスタインは、映画の〈動き〉に含意される不安定性という、彼が鋭くも顔のクロースアップに認めた論点を短絡化《ショート・カット》しているように思われる。もし映画の〈動き〉がミディアムそのものの不安定性を含意しているとすれば、こうした〈動き〉はそれを称揚する美辞麗句以上に、注意深い取り扱いを必要としており、本章で論じるように、小津はエプスタイン以上に慎重に扱っているのである。[5]

以下、一九三二年一二月におこなわれた小津のインタビューを参照しながら、一九三三年一月から二月にかけて製作された『東京の女』の冒頭シーンを分析することから始め、小津はこのシーンを、『結婚哲学』の冒頭シーンにおける映画の〈動き〉を取り扱うルビッチの方法を模倣しながら構成したと主張する。つづいてエプスタインの基礎論的論考「フォトジェニーのいくつかの条件」に目を転じ、彼がどのように〈フォトジェニー的動き〉を定義し、説明したかを検証することで、エプスタインの映画の〈動き〉の取り扱い方を小津と比較する。

さらに結論として、以上ふたつの考察を踏まえて、小津がいかにして特異な〈視線の一致しない切り返し〉を練り上げたかを辿る。

1 『東京の女』の冒頭シーン――小津による『結婚哲学』冒頭シーンの再構成

『東京の女』の製作コンテクスト――サイレント映画の「形式」への野心

一九三〇年代前半における状況について概括的に言えば、日本映画はゆっくりではあるが確実に、トーキー映画への移行を進めていく過程にあった。一九三一年八月、五所平之助は日本初のフル・トーキー作品『マダムと女房』を発表し、この年の一二月までに、自身のトーキー第二作『青春の感激』を完成させていた。島津保次郎も一九三二年四月にトーキー作品『上陸第一歩』を発表していた。このように松竹における同僚監督が次々とトーキー映画の製作を始めるなかで、小津もまたトーキーを撮ることを期待されたのだった。[6] しかし、小津の関心はこうした期待とは反対に、いまだサイレント映画に向けられていた。一九三二年一二月、岸松雄によるインタビューで、小津は次のように述べている。

外国映画がサイレントから完全に足を抜いた今日、日本映画は依然としてサイレント映画が大部分を占めてゐる。日本映画も、いづれは全部トーキーになつて了ふ時が来るにはちがひないのだが、トーキーに全く移る前に、サイレントとしての一つの新しい形式をつくり出すべきだ、と思ひます。そのためには、さつき述べたコンストラクシヨンの在来の定石を変へなければならないんです。併し、さて、それなら実際にはどうするかといふ段になると山中貞雄の「流れて」「流れて」といふ風なサブ・タイトルを割つて出すとか、もつとスポークン・タイトルを多くするとか、そんな運びの上の細かいことばかりが取り上げられて根本的なところにまで思ひが到らない有様です。[7]

この一節の直前で、小津は「最近蒲田でも、脚本部の人達や僕達との間で、いろいろ議論が出てゐるのです」と言っている。[8] そうだとすれば、この引用箇所で述べられている「コンストラクション」とは、脚本の構成を指していると考えることができるだろう。しかしここで注意したいのは、この脚本とはおそらくたんなる物語の筋書き以上に、具体的なシーンのデクパージュに関わっていたということである。まず小津は、字幕の使用法とは「運びの上の細かいこと」にすぎず、「コンストラクション」の問題はより「根本的」に考えられなければならないと言っている。こうした小津の主張は真剣に受けとめられる必要がある。なぜなら、ここで言及されている山中貞雄の字幕使用法を最初に評価したのは、このインタビューにおいて聞き手を務めている岸松雄であったためである。[9] 小津はその主唱者をまえに、サイレント映画の「形式」の問題はこのような些末な問題に還元されないと主張しているのである。

さらに小津がここで言及している脚本家との「議論」とは、戦後までつづく、野田高梧や池田忠雄といった脚本家とのコラボレーションの始まりを示唆していると理解することができる。伏見晁の手による『生れてはみたけれど』のオリジナル脚本に不満を感じ、小津は一九三二年秋ごろから、脚本執筆に以前にもまして積極的に関わるようになった。野田や池田が回顧しているように、小津は撮影や編集時のショット構成を念頭に、脚本を書いたという。[10] また小津はここで、「コンストラクション」といういくぶん特殊な語を使っている点に注意する必要があるだろう。一九三〇年代初頭にはすでに、「コンティニュイティー」という語がショットの連鎖過程を指して、一般的に使われていた。[11] たしかに「コンティニュイティー」と「コンストラクション」という二語はかならずしも、対で使われたわけではない。しかし、小津はここで「コンストラクション」という特殊な語を選択しているのであり、これは、彼が脚本執筆を物語の叙述以上の事柄として考えていたということを示唆している。

このように一九三二年後半、小津はサイレント映画の衰退というグローバルかつローカルな規模での映画史的趨勢を見据えながら、サイレント映画のひとつの「形式」を根本的な次元で——すくなくともデクパージュの水準で——追い求めたのだった。それでは、こうしたサイレント映画の「形式」とはいかなるものなのか。小津はこの問いにたいし、このインタビューあるいはべつの発言や記事で、これ以上詳しく述べていない。しかし本書がこれまで辿ってきた初期作品の歩みから、小津はこの形式を、後期サイレント期のハリウッド映画の〈動き〉の美学に基づいて探究したのだということが推測できるだろう。そしてこうした観点から注目したいのが、このインタビューから約一カ月後、一九三三年一月から二月にかけて製作された『東京の女』である。その冒頭シーンで、小津は自身にとってもっとも重要なハリウッド作品『結婚哲学』の冒頭シーンに、それまで以上に徹底的に立ち戻るのである。

『東京の女』におけるルビッチ作品の模倣は、この作品の製作をめぐるいくぶん特殊な事情とも関係していたように思われる。一九三〇年代初頭、松竹は現代劇と時代劇の長編それぞれ一本ずつを、現代劇と時代劇いずれかの中編一本とともに、週ごとに公開する三本立ての興行システムをとっていた。しかし一九三三年一月半ば、この年の二月第二週のための中編映画が製作されていないことが発覚したのだった。そこで、蒲田撮影所次長の高橋歳雄は、当時『非常線の女』撮影の準備をしていた小津に、急遽二週間のうちに中編映画を製作することを依頼したのである。依頼を受けた一月二四日、小津は野田と池田と湯河原に行き、『東京の女』の脚本に取りかかる。脚本の執筆と配役に三日間を費やしたのち、小津は一月二七日から二月四日にかけて撮影をおこない、編集と検閲のための試写をへて、二月九日の公開に間にあわせたのである。[12] こうした切迫した事情のために、小津は『結婚哲学』をモデルとしたのだと考えることができる（あるいはむしろ、ヴィデオテープといった利便性の高い再生メディアのない時代に、小津がかくも高い精度をもってほかの映画のシーンを再現できたという事実に驚くべきかもしれない[13]）。

『結婚哲学』と『東京の女』の比較

『結婚哲学』と『東京の女』の冒頭シーンを比較すれば、ふたつのシーンはまず、ひと組の男女が朝、身支度をするという物語設定と、この男女の一時的離別と再会という大まかなシーン構成において類似点を持っているということがわかる。「その朝は遅く、しかし神々しく始まった」という字幕からはじまる『結婚哲学』の冒頭シーンは、第一章で論じた靴下のショットと奇妙なアクションつなぎにつづいて、「ミッチーの寝室から衣裳部屋への移動」→「ストック教授のいる寝室へ戻ってくる」→「外出」という順で、夫妻のあわただしい朝の様子を描いている。また『東京の女』の冒頭シーンも、ちか子（岡田嘉子）と良一（江川宇礼雄）という姉弟を登場人物としながら、「良一の外出」→「姉の帰宅時間を確認するために戻ってくる」→「ふたたび外出」という順で、ふたりの朝食後の様子を描いている。さらに小津は、このように『結婚哲学』から借りられたシーン構成のなかに、穴のあいた靴下（良一が脱ぐ）や投げられる衣類（ちか子は良一が外出した後、エプロンを投げる）といった、ルビッチ作品を徴づけるモティーフを配置している。

もちろんこうした物語設定やシーン構成の借用は、急ぎの仕事という観点から、あるいは穴のあいた靴下や投げられる衣類といったモティーフは、もっとも尊敬するハリウッドの監督へのオマージュという観点から、ある程度説明することができるだろう。しかし、こうした説明はそれ自体正しいとしても、ここでの小津の模倣の含意をほとんど説明していない。むしろ小津はここで、『結婚哲学』冒頭シーン全体をゆるやかになぞることによって、ルビッチの映画の〈動き〉を取り扱う方法を再現しようとしているのである。以下、先に引用した一九三二年末のインタビューをふたたび参照しながら、ふたつのシーンの共通点としてひときわ目立つドアをめぐる演出に注目することで、この模倣の要点を考えていこう。本書はこうした比較から、小津は『結婚哲学』冒頭シーンにおける通過という特異なアクションに気づいていたのであり、このアクションを振り返るという身振りに置きかえることで、『東京の女』冒頭シーンを構成したと論じていく。

ドアというトポスをめぐる演出に関して言えば、ミッチーは『結婚哲学』冒頭シーンの最後で、ストック教授に腹を立て、部屋から出ていく。カメラは、ドアを開け、出ていき、閉めるまでのミッチーのアクションをワンテイクのうちに収め、彼女がフレームから立ち去ったあとも、ドアを捉えつづける。はたしてドアはふたたび開き、ミッチーはそこからしかめ面を見せる（図3-1、3-2）。同様に『東京の女』冒頭シーンの最後でも、いったん外出した良一が、ちか子に彼女の帰宅時間を尋ねるために、アパートに引き返してくる。そのさい、彼はミッチーの表情を真似て、ドアの背後から顔を出す（図3-3）。このドアをめぐる演出を、小津はルビッチに倣っていることは明らかであり、ドアを画面内中央に捉えるカメラ位置の選択からも、ここでの小津の焦点はドアの開閉という動きにあったと考えることができる。しかし先に引用した岸松雄によるインタビューは、やや異なった角度から、このドアをめぐる演出はより複雑で深い次元で〈動き〉の美学に関わっていたことを示してくれる。

――アメリカ映画などを見てゐいると、人間も生活も、すべて映画的に出来てゐるやうに思へますが。
――確に、さうです。日本人の生活は、凡そ非映画的に出来てゐて、例へば、一寸家へ入るにして格子を開け玄関に腰かけ、靴の紐を解く、といつたやうな具合で、どうしても、そこに停滞を来たす。だから、日本

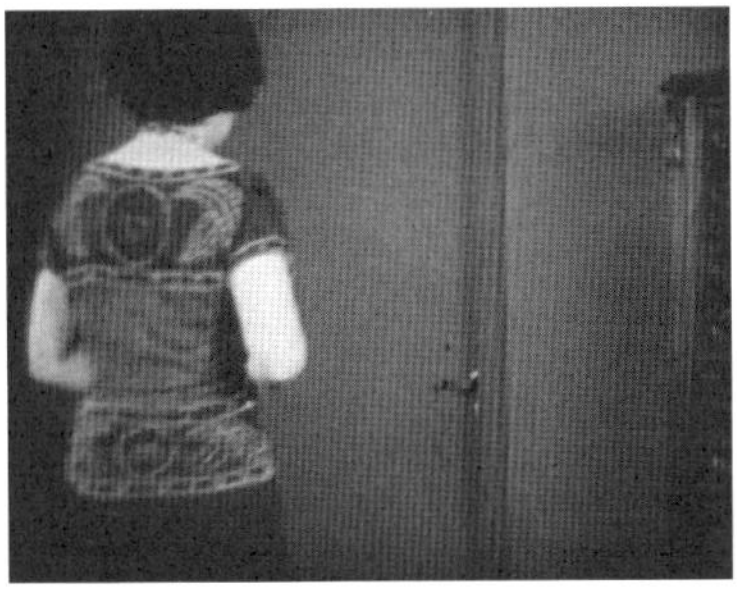
図3-1 『結婚哲学』（図3-2まで）

図3-2

図3-3 『東京の女』

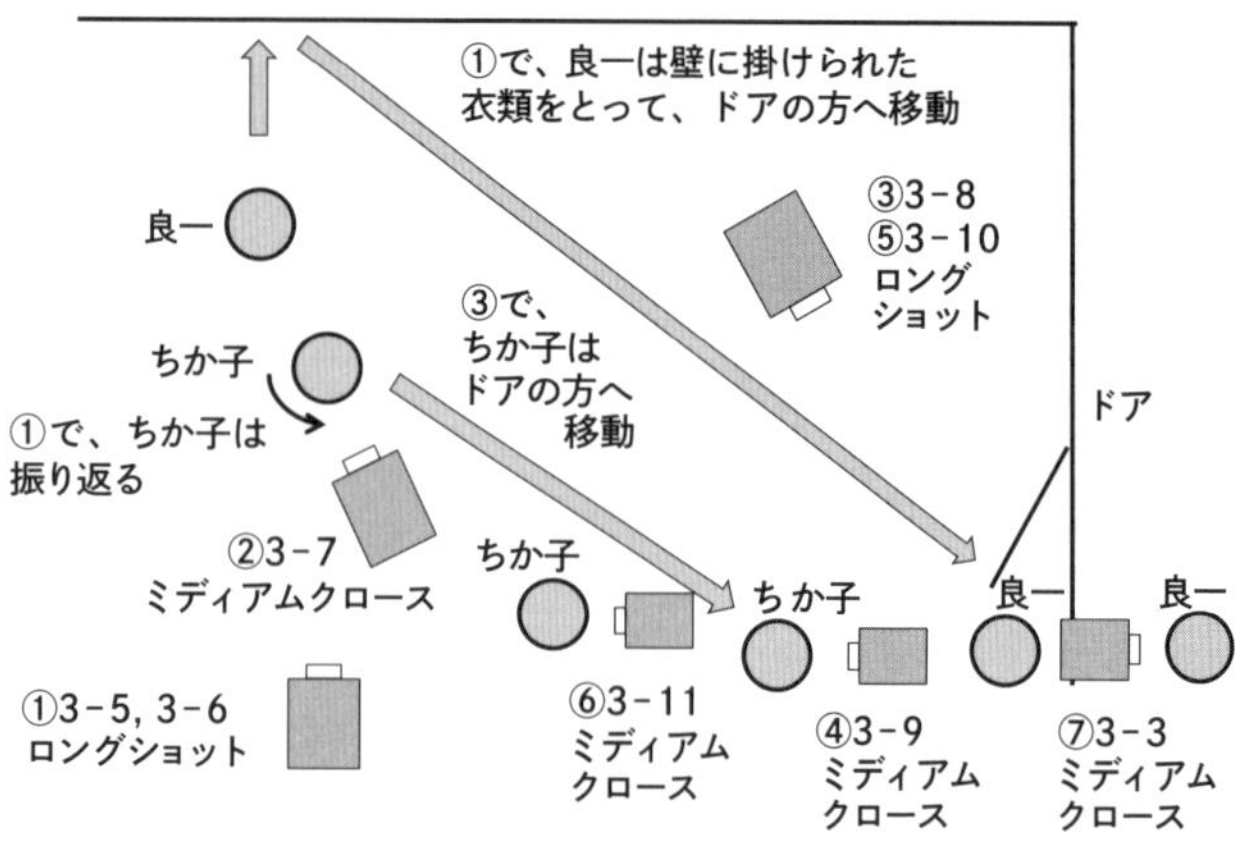

図3-4　『東京の女』岡田嘉子が振り返る場面のデクパージュ

の映画は、さうした停滞しがちな生活を、映画的に変へて出すより他に仕方がないのです。[14]

ここでアメリカ映画の人間や生活が「映画的」であると発言したとき、岸は暗黙のうちに、日本人のある種の身体的特徴（彫りの浅い顔や短足寸胴など）と、それに付随するある種の身振りの似あわなさ（ダンスなど）を念頭においていたように思われる。[15] たしかに小津も一九三〇年代初頭まで、江川宇礼雄や井上雪子をはじめとして白人の血を引き継いだ俳優を積極的に起用していることから、岸と同じ不満を持っていたと言えるだろう。しかし上記の一節で注目したいのは、小津は日本人の生活が「映画的」でないことを例証するために、ドアという例を挙げている点である。すなわち小津によれば、日本人の生活が「映画的」でないのはなによりも、ドアという敷居空間で生じる「停滞」のためであり、「映画的」映画は登場人物をして、この敷居空間をさっそうと通過させなければならないというのである。そして『結婚哲学』におけるミッチーの通過は、このような「映画的」通過の範例となっているのである。

それでは、小津は良一の通過をどのように捉えているだろうか。ルビッチは、ミッチーの通過から顔を出すまでのアクションをワンテイクのうちに収めていた。たいして、小津はシーンを複数のショットに分割して、次のようなデクパージュで描いている（図3－4）。

①座っている良一とちか子のロングショット。良一が立ち上がって、背後の壁のほうに進み、上着をとったのち、ドアのある画面右側へ歩いていき、そのままフレームオフ。ちか子は立ち上がりながら、左方向へ振り返り、最終的にドアの方向へ視線を向ける（図3－5、3－6）。

②振り返るちか子のミディアム・クロースアップ（図3－7）。

③一八〇度の切り返しで、ドアのまえにいる良一のロングショット。背中を向けてカメラのまえにいるちか子、良一に近づき、彼の襟を正す。良一、ドアを開け外出（図3－8）。

④ちか子のミディアム・クロースアップ（図3－9）。

⑤ちか子のロングショット。テーブルを片づけているが、背後のドアが開き、振り返る（図3－10）。

⑥ちか子のミディアム・クロースアップ（図3－11）。

⑦ドアの陰から、良一が顔を出す（図3－3）。

図3－5　『東京の女』（図3－11まで）振り返る岡田嘉子

図3－6

図3－7

図3－8

すなわち、小津は②のクロースアップを挿入することで、映画に「停滞」をもたらすだろう、良一の靴を履くという動作を隠しているのである（ショットが③へと切り替わったときには、良一はすでに立ち上がろうとしている）[16]。しかしながらこれまで論じてきたように、小津にとって、映画の〈動き〉とは被写体の動き以上のことを含意していた。そうだとすれば、小津はここで、「停滞」をもたらす要素を被写体の水準で隠す以上のことをしているのではないだろうか。この良一外出のデクパージュが「映画的」だとしたら、それはより複雑な理由によってではないか。

図3－9

図3－10

図3－11

『結婚哲学』における通過

こうした問いを考えるためには、『結婚哲学』冒頭シーンにおける通過という特異なアクションに注意を向ける必要があるだろう。実のところ、先のミッチーの通過はドアという装置のために突出したものになっているとしても、登場人物の通過というアクションはこの冒頭シーンを通じて繰り返されているのである。このシーンの典型的なショット（字幕を除いた三六のショットのうちの一九のショット）は、ストック教授ないしミッチーのフレームインで始まり、彼または彼女が画面内中央へ足早に移動し、たんすの引き出しを開けるなどのアクションをしたのち、ふたたびわきへと移動し、フレームオフすることでショットに終止符が打たれるというように、登場人物の「フレームイン」→「通過」→「フレームアウト」によって構成されている。あるいは、画面内中央でのアクションを分岐点として、その前半ないし後半部分によって、ショットが構成される場合もある。

図3－12　『結婚哲学』（図3－13まで）
右側へフレームアウト

図3－13　左側からフレームイン

　さらに興味深いのは、こうしたショットのつなぎ方である。すなわち、各ショットは空間的に不連続であるにもかかわらず、通過のショットが連続的につなげられるため、登場人物のフレームオフとフレームインはしばしば、その通過というアクションにおいて一致させられているように見えるのである（図3-12、3-13）。このショットつなぎには、第一章で見た、たがいに連続しない空間が投げられた衣類の運動によってつなげられる偽のアクションつなぎと同じ仕組みを認めることができるだろう。通過のショットの不連続的つなぎの効果として、物語世界の空間的・時間的一貫性は不確かなものとされる。さらに投げられた衣類の場合と同じように、こうした通過の軌跡はスクリーン上に展開される場としての映画ミディアムを不安定にし、登場人物はこうした不安定な映画ミディアムを辛うじて通り抜ける。上記における岸のインタビューで「映画的」という言葉を使ったとき、小津はおそらく、こうした映画ミディアムの〈動き〉の不安定性と緊張関係にある通過という動作を念頭においていたのであり、さらに言えば、そのショットつなぎの奇妙さに気づきながら、『結婚哲学』における通過を想起していたのである。

　ただし、投げられた衣類と通過をめぐる二

種類の奇妙なショットつなぎのあいだには、重要な差異もある。すなわち、投げられた衣類のアクションつなぎでは、カットを隔てた被写体の運動の連続性と同一性が、明示的に課せられていたのにたいし、通過のショットつなぎではそうではないのである（宙に浮くという運動の性質のために、投げられた衣類をつないだショットのあいだには、時間的省略が介在しているとは考えにくいのにたいし、通過のショットの場合、このショットのあいだに、登場人物はいくらか空間を移動したと考えることができる）。こうした理由のために、通過のショットの不連続的つなぎは厳密な意味で、偽のアクションつなぎであると言えない[17]。投げられた衣類のアクションつなぎでは、投げられた衣類の〈動き〉が最重要であるとはいえ、アクションつなぎという編集上の規範も一定の役割を担っている（結局のところ侵犯されるものにすぎないとしても）のにたいし、通過のショットの不連続的つなぎにおいては、アクションつなぎという規範は後景に退き、通過というアクションのみが重要となっているのである。

それでは、この奇妙な通過のショットつなぎの含意はなんだろうか。本書は第一章で、ルビッチは投げられた衣類の偽のアクションつなぎで、ショット間に内在する不連続性をあらわにすることによって、不安定なまでに動的な状態にある映画ミディアムに内在する危機を明示的に知らせていると主張した。通過に関する同様のショットがその後に繰り返されていることを考慮に入れると、ルビッチはこの投げられた衣類のアクションつなぎにおいて、映画ミディアムはそれ自身が崩れ落ちてしまいそうなほど不安定な状態にあることを、映画のまさに冒頭においてエンブレマティックに告知していると考えることができるだろう。たいして、この通過のショットつなぎの論点はもはや、映画ミディアムに内在する不安定性を知らせることにあるのではない。むしろここでの問題は、このように過剰なまでに動的で不安定な状態にある映画ミディアムをどのように取り扱うのかという実践的な方法に存しているのである。

しかしながらこうした映画の〈動き〉の取り扱いには、ダブル・バインドとも言える困難、すなわち登場人物の通過というアクションのために、映画ミディアムは危機的に不安定な状態にさせられているが、この〈動き〉こそが映画の本質である以上、登場人物の通過という動きをとめるわけにはいかないという困難がともなっている。そしてルビッチはこの難問に、通過というアクションによって誘発された映画ミディアムの不安定性が極限に達した瞬間、登場人物を足早に通過せしめ、もうひとつの通過のショットにつなげるというように、通過のショットを連続させるという方法によって対処しているのである。かくして、不安定なまでに動的な映画ミディアムは逆説的にも、その動性ないし不安定性がその高められた状態のままに保たれる。本書はこのような映画の〈動き〉の取り扱い方を、きわめて曖昧で捉えどころのない語句「ルビッチ・タッチ」の定義として提唱したい。[18]

「ルビッチ・タッチ」とはなにか――多くの映画作家や批評家たちは、この語を定義するために多大な労力を費やしてきた。たとえば、ビリー・ワイルダーは「ジョークの積み重ね」という観点からそれを定義し、またヘルマン・G・ワインバーグは、しばしばルビッチ映画のシーンの終わりに句読点のように付加される〈事物へのカットアウェイ〉に言及しながら、「ルビッチ・タッチ」を婉曲的表現による登場人物の感情や場面全体の細かなニュアンスの暗示に関わっているものと主張した。[19] 多くの映画批評も残している映画監督ピーター・ボグダノヴィッチはより包括的な定義を試みて、次のように書いている。

この語句〔「ルビッチ・タッチ」〕は、軽快で、奇妙にも定義不可能だが、にもかかわらず触知可能ななにかを意味している。ルビッチの映画を見ていると、どのほかの映画監督の作品以上に、この精神を感じることができる――如才なく、完璧なほど適切な位置に置かれたカメラからばかりでなく、語りの微細なエコノミー、間接的になにかを言わせる斜に構えた会話、そしてなによりも、端役にいたるまですべての役者の演技から感じることができるのである。[20]

たしかに、カメラの配置から、物語の構造、登場人物の会話、演技指導まで演出に関する計算し尽くされた配慮はすべて、「ルビッチ・タッチ」という名称に値する特徴だろう（のちに見るように、とりわけ「語りの微細なエコノミー」によって示唆されている、同一のモティーフを反復するなかで微細な差異を際立たせていくミニマルな物語構造は、小津にとって重要である）。しかし小津にとっては――すくなくとも一九三三年初頭の小津にとっては――、映画の〈動き〉を取り扱う方法こそが「ルビッチ・タッチ」の本質を構成していたのである。

『東京の女』における振り返ること

第一章で論じたように、小津は一九三一年の『東京の合唱』までに、『結婚哲学』冒頭の偽のアクションつなぎを介して、映画の〈動き〉に含意される不安定性に気づいていた。そうだとすれば、『東京の女』における小津の主たる関心事は、このように不安定性を孕んだ映画の〈動き〉をいかに取り扱うかという実践的問題にあったのではないだろうか。小津は後年、たとえば『淑女は何を忘れたか』（一九三七年三月）における、酔って帰ってきた節子（桑野通子）が叔母の時子（栗島すみ子）から逃げるように自室へ急ぐシーンで、通過のショットを連続的につなげるルビッチの方法を模倣している。あるいは、登場人物が左や右にフレームオフとフレームインを繰り返すことで、方向感覚が失われる小津戦後作品の室内シーンの起源は、『結婚哲学』冒頭シーンにあったと考えることもできる。しかし『東京の女』において、小津はルビッチの通過のデクパージュを模倣しなかった（上記インタビューで、小津はこれを「日本人の生活」に帰しているが、戦中や戦後にいたるまで、大きなセットを組むのに十分な製作費が与えられなかったことを考慮に入れれば、それは予算の都合にも起因していたと考えることができる）[21]。かわりに、小津は『東京の女』において、通過というアクションを振り返るという身振りによって置きかえることで、シーンを組み立てているのである[22]。

以上の考察を踏まえて、先にデクパージュを書きだした、良一が外出する場面に戻ろう（一〇八頁）。まず指摘したいのは、ショット①におけるちか子の振り返る方向が奇妙だということである。ちか子のこの動作は物語上、彼女の背後を通って玄関へ移動する良一を視線で追うということに動機づけられており、そのためには右方向、カメラにたいして後方へと約一二〇度振り返る必要がある。しかし、ちか子は反対方向、カメラにたいして前方へと約二四〇度振り返るのである（図3-5、3-6、3-7も参照）。小津はこの明らかに物語上の動機づけから逸脱した身振りを、『結婚哲学』における通過と同様、映画ミディアムを不安定なまでに揺らす身振り、あるいは映画ミディアムの一部として捉えられ、かくして不安定性を内包する身振りとして演出しているように思われる。

さらに小津は、ルビッチが通過というアクションでそうしたように、この振り返るという身振りを単位としてシーンを組み立てている。この冒頭シーンの字幕を除いた四二のショットのうち、二六のショットは振り返ること（ないし身体を戻すことや身を捩《よじ》らすこと）のショットであり、小津はこうした振り返ることのショットを連続させている。たとえば、ちか子と良一の最初の会話の場面は次のように進む。

- 食器を洗っているちか子、右側へ振り返る（図3‐14）。
- 服を着替えている良一、右側へ振り返る（図3‐15）。
- 字幕「姉さん、僕、帰りに春江さんのとこに寄るかも知れないよ」。
- ちか子、体を戻す（図3‐16）。

図3－14 『東京の女』（図3-22まで）振り返ることの反復

図3－15

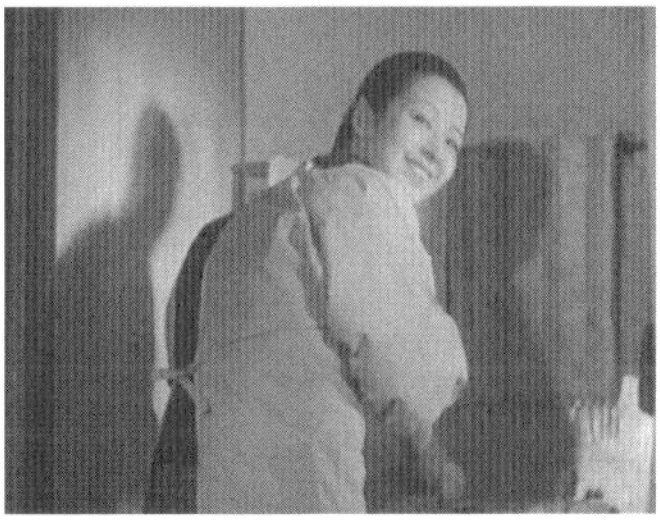

図3－16

図3－17

図3－18　回転する靴下

図3－19

図3－20

図3－21

図3－22

－良一、体を戻す（図３－17）。

このように『東京の女』の冒頭シーンでは、振り返ることのショットが連続的につなげられる（この会話のデクパージュでは、右側を経由して振り返る、さらには体を戻すという身振りが、ちか子と良一のショットにおいて交替されることによって、ショット間に図柄上の一致が生じている）。さらに言えば、このシーンには、靴下や換気扇など、さまざまな事物が映しこまれているが、回転させられた事物の動きと登場人物の振り返る身振りが呼応させられる場合もある。たとえば、ちか子が良一のために靴下を取る場面は、「ゆっくりと回転するハンガーに干された靴下」→「窓を開け、そこから顔を出すちか子」→「煙突のロングショット」→「靴下を取るために身を捩らせ、手を伸ばすちか子」→「良一の方へと振り返るちか子」というショットによって構成される（図３－18、３－19、３－20、３－21、３－22）。先に書き出した良一外出のデクパージュに戻れば、①のちか子の振り返るという身振りは（図３－５、３－６）、同じ身振りをべつのアングルから捉えた②につなげられ（図３－７）、③のドアの開閉という回転を含意した動きへといたる（図３－８）。さらに、⑤の後景で開かれたドアは（図３－10）、ちか子の振り返るという動作を引き出す契機となり、ちか子の同じ動作は⑥で、べつのアングル（逆画面）と異なったショット・サイズ（ミディアムショット）で捉えられる（図３－11）。

さらに注記したいのは、このように振り返ることのショットを連続させるにあたっての小津の意図である。小津はここで、ルビッチが通過のショットを連続させた仕方に倣いながら、映画の〈動き〉をその動的性質の度合いが極限にまで高められた不安定な状態のうちに持続させようと試みているのではないだろうか。すでに指摘したように、小津は①のちか子の振り返るという身振りを、映画ミディアムを不安定なまでに揺らす身振りとして演出している。そうだとすれば、小津はほかのショットにおける振り返るという身振りやドアの開閉も同様に、映画ミディアムを不安定なまでに揺らす〈動き〉として演出していたと考えることができる。ちか子や良一が振り返るたびに、映画ミディアムはその基体としての性質を保持できないほど、危機的なまでに揺らされる。そして、小津はルビッチが通過のショットでおこなったように、このように不安定にさせられた映画ミディアムが耐えきれなくなった瞬間、映画ミディアムをふたたび危機的に揺らす、もうひとつの振り返ることのショットにつなげるという仕方で、この身振りのショットを連続させたのである。

図3－23 『結婚哲学』

『東京の女』の冒頭シーンで、小津は『結婚哲学』の冒頭シーンから、穴のあいた靴下を脱ぐことや、衣類を投げること、ドアの陰から顔を出すことといった、映画の〈動き〉に関連づけられた多くの身振りを引用している。これを考慮に入れれば、『東京の女』の振り返るという身振りはそもそも、『結婚哲学』における同じ身振り、とりわけ振り返ることによって自己中心的なミッチーにたいする諦念を表現するストック教授の身振り（図3－23）に由来していると考えることができる。しかし、ルビッチは振り返ることのショットを連続させなかった。たいして小津は、この身振りを『結婚哲学』から抽出し、ルビッチが通過のショットでおこなった方法に倣いながら、振り返ることのショットを連続させたのである。この模倣の要点は、映画ミディアムは危機的までに不安定であるが、この不安定性は映画の本質をなす〈動き〉によって引き起こされているため、この〈動き〉をとめるわけにはいかないという、動的性質が極限にまで高められた映画ミディアムの〈動き〉に内在する困難に関わっている。小津は『結婚哲学』冒頭シーンを模倣しながら、こうした困難を含意した映画の〈動き〉を取り扱うルビッチの方法――小津にとっての「ルビッチ・タッチ」――に倣おうと試みたのである。[23]

〈視線の一致しない切り返し〉と『東京の女』の物語構造

それでは、以上のようなハリウッド映画の模倣はより具体的に、小津の特異な映画スタイルとどのように関わっていたのだろうか。最後にこの問いを〈視線の一致しない切り返し〉と関連づけて考えておこう。こうした観点から注目したいのが、先に論じた『東京の女』冒頭シーンにおける、ちか子と良一の最初の会話の場面である（図3－14、3－15、3－16、3－17）。すでに述べたようにこのショットつなぎでは、ふたりの振り返ることと体を戻すことのショットが反復され、結果として、ふたりのショット間には図柄上の一致という効果が生まれている。そしてここで注意したいのは、カメラはふたりを結ぶアクション軸をわずかながら侵犯しているということである（ただしこの軸にほぼそって交替されるため、視線の不一致はそれほど目立たない）。論じたように、小津はここでカメラを、振り返るという身振りを映画ミディアムそのものの不安定な〈動き〉として捉える位置に置いている。そうだとすれば、アクション軸を侵犯するカメラ位置は〈動き〉の美学に関係していたのではないだろうか。

ここで思い出したいのは、『東京の女』には、〈視線の一致しない切り返し〉を効果的に使用したシーンが多く存在しており、さらに一九三三年初頭のこの作品は、小津が〈視線の一致しない切り返し〉をはじめて体系的に使った作品だと見なすことができるということである。『東京の女』には、小津がこの特異な映画スタイルを〈動き〉の美学との関連において練り上げたことを示唆する、三つの興味深いシーンがある。

そこから最初の注目すべきシーンとして、良一が恋人の春江（田中絹代）から、ちか子が夜の酒場で働いており、さらにはおそらく共産党の活動にも関わっているという噂を聞く場面を見てみよう。シーンは、良一がアパートで読書をしているところから始まる。そこへ春江が訪ねてきて、ふたりは火鉢を囲んで筋交いに座る。カメラは、なにかを言いたそうだが口に出せない春江とそうした仕草にヤキモキする良一の姿を、アクション軸を跨いで交替する。躊躇する春江に痺れを切らした良一は自分の机に戻るが、春江は良一の方へ身を乗り出して、ちか子の噂を告げる。この情報を信じることができない良一は立ち上がり、同じく立ち上がった春江に、噂の真偽を詰問する。落ち着かない良一は何度か屋内を歩き回り、良一と春江はそれぞれの位置を変えるが、カメラは一貫して、ふたりを正面から捉え、筋交いの位置関係で立つふたりのショットは、ときとしてアクション軸を跨いで交替される。

図3－24 『東京の女』（図3－32まで）手を上げる江川宇礼雄

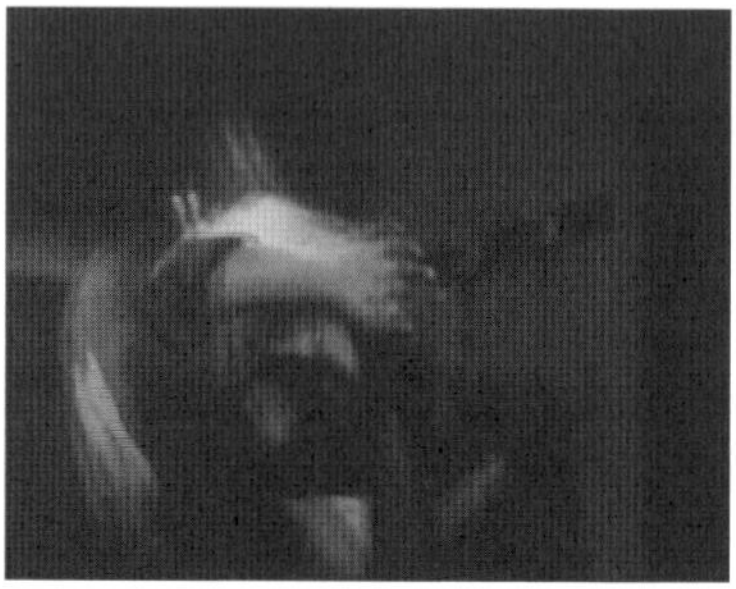

図3－25 泣き崩れる田中絹代

　小津がなぜ、ある時期以降の作品における切り返し場面で、アクション軸を横切るようなカメラ位置をコンスタントに選ぶようになったのかについては長いあいだ、謎とされてきた。第一章で見たように、小津作品の軌跡を辿ろうと試みたデイヴィッド・ボードウェルでさえ、「理由のない逸脱」という方法論的判断停止《エポケー》によって、この発生論的問いを探究の対象から排除している[24]。たいして『東京の女』の冒頭シーンと関連づけながら、良一と春江が対峙する場面に注目することで、このアクション軸の侵犯には〈動き〉の美学という理由があったと考えることができる。すなわち小津は、詰問にあたって前傾姿勢をとる良一と首を垂れる春江のミディアムショットのあいだに図柄上の照応関係が作り出されるこの場面を、冒頭シーンの延長上で演出しているのである。たしかにこのシーンには、振り返ることといったダイナミックなアクションはない。しかし、みずからをまえに押し出す良一とうな垂れる春江の姿勢は不安定性を含意し、彼らの身振りはかろうじてフレーム内に収められる。そして小津はこうしたショットを、この不安定性が限界に達した瞬間に、次のショットにつなげるという仕方で連続させるのである。さらにこの切り返しのシーンは、小津がこのデクパージュを不安定性の感覚と結びつけていたということの証左となっているかのように、良一が実際に手を上げ、春江が泣き崩れてしまうという不安定性の感覚を大胆にも視覚化した破断ないし崩壊のイメージによって句点が打たれるのである（図3－24、3－25）。

　小津が自身の特異な切り返しを、不安定性を含意する映画の〈動き〉との関連において使用したということは、『東京の女』にあるほかのふたつの重要な切り返しシーンからも確認できる。まず春江から良くない噂を聞いた良一がちか子にそれを問いただすシーンでは、春江と良一が対峙するシーンと同様に、ちか子と良一ははじめ座って、のちに立ち上がって向かいあう。ここでも、ふたりの登場人物は時折、室内を移動するが、彼らは概して筋交いの配置に置かれ、カメラはアクション軸を侵犯しながら、ふたりのミディアムショットを交互に提示する。こうした交替のなかで、緊張の感覚が図柄上の照応関係を含意したふたりのショットのあいだで作り出され、その緊張は良一の平手打ちという崩壊を視覚化したイメージによって断たれる（図3－26）。良一のアクションをうけて、ちか子は泣きそうになるが、かろうじて耐える（図3－27）。かわりに耐え切れなくなった良一は振り返り、外へ飛び出すことによって、このシーンは終わる。

図3－26　手を上げる江川宇礼雄

図3－27　耐える岡田嘉子

〈視線の一致しない切り返し〉に関して言えば、この映画スタイルを明示的に使用した三番目のシーンはさらに顕著である。映画の終盤に置かれたこのシーンで、ちか子は飛び出したまま帰ってこない良一を案じて、春江の家を訪ねる。ちか子と春江は囲炉裏を挟んで筋交いに座るが、心配な表情を浮かべて、視線を落とすちか子と春江のミディアムショットは明示的に図柄上一致させられ、緊張が作り出される（図3－28、3－29）。この交替は、良一の自殺を伝える、春江の兄からの電話によって中断される。春江が電話でこの悲報を聞く感情的な時計屋の場面（背面に掛けられた無数の時計の振り子が揺れる）につづいて、ちか子と春江のミディアムショットはいっそう緊迫して交替される。ふたりは筋交いに斜め左へまえのめりになりながら座り、かろうじて姿勢を保つ両者のミディアムショットは、緊張の感覚を構図のうえで強調しながら交替される（図3－30、3－31）。そして小津はこの緊張の感覚が

図3－30

図3－28

図3－31

図3－29

図3－32　泣き崩れる田中絹代

頂点に達した瞬間、春江が泣き崩れてしまうイメージを挿入することで、この交替に終止符を打つのである（図3‐32）。小津はここで物語効果のために、映画ミディアムの〈動き〉と不安定性、さらにはその究極的イメージとしての破断をドラマ化しているのである。（さらに『東京の女』全体の物語構造に関して言えば、小津は冒頭シーンで、映画の〈動き〉に内在する緊張を宙吊りにし、その後、三人の主要人物の組みあわせによる切り返しの反復によって、その緊張と破断のドラマを三度繰り返している。小津のミニマリスト的語りの構造については、本章の最終節であらためて論じる。）

ノエル・バーチは『東京の女』を中心的に論じて、小津の〈視線の一致しない切り返し〉は不連続性を含んでいると主張した。第一章で見たように、この不連続性の感覚は、バーチが主張したように「一八〇度の規則」の侵犯ではなく、映画の〈動き〉に内在する不安定性に起因しているが、小津映画の切り返しはたしかに不連続性の感覚を含んでいる。さらにバーチは『東京の女』を、小津が「不正確な視線のつなぎをつねに生み出すようなカメラ配置を体系的に始めた」作品であると、この映画スタイルの発生過程に関して重要な指摘をおこなっている[25]。以下、このバーチの洞察に導かれて、小津がどのように特異な切り返しを練り上げたかを辿る。ただしそのまえに映画の〈動き〉に関して、ジャン・エプスタインを参照しながら、より詳細な考察を試みよう。『東京の女』の分析をへて、わたしたちはいまや、「不均衡」と「危機」の状態にある〈動き〉をめぐるエプスタインの一節は、小津作品のいくつかのショットを記述するためにきわめて適切であると言うことができる――『東京の女』の冒頭シーンや切り返しシーンでは、「すべては動きであり、不均衡であり、危機である」。それではより正確に、エプスタインは映画の〈動き〉についてどのように書いているのか。次節では、エプスタインの論考「フォトジェニーのいくつかの条件について」に焦点をあわせて、この問いを考える。

フォトジェニーが生起する「空間時間システム」

一九二四年に論考「フォトジェニーのいくつかの条件について」を書くまでに、ジャン・エプスタインは映画に関する最初の著作『こんにちは映画』（一九二一年）を発表し、「フォトジェニー」という用語を使って独自の映画論を展開していた。[26] そうだとすれば、エプスタインは一九二四年に書かれたこの論考で、そのタイトルの通り、「フォトジェニーのいくつかの条件（quelques conditions de la photogénie）」、すなわち、いかなる条件のもとで彼が「フォトジェニー」と呼ぶものが生起するかを論じることで、自身の先行する論考に基礎を与えようと試みていると言えるだろう。[27] エプスタインは全集版で六頁に満たないこの論考の前半部で、映画の本質＝フォトジェニーとは〈動き〉であると定義し（段落一―七）、この〈動き〉に詳細な説明をくわえている（段落八―九）。以下、最初の七つの段落を概観したのち、エプスタインが〈フォトジェニー的動き（mobilité photogénique）〉を詳しく論じたふたつの段落を検証し、さらには〈カメラ眼〉や〈映画の経験〉といった論点に言及する。

冒頭の七つの段落で、エプスタインはまず、映画的であるものをそうでないものから区別することによって、彼にとっての映画の本質である「フォトジェニー」を定義しようと試みている。第一段落でエプスタインは、映画は「産業的」側面と「芸術的」側面というふたつの面を持っており、これらふたつの側面は「シャムの双生児」のように絡みあわされていると述べている。[28] そのうえで、両者を分離し、後者の「芸術的」側面を擁護する必要性を主張するのである。第二段落で、エプスタインはこの「映画の芸術」の核心を、彼の友人にして映画作家のルイ・デリュックに由来する「フォトジェニー」という語によって名指し、それを「映画的複製によってその心的性質が増大される事物、生物、人間のあらゆる側面」と定義する。つづいてエプスタインは、映画は自身に固有の「映画的なもの」の領域を追究すべきだと論じ（第三・四段落）、しかし誕生して間もない映画はいまだ独自の領域を見つけていないと主張する（第五・六段落）。第七段落にいたって、エプスタインは〈動き（mobilité）〉という術語を導入し、「映画的なもの」ないし「フォトジェニー」に関する第二段落の定義を次のように言いかえるのである。「わたしは次のように明言する。すなわち、世界、事物、生物の動的側面のみが、映画的複製によってその心的性質が増大することを見ることができる」(29)。

この「世界、事物、生物の動的側面」という命題こそ、エプスタインによって提唱された「フォトジェニー」のもっとも有名な定義である。しかし、こうした〈動き〉とはなになのか。これまでの議論から、それは通常の意味での動きでないと推測されるだろう。実際エプスタインは、この〈動き〉を詳述することを目的として、「この動きとは、精神に知覚可能なすべての方向性を含意し、そのもっとも一般的な意味においてのみ理解されなければならない」と第八段落を始めている。そしてこうした〈動き〉をより正確に説明するために、エプスタインは「空間時間システム（un système espace-temps）」という語を導入するのである。

> 通常、わたしたちの方向感覚から引き出される基準は、三つ、すなわち空間の三方向性であるというのが一般的である。わたしは、なぜ人々が第四の次元という観念をかくも多くの神秘で包んだかについて、はっきりと理解したことがなかった。第四の次元は、まったく明確に存在している。それは時間である。精神は空間内を移動するのと同様に、時間のなかを移動する。しかし、わたしたちは空間においてたがいに垂直に交わる三つの方向を想像するのにたいして、時間においてはただひとつ、過去から未来へいたるベクトルを考えるのみである。わたしたちは、過去から未来へいたる方向が、空間に認められた三つの方向が交差する点をも通るという空間時間システム〔un système espace-temps où cette direction passé-avenir passe aussi par le point d'intersection des trois directions admises à l'espace〕を考えることができる。過去と未来のあいだである瞬間、現在、時間の点において、すなわち幾何学的空間内での諸点が次元を持たないように、持続を欠いた瞬間において〔過去から未来へいたる方向が空間内の点に交わる〕。フォトジェニー的動きとは、こうした空間

時間システム内における動き、すなわち、空間および時間内に同時にある動きである〔une mobilité à la fois dans l'espace et le temps〕。それゆえわたしたちは、事物のフォトジェニー的諸相とはその空間時間内における変動〔ses variations dans l'espace-temps〕の帰結であると言うことができる(30)。

この一節の後半（「わたしたちは、過去から未来へいたる方向が」以降）から、「空間時間システム」という語を導入することの利点を理解することができる。すなわち、エプスタインは空間と時間から構成される四次元的座標系の内部に「持続」も「次元」も持たない「点」を想定し、「フォトジェニー的動きとは、こうした空間時間システム内における動き」であると定義するのである。エプスタインの説明はあまりに簡潔すぎるが、この文章から、〈フォトジェニー的動き〉とは、ちょうどこの空間時間システム内にある微粒子のようなものが動的状態にあるように、この空間時間システム内に位置づけられた「点」における〈動き〉のことであると理解することができる。このように「空間時間システム」およびこのシステム内における理念的「点」を導入することで、エプスタインは、空間内におけるある点からある点までの時間軸にそった移動といった、動きに関するより一般的な捉え方とはまったく異なる仕方で、〈フォトジェニー的動き〉を考えることができるようになったのである。この段落の最後で、エプスタインは〈動き〉を「変動」と言いかえ、「事物のフォトジェニー的諸相とはその空間時間内における変動の帰結である」と結論づけている。エプスタインがこの「変動」を、「variations」と複数形で書いていることに注意しよう。すなわち空間時間システム内には、複数の点、それゆえ複数の変動が存在しており、その変動の集合がフォトジェニーという現象に帰結するのである。

エプスタインが映画について書いているかぎりで、この「変動」はスクリーン上に広がっていると考えることができるだろう。そうだとすれば、〈フォトジェニー的動き〉とは、スクリーン上に広がる映画ミディアムの〈動き〉のことだと言える。本書が小津の〈動き〉の美学を考察するにあたって有用だと考えるのは、このような〈フォトジェニー的動き〉の考え方である。しかし、エプスタインは本章の冒頭で引いた一節で、アメリカ映画のクロースアップについて記述したとき、それ自体の不安定性をも意味する極限的〈動き〉という映画ミディアムの〈動き〉以上のことを書いていた。それでは、わたしたちはこうした極限的〈動き〉を、エプスタインが〈フォトジェニー的動き〉を定義しようと試みた一節に見つけることができるだろうか。この問いに答えるためには、上記で引用した一節をより詳細に検証する必要があるだろう。実際、空間時間システム内に点を想起するように提案したとき、エプスタインは時間と空間に関する四つのパラメーターによって表現される点以上のことを意味しようとしているように思われる。本書は以下で、エプスタインはこの「空間時間システム」を考えるにあたって、映写機という映画装置を想起していたと推論するとともに、「空間および時間内に同時にある（à la fois dans l'espace et le temps）」という語句に注目することで、空間と時間が特殊な仕方で交差する点が考えられていると主張する。

空間と時間を交差させるプロジェクター

まず注目したいのは、「空間時間システム」という概念を導入したとき、エプスタインは方向性を持ったベクトルのイメージに訴えているということである（「わたしたちは空間においてたがいに垂直に交わる三つの方向を想像」し、「時間においてはただひとつ、過去から未来へいたるベクトルを考える」）。それゆえこの空間時間システムのなかで、ある「点」が想定されるとき、それは複数の線が交差する点として考えられる（「過去から未来へいたる方向が、空間に認められた三つの方向が交差する点をも通る」）。エプスタイン自身、これ以上詳しく説明していないため、この一節はたんに、空間と時間の四つのベクトルが交わる交点としての「点」について書いたものだと読むことができる。しかしより正確に言えば、エプスタインは、四次元的座標軸内に点があるということ以上に複雑に、まず空間に関する三つのベクトルが交差する点があり、つづいて時間軸がこの点を通過すると書いている。あるいは、たしかにこのように空間と時間のなかにある四次元的点を想像することもできる。しかし本書が提起したいのは、エプスタインがわざわざこのような回りくどい仕方で書いているのは、彼はここで映写機という装置――セルロイド上のある点がフィルムの回転によって、ライトから投射される光の線と交わらせられる装置――を念頭においているためではないだろうかという推論である。

実際、空間上の点についてさえ、エプスタインは「三次元上の点」以上に複雑に「空間に認められた三つの方向が交差する点」と書いている。言いかえれば、空間上の点そのものも、交差するという運動を含意した契機を有しており、この一節は、平面上にある線の束である二次元的セルロイドが、光という第三の線と交差する様子を記述したものと読むことができる。エプスタインはさらに、時間的ベクトルもまた、この空間上の交差する点に交差すると書いている（「過去から未来へいたる方向が、空間に認められた三つの方向が交差する点をも（aussi）通る」）。そして映写機という装置においては、プロジェクターの回転が、セルロイドという二次元平面と光の線を交差させる（三次元的空間の構成）と同時に、時間軸を導入し、かくして時間軸というベクトルを三次元的空間内の点において通過させるのである。

エプスタインは以上のように明示的に書いておらず、彼がここで映画装置を思い浮かべていたと推論することは、いくぶん牽強付会かもしれない。しかしエプスタインは、「過去と未来のあいだである瞬間、現在、時間の点において、すなわち幾何学的空間内での諸点が次元を持たないように、持続を欠いた瞬間において」と、この点の単独的な性質をきわめて強い調子で誇張しており、この交差する点によって、四つの空間時間的パラメーターによって表現されるような一般的な点以上のことを意味しようとしている。さらにエプスタインは、こうした特異な点における〈動き〉とはいかなるものであるのかを明確にするために、「フォトジェニー的動きとは、こうした空間時間システム内における動き、すなわち、空間および時間内に同時にある動きである（une mobilité à la fois dans l'espace et le temps）」とつづけるのである。

現行の英訳において、トム・ミルンはこの最後の部分を、「空間と時間の両方における動き（a mobility in both space and time）」と訳している。たしかにフランス語「à la fois」というイディオムは、「両方の（both）」という意味を持っている。しかし、エプスタインはここで「fois」という語を、その「一度」、「時」、「機会」という文字通りの意味を保持しながら使用しているのではないだろうか。ミルンの「空間と時間の両方における動き」という訳は、〈フォトジェニー的動き〉とはたんなる通常の空間時間システム内における〈動き〉であることを示唆しているかぎりで、ミスリーディングである。むしろエプスタインは、直前に置かれた一節「空間時間システム内における動き」という、より簡潔な定義では不十分であると考え、それを「空間および時間内に同時にある動き」と言いかえているのである。そうだとすれば、エプスタインの強調点は、空間と時間（temps）が交差する、まさにその「点」ないし「時」、あるいは「機会（fois）」――「空間と時間が同時にある」という様態――の単独的で特異な性質にあるのである。このように、エプスタインによって導入された「空間時間システム」は四つのパラメーターによって示される時間空間以上に複雑なものであり、ここから言えるように、〈フォトジェニー的動き〉とは、通常とは異なる空間時間内の点にある〈動き〉なのである。

映画史による例証――〈ほどかれ〉としての〈動き〉

それでは具体的に、「空間と時間に同時にある動き」とはいかなる〈動き〉なのだろうか。つづく第九段落はこの問いを考えるにあたって、重要な示唆を与えてくれる。というのも、エプスタインはこの段落を、「〔第八段落における〈動き〉に関する〕この定義は重要であるが、それはたんに心象的な直観というわけではない。いくつかの映画作品がすでにその具体例を与えている」と始めているためである。そしてこうした「具体例」を挙げるために、エプスタインは一九二三年までの映画史を辿るのである。

まず、何本かのアメリカ映画は、もっとも早熟かつ無意識的な映画感覚を示しながら、空間時間的シネグラム〔cinégrammes espace-temps〕を素描した。つづいて初期映画界の巨人であるグリフィスは、そのアラベスクが空間と時間内に準同時的に展開する、衝突しあい、交差しあう大団円〔ces dénouements heurtés, entrecoupés dont les arabesques évoluent quasi simultanément dans l'espace et le temps〕に古典的表現を与えた。

さらにいっそうの自覚と明晰さをもって、今日のわたしたちの巨匠であるガンスは、劇中でレールにそって走る列車に関して驚くべき視覚を構成した。わたしたちは、『鉄路の白薔薇』において疾走するあの車輪がなぜ、今日までに映画言語で書かれたもののなかで、もっとも古典的な一節となっているのかを理解しなければならない。それは、これらのイメージにおいて、空間時間的次元の、同時とは言わないまでも、すくなくとも協力された変化が、もっとも明晰な仕方で決定的役割を演じているためである［les variations, sinon simultanées, du moins concourantes des dimensions espace-temps, jouent le rôle le mieux dessiné］[31]。

このようにエプスタインは、初期アメリカ映画からD・W・グリフィスやアベル・ガンスにいたるまでの映画史を、フォトジェニーの表現の発展という観点から描いている。ここで注目したいのは、エプスタインはこの映画史を、前段落とほとんど同じ術語を使って記述しているということである。まずエプスタインは、数本のアメリカ映画（おそらく初期追いかけ映画《チェイス・フィルム》）は「空間時間的シネグラムを素描した」と書いているが、彼が「シネグラム」（「映画で書いたもの」ないし「動きの文字」）によってなにを意味しているかを述べていない。しかし、この語を修飾する「空間時間的」という形容詞は、それがスクリーン上に広がった〈動き〉であることを示唆している。つづいてエプスタインは、このように素描された「シネグラム」はグリフィス作品（おそらく『イントレランス』）によって、「古典的表現」を与えられたと主張している。この一節では「空間と時間」というフレーズにくわえ、「同時的」という語も使われている。さらに言えば、ここで使われている「simultanément dans l'espace et le temps」という語句は、前段落の「à la fois dans l'espace et le temps」という語句とほとんど同じであり、ここから明らかなように、「同時的に（simultanément）」という語は「同時に（à la fois）」に対応している。最後にエプスタインは、フォトジェニーの表現はガンスの『鉄路の白薔薇』でひとつの頂点を迎えたと主張するが、「空間時間的次元の、同時とは言わないまでも、すくなくとも協力された変化がもっとも明晰な仕方で決定的な役割を演じている」というように、「空間時間的」および「同時的」という鍵言葉はここでも使用されている。

しかしながら、〈フォトジェニー的動き〉に「具体例」を与えるというこの段落の当初の目的に照らしたとき、エプスタインの企ては成功しているだろうか。たしかにこの目的にそって、エプスタインは、前段落で〈フォトジェニー的動き〉を定義したさいに使用した術語（「空間と時間内に同時にある動き」）とほぼ同じ語を使いながら、グリフィスやガンスの映画を記述している。しかしここで注目したいのは、「空間と時間内に準同時的に展開される」や「空間時間的次元の、同時とは言わないまでも、すくなくとも協力された変化」といったフレーズである。こうした一節が明らかにしているように、エプスタインはグリフィスやガンスの作品において、〈フォトジェニー的動き〉はほとんど実現されていると書いているが、厳密に言えば、彼はいわく言いがたい〈フォトジェニー的動き〉そのものの記述に成功しているわけではないのである。そうだとすれば、エプスタインはこの段落で実際のところ、なにを書いているのか。

こうした観点から注目したいのは、上記引用でグリフィス作品を記述するために使用されている「大団円(dénouement)」という語（「そのアラベスクが空間と時間内に準同時的に展開する、衝突しあい、交差しあう大団円」）の二重の意味である。一方において、「衝突しあい」、「交差しあう」という形容句が示唆しているように、エプスタインは「大団円」という語を、最終的な解決(resolution)ないし、〈動き〉に満ちたクライマックス的スペクタクルという意味で使っている。他方で、この「大団円」は十分に展開されたのちに達成される最終的な解決というよりも、それ自体で「結び目をほどくこと」という意味、それによって「〔空間時間上に広がる〕アラベスク」がスクリーン上に開かれ、それ自体が、これから展開する大団円の条件であるような「開かれ＝ほどかれ(unknotting)」という意味を持っている。[32]

この段落の当初の目的にそくして言えば、エプスタインは、「空間および時間に同時にある動き」としての〈フォトジェニー的動き〉がグリフィス作品におけるスペクタクル的大団円のなかで実現することを望んでいると言えるだろう。さらにエプスタインは、グリフィス作品ではこの実現が達成されなかったことを部分的に認め、この達成を先送りするかのようにリニアで進化論的な映画史を喚起させながら、〈フォトジェニー的動き〉の実現はガンスの『鉄路の白薔薇』において、より近づいたと主張している。しかし、〈フォトジェニー的動き〉はこれらの作品で、完全に実現することはない[33]。かわりにまさに同じ「大団円（dénouement）」という語によって、エプスタインは、いかなる目的にも向かうことなく、ただたんにスクリーン上にほどかれる映画ミディアムの〈動き〉を書き入れたのである。

たしかにエプスタインの望む〈フォトジェニー的動き〉は、このようなたんなる〈動き〉とは異なっていたかもしれない。にもかかわらず、エプスタインは間違いなく、こうしたほどかれ（unknotting）ないし広がり（unfolding）としての〈動き〉に魅せられていたのであり、彼のエッセイには、こうしたほどかれとしての〈動き〉について記述した箇所を数多く見つけることができるのである。たとえば、本章の冒頭で引いたクロースアップに関する一節の直後、エプスタインは次のように書いている。

> わたしは、今まさに話そうとし、自制する口を愛する。右と左のあいだで躊躇する身振り、跳躍のまえの萎縮、着陸の前の瞬間、生成、躊躇、ぴんと張られたバネ、先ぶれ、そしてなによりも、前奏曲に先立って調律されるピアノを愛する[34]。

この一節の直前で、エプスタインが顔の〈動き〉を映画ミディアムのそれとして書いていたことを思い出せば、ここで記述されているものとは、スクリーン上に広がるアラベスク上の〈動き〉についてであると言えるだろう。しかし、この〈動き〉は、発展、巨大なスペクタクル、あるいは〈フォトジェニー的動き〉と呼ばれるようななにか決定的で唯一無二の瞬間へ向かってはいない。それは「躊躇」し、「萎縮」し、緊張したバネのように「張られ」、「先ぶれ」の状態にとどまっている。それは宙吊りの状態にある。

サイレント映画美学におけるエプスタインの特異性

以上の議論を踏まえて、エプスタインがアメリカ映画の顔のクローズアップに認めた「不均衡」と「危機」の状態にある〈動き〉とは、このほどかれとしての〈動き〉に属していると主張したい。この〈動き〉は、ただスクリーン上に展開される（unfold）ばかりであるが、まさにこの展開されるという契機のために、つねにほどかれの過程にあり、それゆえ不均衡と危機の状態にある。このほどかれの契機を強調することは重要である。なぜなら、このほどかれの契機こそがエプスタインの論考を、映画の〈動き〉に関するほかの同時代の言説から隔てるためである。

まず、たんに映画ミディアムが動的状態にあると述べるだけだったとすれば、エプスタインは、時間―空間の四つのパラメーターによって表現される点にある動きを意味して、「この空間時間システム内にある動き」と書くだけで十分だっただろう。しかしこのほどかれの契機のために、エプスタインはこのいくぶん単純な定義だけでは不十分だと感じ、「空間と時間に同時にある動き」という語句を使って、映画の〈動き〉を説明しようと試みたのである。さらに言えば、映画の本質はそのミディアムの〈動き〉にあるという考え方は、サイレント後期にあってきわめて一般的だった。たとえばフランスにおいて、リチョット・カニュードは早くも一九一一年に、映画を「光のシンフォニー」という観点から定義していたし、レオ・ムーシナックやルネ・クレールはこのシンフォニーという考え方を、被写体の動き、カメラの動き、編集を包括的に考慮に入れた「リズム論」として発展させたのだった。[35] また第一章で見たように、一九二〇年代後半日本においても、〈動き〉という術語はハリウッド映画の観客にとって中心的関心事であった。このように〈動き〉の美学は、サイレント映画の時代にあって、それだけで注記に値するものであったわけではない。むしろ、エプスタインのフォトジェニー論の特異性は、彼がこの美学を、その映画ミディアムの〈動き〉がそれ自身の不安定性、不均衡、危機、ほどかれを意味する地点にまで推し進めた点に認められるのである。

小津とエプスタインが比較されるべきなのは、この極限的地点においてである。小津はエプスタインとともに例外的に、映画ミディアムの〈動き〉は自身の不安定性を意味することに気づいていた。ただし、小津はエプスタイン以上に、このほどかれとしての〈動き〉に固執し、注意深く扱ったという重要な違いもある。見てきたようにエプスタインは、つねにほどかれの過程にあり、スクリーン上で絶えず展開される〈動き〉に気づいていたが、グリフィスやガンスの作品における大団円のなかで、この〈動き〉がなにか特別なものへ発展することを望み、この理念的目標を〈フォトジェニー的動き〉と名づけ、称揚したのである。[36]たいして、小津はこの不均衡で危機の状態にある〈動き〉に物質的に固執し、それを名づけることも称揚することもせず、そのままに宙吊りにしようと試みた。グローバルな規模で共有された映画美学という文脈を視野に収めたとき、両者の差異は、グリフィスや追いかけ映画に代表される一九一〇年代後半のアメリカ映画とルビッチに代表される一九一〇年代中頃以降のハリウッド映画の差異に対応していると考えることができる。あるいはこの差異は、〈動き〉が「アクション」や「直接性」という術語に結びつけられた一九二〇年代前半のヨーロッパと、〈動き〉が解放的契機を示唆しながら、〈明るさ〉の感覚を有していた一九二〇年代後半の日本の違いとして敷衍することもできる。〈明るさの映画〉という日本におけるハリウッド映画受容の地平のなかで、小津はただスクリーン上に軽やかかつ明るく（lightly）広がる映画の〈動き〉を宙吊りにしようと試みたのである。[37]

『東京の女』においても、小津は映画の〈動き〉を宙吊りにしようと試みたが、〈視線の一致しない切り返し〉で、映画の〈動き〉に内在する不安定性を視覚化し、ドラマ化しようともしている。言いかえれば、小津は「危機」と「不均衡」の状態にある〈動き〉に意識的だったのであり、それを物語のために活用したのである。次節では小津が初期作品において、いかに切り返し――オーソドックスな切り返しを含めて――を使用し、特異な〈視線の一致しない切り返し〉を発展させたのかを辿ろう。ただし、そのまえにエプスタインのフォトジェニー論から、小津映画を考察するにあたって重要な洞察を与えてくれる〈カメラ眼〉と〈映画の経験〉に関する論点を引き出しておきたい。

〈カメラ眼〉と〈映画の経験〉

まず、カメラという機械的眼は事物に生命を与えるという〈カメラ眼〉という考えに関して言えば、エプスタインは「フォトジェニーのいくつかの条件について」で、上記で辿った〈動き〉に関する箇所の直後、「〔映画は〕それが描く対象に、非常に激しい生命を与えることができる」と書いている[38]。たしかに、この論点はいくぶん唐突に提示されているが、エプスタインがこの箇所にいたる過程で、映画の〈動き〉について詳細に論じていたことを考慮に入れれば、映画が事物に生命を与えることができるのは、〈生〉を内包した映画ミディアムの〈動き〉のためであると考えることができる。そしてエプスタインは、この〈生〉を「フォトジェニー」という語によって称揚するのである。しかし、もしこの映画ミディアムの〈動き〉がその理念的目標としての〈フォトジェニー的動き〉に到達せず、宙吊りの状態にとどまっているとすれば、映画によって付与された〈生〉の称揚にたいしても留保することができるだろう。こうした観点から興味深いのは、映画によってあらわにされる事物の意味について、エプスタインがもっとも詳細に記述した次の一節である。

> 真の悲劇は宙吊りのなかにある〔La véritable tragédie est en suspens〕。それはすべての顔を脅かしている。それは窓際のカーテンに潜み、ドアの取っ手に潜んでいる。インクの滴りの一滴一滴は、万年筆の先にそれを開花させる。それは水の入ったグラスのなかで溶解する。瞬間ごとに、部屋は隅々まであらゆる種類のドラマによって満たされる。葉巻の煙が灰皿の口上で、脅かすように揺蕩《たゆた》っている。裏切りの塵が舞う。絨毯が毒性を持ったアラベスクを放ち〔Le tapis étale des arabesques vénéneuses〕、椅子の腕は震える。いまや、苦しみは過冷却のなかにある。期待＝待ち〔Attente〕である[39]。

この一節でエプスタインは、「窓際のカーテン」や「ドアの取っ手」から「インクの滴り」や「葉巻の煙」まで、映画によって暴かれる事物の〈生〉ないし「ドラマ」を列挙しているように思われる。この場合、ドラマはとりわけ「悲劇」ないし「サスペンス」に関わっており、エプスタインはそれを彼に特異な詩的メタファーによって称揚している。しかしエプスタインは、とりわけ「インクの滴り〔が溶解する〕水」や「〔絨毯が放つ〕毒性を持ったアラベスク」をはじめとして、動的状態にある映画ミディアムの形象にも訴えており、こうしたミディアムの〈動き〉が「脅かすように揺蕩っており」、「期待」と「待ち」の状態にあると主張しているのである。そうだとすれば、〈フォトジェニー的動き〉とは映画ミディアムの〈動き〉であるかぎりで、エプスタインがここで記述しているものとは、映画によって暴かれるドラマないしフォトジェニーとしてのサスペンスばかりでなく、フォトジェニーそのものの宙吊り《サスペンス》だということになる。概してエプスタインは、映画によって暴かれた〈生〉をいくぶん手放しに称揚する傾向にあるが、宙吊りの契機はエプスタインの記述に書き込まれているのである。

〈カメラ眼〉によって事物に与えられる〈生〉としてのフォトジェニーが宙吊りの状態にとどまりながらも、エプスタインは〈カメラ眼〉の力を、詩的メタファーによって誇張しているとすれば、わたしたちは〈映画の経験〉に関する彼の評言にたいしても留保をつけることができるだろう。たとえばエプスタインは、上記で引用した顔のクロースアップに関する一節につづいて、「針が刺すように周期的な発作がわたしに作用する」と書いている[40]。あるいは、同じ論考「拡大」には次のような一節がある。「映画とは神経性のエネルギー源とそれを呼吸する観客席のあいだのリレーにほかならない」。「クロースアップは近接性の衝撃によってドラマを変えてしまった。痛みは手に届くところにある[41]」。

こうした映画の経験は、スクリーン上で生産される感覚が観者の感覚中枢に直接的に伝達され、刺激を与えるという意味で、「直接性《イミディエシー》」という語によって名指すことができる。たしかに、エプスタインが主張するように、映画館はスクリーン上の〈動き〉から放出されたエネルギーによって満たされているだろう。しかし、スクリーン上に展開される〈動き〉が宙吊りの状態にとどまっているとすれば、この〈動き〉はかならずしも「針が指すように〔観客〕に作用する」とはかぎらない。あるいはより正確に言えば、たとえスクリーン上に展開される

〈動き〉が観客にたいしある情動を与えるのだとしても、この情動は「直接性」ないし「近接性《プロキシミティー》」といった語で名指される様態とは異なる仕方で作用するのかもしれないのである。

本書は、小津が〈カメラ眼〉という考え方を共有していなかったと主張するわけではない。それどころか次章で見るように、百年を超える映画史を見渡しても、小津以上に豊かな意味を事物から引き出した映画作家を見つけることは難しい。本書はまた、すでに『東京の女』の切り返しに関する議論から示したように、小津作品はその映画の〈動き〉の性質のために、きわめて情動的であると考えている。〈カメラ眼〉と〈映画の経験〉に関するこうした論点については、次章でジークフリート・クラカウアーを参照しながら、あらためて考察する。

3 〈視線の一致しない切り返し〉の発生過程

オーソドックスな切り返しと特異な切り返しの並存

議論を〈視線の一致しない切り返し〉に戻せば、先述したように『東京の女』を、小津がこの特異な映画スタイルをはじめて体系的に使用した作品として見なすことができるとしても、それは、小津が一九三三年までこの映画技法をまったく使用しなかったということを意味しない。それどころか、〈視線の一致しない切り返し〉はすでに、小津の現存作品のうちでもっとも古い『若き日』（一九二九年四月）のうちに見ることができる。作品の中盤、主人公の山本（斎藤達雄）はスキーに向かうため、路面電車に乗る。車掌は山本に運賃を支払うように促すが、財布を落とした彼は払うことができない。喜劇的であるが緊張をはらみつつ、車掌と慌てふためく山本のミディアムショットが、アクション軸を侵犯しながら――図柄上一致させられて――交替される（図3-33、3-34）。

ただしボードウェルも指摘するように、小津はむしろ最初期の作品で、オーソドックスな切り返しを多用していた。[42]『若き日』においても、山本と千恵子（松井潤子）が喫茶店で毛糸の玉を作る場面や、渡辺（結城一郎）が

図3－33　『若き日』（図3－34まで）

図3－34

「貸間あります」と書いた張り紙でおびき寄せた通行人とやりとりをする場面、さらには山本のアパートで、山本と渡辺がテストやスキー旅行について話をする場面など、小津はほとんどの切り返しシーンで「一八〇度の規則」にしたがっている。あるいは一九三〇年三月の『朗かに歩め』でも、仙公（吉谷久雄）が被害者や通行人からスリの容疑をかけられる場面や、社長の阪本武がやす江（川崎弘子）に言い寄る場面など多くの切り返しシーンで、小津は「一八〇度の規則」を守っている（ただし、やす江が社長からもらった高価なプレゼントのことを母親［鈴木歌子］に相談する場面では、「一八〇度の規則」を遵守した切り返しと侵犯した切り返しが混在している）。また同じ年の六月に製作された『その夜の妻』はしばしば、犯罪映画の視覚的トロープを駆使した実験的な作品と見なされるが、切り返しに関して言えば、病床に臥す子どもと八雲恵美子のあいだで取り交される、アクション軸にたいして曖昧ないくつかの交替を除けば、基本的に「一八〇度の規則」が遵守されている。(43)

たいして、小津が〈視線の一致しない切り返し〉の使用を本格的に試し始めたのは、一九三一年以降のことだった。こうした観点から重要なのは、この年の二月に公開された『淑女と髯』である。まず作品の冒頭近くには、『若き日』における路面電車シーンの切り返しを想起させるシーンがある。路上で、おしとやかな女性の広子（川崎弘子）が、モガ女優の伊達里子によって演じられる不良少女に言い掛かりをつけられる。カメラは最初、「一八〇度の規則」にしたがって交替されるが（図3－35、3－36）、緊張が高まるとともに、カメラはアクション軸を横切り、ふたりのミディアムショットは図柄上一致させられて交替される（図3－37）。また『淑女と髯』には、図柄上の一致を重んじるために、切り返しが柔軟に使用されていたことを示すシーンがある。作品の中盤、中年の男性が広子の縁談を持って、広子の母（飯田蝶子）を訪ねる場面では、この男性と母親は〈視線の一致しない切り返し〉のシーンで典型的に使用される筋交いの配置で座る。この場面において、カメラは一貫して母親にたいし右側に置かれ、「一八〇度の規則」は守られている。しかし、ふたりのショットは視線の交換というよりも、火箸をいじる母親と男性——彼はつづいてこの火箸で背中を掻く——の仕草の照応から生じる図柄上の一致をほのめかして交替されるのである（図3-38、3-39）。

以上の検証から、最初期の作品における小津の切り返しの使用についてまず、ボードウェルが主張するように、小津は一九三〇年代初頭、より具体的には一九三一年の『淑女と髯』以降、徐々に〈視線の一致しない切り返し〉を多用するようになったと言うことができるだろう。さらに、同一作品における〈視線の一致する切り返し〉と〈視線の一致しない切り返し〉の混在を考慮に入れれば、小津は自身の特異な切り返しを試行錯誤から、言ってみれば、アドホックに「理由なく」練り上げたと考えることもできる。くわえて、髯を剃って憂いに耽る

図3-35 『淑女と髯』（図3-40まで）

図3-36

図3-37 カメラ位置の変化

岡田時彦の表情と豊かな髯をたくわえるマルクスの写真が同一ショット内で重ねられるなど（図3－40）、小津作品のなかでもとりわけ視覚上の類似性を強調した『淑女と髯』がこの映画スタイルの発展にとって重要であったことに注目すれば、このスタイルの練り上げの根底には「図柄上の一致」への希求があったというボードウェルの示唆にも同意できる。

しかしながら、切り返しシーンの細部をより詳しく検証することによって、ボードウェルによる「理由のない」練り上げ（あるいは単純な視覚上の遊戯としての「図柄上の一致」）という説明以上のことが言えないだろうか。こうした観点から注目したいのは、『若き日』や『淑女と髯』の上記の例において、対峙という緊張を含意したシーンで、特権的に〈視線の一致しない切り返し〉が使用されているという点である（斎藤と車掌や川崎と伊達の切り返しなど）。このように論じるからといって、視線の不一致によって、登場人物間の敵対関係が示されていると主張したいわけではない。しかしこれら場面の各ショットは、斜め右ないし左方向、前方へと身構えた登場人物を捉えており、構図のうえで緊張の感覚を含んでいる。そして、こうした前傾姿勢に構える人物のショットが

図3－38　身振り上の照応

図3－39

図3－40　背後の写真との図柄上の一致

図柄上類似したショットに交替されると、各ショットに含意される緊張の感覚がカットを超えて、引き延ばされ、持続されるように感じられるのである。ここから推測すれば、小津はたんに「理由なく」そうしたというより、緊張の持続という物語上の効果を狙って、図柄上の一致を作り出すカメラ位置を選んだように思われる（あるいは、小津の主眼は〈演出〉の水準で、構図のうえで緊張を表現するような位置に登場人物を置くことにあり、こうしたショットを連続させた結果、図柄上の一致が生じたとさえ考えたくなる）。

たしかに『東京の合唱』や『生れてはみたけれど』（一九三二年四月）といったつづく時期の作品で、〈視線の一致しない切り返し〉がより頻繁に使われるようになる過程は、いくぶん一貫性のない試行錯誤の軌跡として「理由がない」ものと考えることができる。ただしこれらの作品でも、〈視線の一致しない切り返し〉が対峙のシーンで印象的に使われている。たとえば『東京の合唱』の冒頭には、授業に遅れてきた岡田時彦が体育教師を演じる斎藤達雄と対峙する場面があるが、ふたりのショットははじめ、「一八〇度の規則」にしたがって交替される（図3-41、3-42）。しかし直後、上半身裸になった岡田が戻ってきて、斎藤と向かいあうさい、カメラはアクション軸を跨いで交替される（図3-43、3-44）。このカメラ位置のパターンの変化は、『淑女と髯』冒頭近くのふたりの女性が路上で対峙するシーンと同様のものであり、場面の緊張の高まりに呼応していると考えることができる。あるいは『生れてはみたけれど』でも、小津は多くの場面で「一八〇度の規則」を遵守している。しかし、主人公の兄弟たち（菅原秀雄と突貫小僧）が引っ越し先のガキ大将（飯島善太郎）と対峙するシーンでは、『若き日』や『淑女の髯』を想起させる仕方で、アクション軸を跨いでカメラが交替される（図3-45、3-46）。

予備的段階——『青春の夢いまいづこ』

対峙の場面における切り返しの使用という観点からさらに興味深いシーンは、『生れてはみたけれど』ののち、一九三二年秋に製作された『青春の夢いまいづこ』に見ることができる。この作品には、社長の御曹司である堀野（江川宇礼雄）がベーカリーの娘のお繁（田中絹代）に路上で偶然にも遭遇する場面など、小津がより安定して

図3－45　『生れてはみたけれど』（図3－46まで）

図3－46

図3－41　『東京の合唱』（図3－44まで）

図3－42

図3－43　カメラ位置の変化

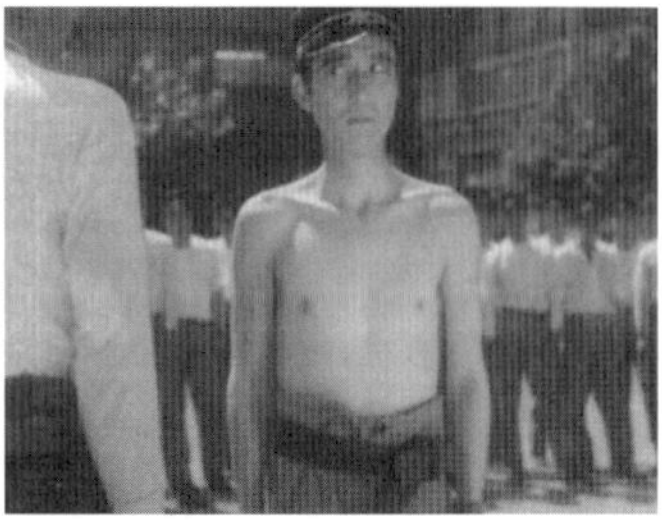

図3－44

〈視線の一致しない切り返し〉を使用しているシーンが含まれており、こうした切り返しは、たしかに「理由のない」試行錯誤の結果として考えることができる。しかしとりわけ興味深いのは、堀野が大学時代の友人である斎木（斎藤達雄）と対峙するシーンである。映画の終盤、堀野は斎木がお繁と婚約していることを知り、友人であるにもかかわらずそれを黙っている斎木に怒り、彼を呼び出す。最初、ふたりのミディアムショットが数回、「一八〇度の規則」にしたがって交替される（図3‐47、3‐48）。しかし、堀野が斎木を殴るというクライマックスの瞬間に、カメラはふたりを結ぶアクション軸の向こう側へと位置を変える[44]（図3‐49、3‐50）。

ここで注目したいのは、殴るという掻き乱すような大きなアクションをともなう劇的瞬間に、小津がカメラ位置のパターンを変えているということである。たしかに堀野が殴る瞬間、カメラは突如としてアクション軸を越えて交替されるため、堀野と斎木のショットが図柄上、明示的に一致させられることはない。しかし小津はここで、各々が緊張の感覚を含意しているショットを、図柄上の一致をほのめかしながら交替することで、ショット内に含まれる緊張の感覚を引き延ばし、持続させるという自身の切り返しの使用法を念頭において、殴る堀野と殴られる斎木という文字通りに崩壊を喚起するイメージを挿入しているのではないか。この切り返しとカメラ位

図3－47　『青春の夢いまいづこ』（図3－53まで）

図3－48

図3－49

図3－50　カメラ位置の変化

図3－51　振り返る田中絹代

図3－52

置のパターンの変化において示唆されているのは、交替を通じて各ショットに含まれる緊張の感覚を持続させながら、決定的瞬間にこの緊張に破断をもたらすイメージを挿入するという、『東京の女』でさらに拡張して使われることになるドラマツルギーなのである。

　堀野が斎木を殴るシーンのまえに置かれた、お繁のアパートの場面もまた、『東京の女』のデクパージュとの関連において興味深い。小津はこのシーンで、キッチンのついた広いスタジオタイプの部屋という、『東京の女』でちか子と良一が暮らすアパートと同じセットを使用している[45]。くわえてこのシーンには、ドアに向かって振り返るという『東京の女』におけるデクパージュの萌芽を見つけることができる。このシーンで、斎木がお繁と婚約したことをいまだ知らない堀野は、いくぶん能天気にお繁の新居に立ち寄る。そこに斎木が偶然にも訪れ、まずドアに向かって振り返るお繁のミディアム・ロングショットが示される（図3－51）。するとドアが開き、斎木が入ってくる（図3－52）。斎木はすぐに立ち去るため、この場面では、とくにドラマティックな出来事は起こらない。しかしここには、斎木とお繁はふたりが婚約していることを隠しているという意味で、堀野にとって悲劇が潜んでいる。小津はこの不穏な気分を、登場人物の振り返るという行為とドアの開閉という動きによって表現したのであり、この人物と扉の相互作用ないしコレオグラフィーを『東京の女』冒頭シーンで、より複雑なデクパージュへ発展させたのである（ひとつづきのショットである図3－11および図3－3と、図3－51、3－52を比較）。

　ただし『青春の夢いまいづこ』が〈視線の一致しない切り返し〉の完璧な使用という『東京の女』における飛

躍を予告しているとすれば、それはこれらふたつの作品のデクパージュやセットに類似点を認めることができるためばかりでない。より重要な点は、小津がこの一九三二年後半の作品で、ルビッチへと以前にまして徹底的に回帰しているということにある。『青春の夢いまいづこ』には、ルビッチを参照した場面が散見されるが、もっとも明示的なシーンは、先に言及したお繁のアパートの場面と堀野の平手打ちの場面のあいだに置かれたシーンに見ることができる。この場面で、斎木の母親（飯田蝶子）は息子を雇ってくれたことを感謝するため、堀野を訪ね、ついでに息子の婚約のことも報告する。堀野はショックを受けるが、彼の心境は直接的に表現されることなく、来客用に出された紅茶をスプーンでかき混ぜる指のクロースアップによって示唆される（図3-53）。このショットは、『結婚哲学』におけるブラウン医師（モンテ・ブルー）とシャルロット（フローレンス・ヴィダー）の朝食シーンのティーカップのクロースアップ（図3-54）を参照しているのである（ただし『結婚哲学』のクロースアップは、登場人物の失意ではなく、若いカップルをまえにした目のやり場のない甘い雰囲気を表現しているというニュアンスの違いはある）。

堀野が自分に好意を寄せる女性（花岡菊子）と車に同乗する場面においても、小津は『結婚哲学』を喚起している。後部座席に座るふたりは、同一フレーム内に収められる。車が揺れると、女性は堀野に寄りかかり、堀野は身体を震わせる（図3-55）。このシーンの出典は、『結婚哲学』においてミッチーがブラウン医師とタクシーに同乗する場面にある。このシーンでも車が揺れ、ミッチーはどさくさに紛れて、ブラウン医師に寄りかかるが、ハンサムな男性の身体に触れることができた幸運に微笑みを浮かべるミッチーにたいして、ブラウン医師は困惑する（図3-56）。

フレーム全体あるいは映画ミディアムそのものが揺れているかのように撮影されている車中のシーンが示しているように、『青春の夢いまいづこ』における小津の模倣の要点は、ミディアムの水準で捉えられた映画の〈動き〉にあった（ティーカップのショットにおけるカメラの焦点も、堀野の心境を表現する指の動きに向けられている）。さらに言えば、平手打ちと振り返ることをめぐるふたつの切り返しシーンが示唆しているように、小津はこの一

図3－53 『青春の夢いまいづこ』

図3－54 『結婚哲学』

図3－55 『青春の夢いまいづこ』

図3－56 『結婚哲学』

九三二年の作品で、すでに切り返しを〈動き〉ないし不安定性の感覚に結びつけていた。そして『東京の女』で、小津はルビッチにいっそう徹底的に立ち戻り、その冒頭シーンで映画の〈動き〉を取り扱うルビッチの方法を模倣することによって、自身の特異な切り返しを完成させたのである。くわえて小津は『東京の女』で、同じモティーフとシーン構造を反復させるミニマリスト的語りを通じて、〈視線の一致しない切り返し〉を最大限に活用したのである。

さらなる発展――『出来ごころ』

それでは、小津は一九三三年初頭以降、どのように〈視線の一致しない切り返し〉を使用したのだろうか。ここでは小津の一九三三年最後の作品である『出来ごころ』を分析することで、この特異な映画スタイルの発生過程に関する検証の結論としよう。『出来ごころ』の物語は、喜八（阪本武）、次郎（大日方伝）、春江（伏見信子）のあいだの三角関係を軸として、そこに喜八の息子・富坊（突貫小僧）と食堂の女主人・

おとめ（飯田蝶子）のエピソードが織り込まれることで進行する。『出来ごころ』の二八のシーンのうち、一六が切り返し（その多くが〈視線の一致しない切り返し〉）を中心に組み立てられ、そのいくつかでは、映画の〈動き〉ないし不安定性を含意するイメージが効果的に使用されている。たとえば冒頭近くには、富坊が喜八と次郎を起こすために彼らの脛を棒で打つふたつの場面がある。まず喜八の家で、小学生の富坊は目覚まし時計で元気よく目覚めるが、喜八は蚊帳のなかでいつまでも寝ている。いくら起こしても起きない喜八に痺れを切らし、富坊は父親の脛を立て、棒で打つ。そのさい、富坊の打つミディアムショットは、彼がまさに打った瞬間、飛び上がる喜八を捉えたロングショットへとカットされる。つづいて次郎の家でも、富坊はいつまでも寝ている次郎の脛を打つが、打つ富坊のミディアムショットと飛び起きる次郎のロングショットが、アクションの瞬間に交替される。

あるいは〈視線の一致しない切り返し〉をより明示的に使用したシーンとして、春江と次郎が口論する場面に注目しよう。作品の中盤、富坊は自宅で春江に兵隊のブロマイド写真を自慢げに見せるが、春江は富坊に次郎の写真はないかと尋ね、このやりとりは〈視線の一致しない切り返し〉による交替で示される。その後、ふたりは隣接する次郎の家へ移り、富坊はそこで見つけた次郎の写真を春江に差し出すが、この様子はふたたび〈視線の一致しない切り返し〉で示される。そこに次郎が帰ってきて、ふたりに怒る。春江は跪きながら許しを請うが、次郎は許さない。春江と次郎のショットは〈視線の一致しない切り返し〉で交替され（図3-57、3-58）、ついには写真を放り出しながら、泣き崩れる春江のショットによって終止符が打たれる（図3-59）。

これらいずれのシーンにおいても、富坊が棒で打つ、あるいは春江が泣き崩れるといった、不安定性の感覚を視覚化した瞬間をクライマックスとして、切り返しが組み立てられている。この使用法は、小津が〈視線の一致しない切り返し〉を、不安定性を含意した映画の〈動き〉と結びつけて使用したことの証左になっている。本書は先に、小津は『東京の女』でルビッチに立ち戻ることによって、自身の〈視線の一致しない切り返し〉を完成させたと論じた。そして『出来ごころ』において、小津はふたたびルビッチ——ただし今回は『陽気な巴里っ子

(*So This is Paris*)』（一九二六年）――に回帰することで、自身の切り返しにもうひとつの変化をくわえているのである。

作品の中盤、富坊は働きもせず酒に溺れる喜八を嘆いて、泣きながら、父親の大切にしている盆栽の葉をむしり取ってしまう。このシーンでは、葉を一枚一枚ちぎる富坊のミディアムショットと落ちる葉のショットが交替されるが（図3－60、3－61）、これらのショットは、『陽気な巴里っ子』で、惚れられていると勘違いしてバラを一本ずつ投げる自意識過剰の独身男性（ジョージ・ベランジャー）とそれに困惑する人妻（パッシー・ルス・ミラー）の交替を参照しているのである。つづくシーンで、小津はさらに『陽気な巴里っ子』のこの切り返しにオマージュを捧げている。帰ってきた喜八は、台無しにされた盆栽を見て、富坊を叱る。しかし富坊は父親のだらしない酒癖を責めながら、本を一冊ずつ投げて反撃する。本を投げる富坊のショットと投げつけられた本を身体に受ける喜八のショットは、ルビッチ作品におけるバラを投げる独身男とそれを迷惑がる人妻のショットの切り返しを喚起しながら交替される[46]（図3－62、3－63）。

図3－57　『出来ごころ』（図3－70まで）

図3－58　『出来ごころ』

図3－59　泣き崩れる伏見信子

図3－60　盆栽の葉をむしる突貫小僧

図3－61

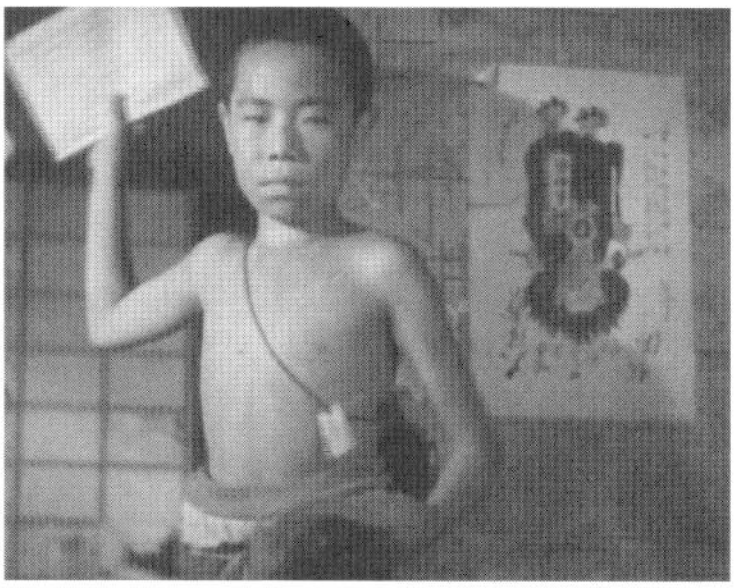
図3－62　本を投げる突貫小僧

図3－63

小津はこのように『出来ごころ』の多くのシーンを、切り返しを中心として組み立てているばかりでなく、富坊が喜八と次郎の脛を叩くふたつのシーンや兵隊のブロマイドと次郎の写真を差し出すシーンの呼応が示しているように、反復と差異化のミニマリスト的語りを通じて、これらの切り返しのシーンを相互に関連づけ、構造化している[47]。たとえば、無断で家に上がりこんだことにたいして次郎が春江に怒り、春江が跪く場面は、作品の終盤、富坊の入院費をなんとか工面すると申し出る春江に、次郎がついに心を許す場面と呼応させられている。作品のクライマックスとも言えるこのシーンでは、図柄のうえで一致させられたショットの交替を通じて、ふたりのあいだの緊張関係は持続させられ（図3－64、3－65）、その緊張の感覚はついに次郎の肩へと倒れ込む春江のショットによって解消されるが（図3－66）、この緊張の弛緩は、次郎と春江の恋の行方という『出来ごころ』全体を貫くストーリーのラインにカタルシスを与えるものである。また冒頭シーンについ

図3－64

図3－65

図3－66　抱きつく伏見信子

て言えば、先に論じたように、小津は『東京の女』で、のちに破断のドラマを繰り返すために映画の〈動き〉を宙吊りにしているが、彼は『出来ごころ』の冒頭シーンでも、映画の〈動き〉を宙吊りにしており、ここでも『結婚哲学』の冒頭シーン――とりわけその投げられた衣類をめぐるアクションつなぎ――を参照しているのである。

講談の演芸場に集まった観客の合間を滑るように移動するトラッキング・ショットから幕を開ける『出来ごころ』の冒頭シーンは、数名の観客を順番に固定ショットで示したあと、上演中の出し物に興じる喜八に焦点をあわせる。するとショットが切り替わり、カメラはさらにべつの観客へと焦点を移す。この観客は床に落ちている財布を発見し、それを拾ったのち、中身をあらためる。お金が入っていないことを確認すると、彼はそれを放り投げる。またほかの観客が財布を見つけ、同じ動作を繰り返す。最終的に、喜八が財布を見つけ、彼も中身が入っていないことを確かめ、それを放り投げる。しかし、喜八はその財布が自分のものより良いものだと気づき、自分の財布と交換し、古い財布を放り投げる（図3－67、3－68）。さらにほかの観客が喜八の財布を見つけ、拾い上げるが、それが空だと確認すると放り投げる（図3－69、3－70）。喜八が最初に財布を投げて以降、ショットは――スクリーン・ディレクションは一致されているものの――投げられた財布の動きを介してつなげられる。小津はここで『結婚哲学』における通過のショットを、投げられた財布のショットに置きかえ、映画の〈動き〉を宙吊りにしようと試みているのである。

失われた作品――『また逢ふ日まで』

これまで見てきたように、小津は最初期の作品から〈視線の一致しない切り返し〉を使用していたが、彼がこの映画スタイルを、映画の〈動き〉に関する自身の理解に基づきながら、本格的に発展させたのは一九三二年後半から一九三三年にかけてのことだった。それでは正確に言って、小津がこの映画スタイルを、その含意を完全に理解して使用するようになったのはいつからだったのか。この問いに答えることは難しい。なぜなら、小津は映画の〈動き〉に関する理解を少しずつ深めながら、徐々にこの映画スタイルを発展させたためであり、また、小津のサイレント映画はその特異なスタイルの使用における「最初の瞬間」を特定するには、あまりに多くの作

図3－67　財布の運動

図3－68

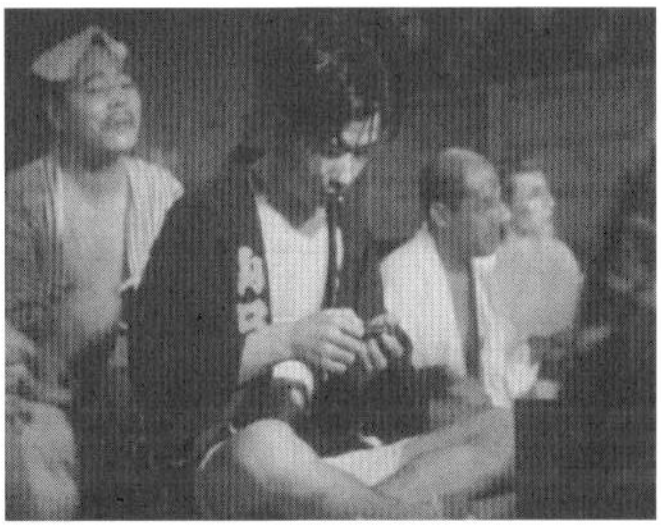

図3－69

図3－70

品が失われているためである。それでもなお、本書は『東京の女』を、小津が自身の特異な切り返しを、その含意を完全に理解してはじめて使用した作品であると主張したい。なぜなら、破断のイメージによって終止符を打たれる切り返しを反復させていることからわかるように、小津はこの作品ではじめて自身の切り返しを、映画の〈動き〉に内在する不安定性へと明示的かつ体系的に結びつけて使用したためである。とはいえ、小津は『青春の夢いまいづこ』で、すでに自身の切り返しを不安定性の感覚と結びつけていた。さらに言えば『青春の夢いまいづこ』と『東京の女』のあいだには、失われた『また逢ふ日まで』が製作されている。それでは、小津はこの一九三二年一一月に公開された作品で、『青春の夢いまいづこ』以上に完璧に自身の切り返しを使用したという可能性はないだろうか(48)。

作品が現存していないため、この問いにたいして正確に答えることはできないが、ここでは未来の怪談映画監督である中川信夫によって書かれたレビューを参照することで、この問題にひとつの視座を与えておこう。この驚くべきレビューで、中川はスクリーン上で生起している出来事をそのままに書きとることに専心している。ヒロインの岡田嘉子が出征する恋人(岡譲二)と離れなければならないために泣き、そこに友人(伊達里子)が偶然にも訪ねてくるシーンについて、中川は次のように書いている。

そこへ伊達が入つてくる。泣いてゐる女〔岡田〕をそこへ置いて、伊達の方へくる男〔岡〕。こゝで次にキャメラの位置を全然逆に置いて、レンズの方から背姿の男が伊達に近づき二人がふりかへる。と、ベッドに泣く女の姿のカット。こゝでの逆にかへたキャメラの位置は、すでに、次のベッドの女のカットの周到なる用意である(49)。

中川の記述から推測すれば、このシーンは伊達の入室後、①泣いている岡田を背景として伊達の方へ前進してくる岡を正面から捉えたロングショット、②伊達と岡を背後から捉えた逆画面のロングショット〔伊達は帰ろうとしているためカメラに背を向けているが、ふたりは振り返る）、③泣き崩れた岡田のミディアムショットという三つのショットから構成されている（図3－71）。ここでの中川の要点は、逆アングルから捉えた②のショットは、岡と伊達の振り返るという身振りを理想的ポジションから捉え、③へのカットおよびこのショットにおける岡田の泣くというアクションを劇的にしているというところにある。たしかに、岡と伊達は岡田が泣き崩れたことへの反応として振り返ったということを考慮に入れれば、③へ切り替えられたとき、岡田はすでに泣き崩れてしまっているだろう。くわえて、③は岡と伊達の位置から岡田を捉えたショットだが、登場人物たちは向かいあっていない以上、このショットの交替は正確には切り返しであるとは言えない。しかし中川の記述は、小津によるカメラ位置の選定とカットのタイミングは、振り返るという身振りや泣き崩れる（あるいは泣き崩れている）という身振りによって誘発される不安定性の感覚に本質的に関わっていたことを示唆している。そうだとすれば、『また逢ふ日まで』の中川が記述していない場面で、小津が〈視線の一致しない切り返し〉を『東京の女』と同じ精度をもって使用していた可能性は十分にある。

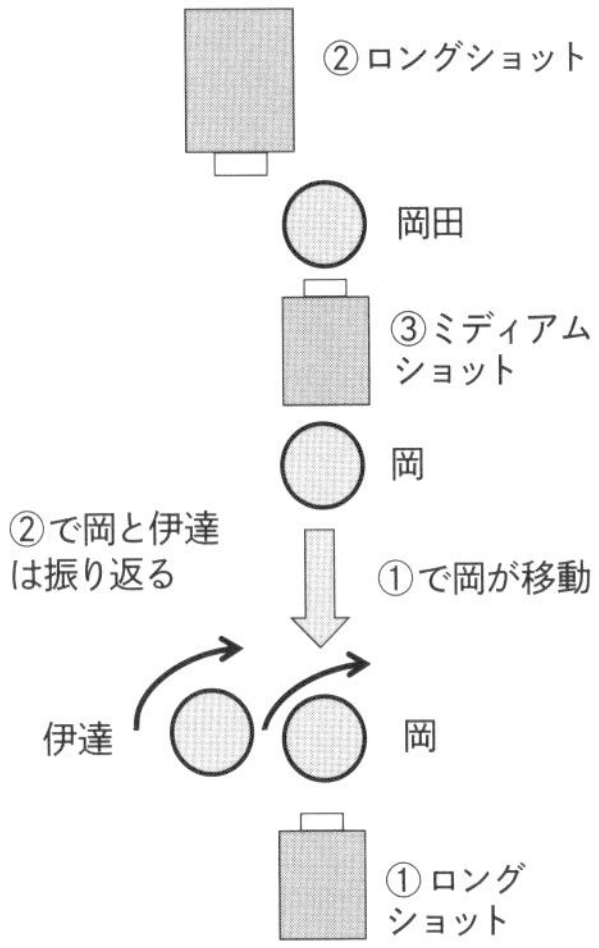

図3－71 『また逢ふ日まで』岡田嘉子が泣き崩れる場面のデクパージュ（推測）

本章第一節で引用した岸松雄によるインタビューが示しているように、小津は一九三二年後半から一九三三年にかけて、トーキーへの移行という映画史的趨勢を見据えて、〈動き〉の美学に基づくサイレント映画のひとつの「形式」を完成させようと試みていた。映画ミディアムの水準で捉えられた〈動き〉の美学はこの時代、グローバルな規模で共有されていたが、小津はエプスタインとともに例外的に、この映画ミディアムの〈動き〉に孕まれる不安定性という問題に気づいていた。そして小津は、「フォトジェニー」を含めたいかなる語によってもこの〈動き〉を称揚することなく、まさに崩壊の危機にあるほど不安定な状態の映画ミディアムを、その高められた動的状態のまま宙吊りにしようと試みたのである。小津によるルビッチの模倣の要点は、このように不安定性を含意した〈動き〉を宙吊りにする方法に関わっていたのであり、またこうした映画の〈動き〉との関係において、小津は自身に特異な〈視線の一致しない切り返し〉を練り上げたのである。

第四章　はかない事物

――ヴァナキュラー・モダニズムとしての小津サイレント映画

前章では、一九三二年後半から一九三三年にかけての小津作品の中心には、基体としてのミディアムが崩壊してしまうほどまでに活性化させられた映画の〈動き〉が存すると論じた。小津は、不安定性を含意した映画の〈動き〉をいかに扱うかという問いをめぐって、ルビッチを模倣したのであり、こうした映画の〈動き〉との関係において、〈視線の一致しない切り返し〉を発展させたのである。しかしながら、ルビッチが小津にとってどれほど重要な監督であるとしても、小津に影響を与えたハリウッドの映画作家はルビッチばかりではない。また特異な切り返しが一九三三年の作品においてどれほど中心的位置を占めているとしても、小津の映画実践はこのスタイルの使用に制限されるものではない。本章では、〈事物のショット〉という小津映画のもうひとつの特徴に注目することで、一九三〇年代初頭における小津の映画実践の射程をより広い視野のなかで考察することを試みる。以下、事物の映画的使用という観点から外国映画の影響を辿ることで、小津作品を同時代のモダン（ないしモダニスト）文化のなかに位置づけることから始め、さらに結論部では、落ちる羽根をはじめとするいくつかのモティーフに注目しながら、ジョセフ・フォン・スタンバーグにたいする小津の言及を検討する。

本章ではまた、小津による事物の使用を考えるために、ジークフリート・クラカウアーの著作を参照する。ただしここではさしあたって、エプスタインのフォトジェニー論における事物の映画的意味の両義性を思い出しておこう。一般的に、フォトジェニーとは「映画によって暴かれる精霊」を意味しているものと理解され、エプスタインは概してこの語で、映画によってあらわにされる〈生〉を称揚している。しかし前章で見たように、まさにこうした祝言のなかで、「宙吊り」という語があらわれたのだった。この「宙吊り」は映画によってあらわにされるドラマとしての宙吊り《サスペンス》として解釈できるが、エプスタインがフォトジェニーをスクリーン上に「アラベスク」として広がる映画ミディアムの〈動き〉と定義するかぎりで、「絨毯が毒性を持ったアラベスクを放ち、椅子の腕は震える」といった一節は、フォトジェニーそのものの宙吊り、あらゆる種類のドラマそのものの宙吊りについて書いたものとして読むことができる。[1] スクリーン上に広がる映画ミディアムの〈動き〉としての「震え」は決定的瞬間に、「過冷却」にして零度の状態で宙吊りにされているのである。

　クラカウアーも映画に関する主著『映画の理論』（一九六〇年）で、エプスタインと同様、映画によって暴露される〈生〉の次元を強調しているように思われる。[2]「物理的現実の救済（The Redemption of Physical Reality）」という副題が示しているように、クラカウアーはこの著作で、映画は人間の肉眼では接近不可能な「物理的現実」をあらわにし、救い出すことができると主張している。たしかに、彼は「物理的現実」という語を明確に定義しておらず、この語の使用法にも曖昧さが残る。[3] しかし、クラカウアーは「物理的現実」を説明するにあたって、グリフィスの追いかけ映画《チェイス・フィルム》、初期ルネ・クレールやフレッド・アステアに代表されるダンスの場面、オレクサンドル・ドヴジェンコのストップ・モーションにおける「胚胎期にある動き（nascent motion）」といった〈動き〉の要素について詳述し、さらに事物に内在する〈生〉を暴露する〈カメラ眼〉の能力に言及している。[4]

　さらに『映画の理論』を特徴づけるのは、映画によってあらわにされる〈動き〉が、観客論として敷衍されている点である。「観客」と題された章で、クラカウアーは次のように書いている。「運動はこのミディアムのアルファでありオメガである。ところでその光景は観客のなかに、筋反射や運動心拍といった運動感覚的反応（kinesthetic responses）を引き起こすような「共鳴効果」を持っているように思われる[5]」。映画によってあらわにされる〈動き〉と〈生〉は直接的に観客の感覚中枢に影響を与えるという主張は、一九二〇年代の映画論に典型的な言説である。実際、クラカウアーはこの著作を通じて、エプスタイン、クレール、ベラ・バラージュ、セルゲイ・エイゼンシュテイン、フェルナン・レジェ、ルイ・デリュックといったサイレント時代の映画作家や理論家たちを積極的に参照しており、そのかぎりで、『映画の理論』は一九六〇年という遅い出版年にもかかわらず、サイレント映画美学を例証する著作であると言うことができる。

以上のようなクラカウアーの主張を念頭においたとき、写真を論じた序論における、ジャン＝ウジェーヌ・アジェによるパリの街路の写真は「自己疎外（self-estrangement）」の感覚を喚起するという評言は、どのように考えることができるだろうか（図4-1）[6]。これまでの議論をふまえれば、たしかにアジェの写真は生き生きとした〈動き〉から遠く離れているとしても（いずれにせよそれは〈動き〉をともなわないスチル写真である）、彼の写真はパリの無人の街路の物理的現実としての〈はかなさ〉の感覚を捉えており、クラカウアーはこうした感覚を「自己疎外」と呼んだのだと解釈することができるだろう。こうした十分に予想できる見解にたいし、ミリアム・ブラトゥ・ハンセンは『映画の理論』の再版に付された序論で、クラカウアーの映画論は「ナイーヴなリアリズム」（さらにはいかなる意味においてであれ、映画は「現実」を捉えることができるという考え方）とは関係がなく、むしろその中心には、写真や映画といった機械的記録メディアに内包された、脱形象化（disfiguration）の契機《モーメント》があると主張している[7]。すなわち、もしアジェの写真が「自己疎外」の感覚を引き起こすとすれば、それは、アジェの写真が〈はかなさ〉の感覚としての現実を記録ないし暴露しているためではなく、「表象を脱形象化する時間性と偶発性の契機」を書き込み、かくして「自己同一性と親密性の習慣的な虚構を破壊する」ためだというのである。ハン

図4-1　ウジェーヌ・アジェ《サン＝リュスティック通り、モンマルトル》　この写真はクラカウアー『映画の理論』に掲載されている

図4－2 『東京の女』

センはさらに、こうしたミディアムを受容する観客の在り方は、観者にたいする直接的影響というより、「亡命《エグザイル》」や「超領土性《エクストラテレトリアリティ》」の経験に関わっていると主張する。(8)

ある意味で、このような「亡命」としての自己疎外の感覚は、ナイーヴな意味における〈はかなさ〉の感覚に似ていると言えるだろう。しかし、本書はこうした二種類の〈はかなさ〉の感覚――クラカウアーが「自己疎外」と呼んだ感覚と〈カメラ眼〉によって暴露される〈はかなさ〉の感覚――を区別し、小津作品は時として、前者の意味における「自己疎外」の感覚を獲得していると主張したい。より具体的に言えば、たとえば、先述のアジェの写真と誰もいない路地をゴミが漂う『東京の女』の最後のショット（図4－2）のあいだには類似性を認めることができるが、こうした小津作品のいくつかのショットは、クラカウアーの言う「自己疎外」の性質を獲得しているのではないかと問題を提起しながら、この問いを通じて、映画の〈動き〉の宙吊りをめぐる小津の映画実践を考察する。

とはいえ、小津が〈カメラ眼〉の能力を通じて、きわめて意図的に事物から雄弁な意味を引き出そうとしたことも事実である。『東京の女』の最後のショットに関して言えば、小津はそれを、近代の空虚な感覚や良一の自殺に起因するちか子の絶望を意味するために挿入したと考えるべきだろう。またより一般的に、事物の表現を介して近代の意味を捉えようという試みは、一九三〇年代初頭日本の写真、映画、文学において、ハリウッド映画やヨーロッパ前衛芸術と呼応しながら広くおこなわれていた。(9) それゆえ本章は小津による事物の使用を、同時代日本におけるモダニズム文化のなかに位置づけることから始める。つづいて、小津の映画実践はこうした雄弁な事物の使用法にたいして過剰な部分を含んでいるのではないかと問いながら、クラカウアーの映画論を参照し、結論としてスタンバーグにたいする小津の言及を辿る。

また以下では、クラカウアーに関するハンセンの論考にくわえ、「ヴァナキュラー・モダニズム」論を参照するが、それはこの概念をめぐる第三論文で、彼女は戦間期の日本（および上海）映画における事物の使用を、グローバルな規模で共有されていた〈カメラ眼〉に関する想像力に言及しながら——その想像力に還元されない仕方で——考察しているためである。[10] 序論で述べたように、ハンセンは「ヴァナキュラー・モダニズム」を、ハリウッド映画のグローバルな規模でのヘゲモニー獲得を「古典性」——これはさしあたって、物語映画としての体系性と読みやすさ、さらには質の保証された作品供給の安定性を意味している——という観点から説明したデイヴィッド・ボードウェルらの「古典的ハリウッド映画」論に対抗するために提出した。[11] もちろん、体系性と安定性に含意される恒久的で普遍的な性質はハリウッド映画の世界的成功に貢献しただろうが、ハンセンが注目するのは、経験の地平としての映画の役割である。すなわちこのメディアは、グローバルな規模で波及しながらも、それ自体は不統一的で断片的にしか経験されない近代《モダニティ》と折衝すること（この折衝という意味での「モダニズム」）を可能にしてくれたのである。近年の映画学はしばしば、ハンセンが映画の大衆的でポピュラーな性質を強調するために使用した「土着的《ヴァナキュラー》」（これは「ハイ・モダニズム」の高尚性と対置される）という語に注目して、「ヴァナキュラー・モダニズム」を受容の地域性および経験の直接性というふたつの方向へ発展させている。[12] たいして本書がこの概念のうちに探りあてたいのは、映画が差し出す土着的にモダニズム的な経験の地平に潜在しているとハンセンが示唆する、解放的契機である。

1　雄弁な事物

先行研究における〈事物のショット〉の解釈

小津の〈事物のショット〉（あるいは人物が画面から排除されている「空のショット（empty shot）」）は、小津作品が英語圏で広い注目を集めて以来、中心的主題のひとつでありつづけてきた。まず「日本的なもの」というナ

図4-3　『晩春』壺のショット

ショナルな価値と関連づけながら、戦後を中心とした小津作品を評価した一九七〇年代初頭の文化論的小津論では、小津の〈事物のショット〉は、「無」といった禅の概念や「もののあわれ」といった平安和歌の情感に関わっていると考えられた。ただしこうした小津論の批評家たちは、たとえば、茶の道具のショットは茶の思想を表現しているというように、単純な意味論的連想に基づいて、小津作品の日本的価値を主張したわけではない。たとえば、ドナルド・リチーは広く読まれた小津論で次のように書いている。

> こうした空の場面は、欠落部分〔hiatus〕を作り出す。というのも、それは休止、すなわち「部分が欠けていることによる中断」を故意に作り出すためであり、しかもすべての部分が完全にそろい、すべての場面が満たされていると想定されている文脈——映画という芸術作品——のなかで、そうするためである。〔……〕これが「無」という概念であり、空虚や沈黙は作品のひとつの部分として、積極的な働きをする要素なのである。沈黙はそれに先行する会話に意味を与え、空虚はそれに先行するアクションに意味を与える。(13)

以上のような「空の場面〔ないし空のショット〕」のもっとも有名な例はおそらく、『晩春』（一九四九年九月）における「壺のショット」だろう（図4-3）。作品の終盤、紀子（原節子）と父（笠智衆）は娘の結婚をひかえ、思い出作りのために京都に訪れる。東京へ帰る前夜、壺はただ、ふたりが宿泊する旅館の室内に置かれ、「壺のショット」は寝ている娘と父のミディアムショットのあいだに、二度挿入される。映画の終わり近くに位置し、この「壺のショット」は「壺」という意味内容よりも、その意味のなさのために、ショットないしシニフィアンの連鎖のなかで「欠落部分」としての性質を獲得する。この空虚な空間はそれ自体としてはなにも意味しないが、結婚のために父親から離れなければならない娘の悲哀から、父親やほかの登場人物、観客の情感まで、映画がそれまで作り出し、動員し、宙吊りにしてきた、すべての感情を抱きこむ「容れ物」として機能する。リチーはこうした「空の場面」の機能を、禅の「無」という概念によって説明するのである[14]。

文化論的アプローチから形式主義的アプローチへという小津研究のパラダイム転換を決定づけた著作『遠くの観察者へ』(一九七九年)において、ノエル・バーチは〈事物のショット〉に関する文化論的解釈を、記号論に基づいた主張に書きかえている。すなわち「日本的なもの」というより、近代に結びついた事物が前景化されるサイレント作品に焦点をあわせることで、バーチは純粋に形式的な水準で、小津の〈事物のショット〉(バーチの言葉では「枕ショット(pillow shot)」)は、物語の流れに寄与せず、かくして語りの物質性をあらわにすると論じたのである。

しかしながら〈事物のショット〉に関するかぎり、一九七〇年代初頭の批評家とバーチのあいだには、断絶というより連続性を認めるべきだろう。なぜなら、一九七〇年代初頭の小津論はすでに小津作品の形式的側面に十分な注意を払っていたためであり、さらに言えば、バーチが以下のように「枕ショット」は物語に寄与することもできると論じるとき、彼の議論はリチーの主張へと接近するためである。バーチは、『東京の女』において春江が良一の自殺を知るシーンを論じて、そこで二度挿入される時計のショットについて次のように書いている(九五頁、図2-18)。

〔時計のショットは〕視覚的には枕ショットの時間を欠いた静止性を帯びており、これらのショットの物語的関係は必要な意味の連鎖の一部では決してない。〔……〕そのショットは実際には、宙吊りにされたカッコ〔suspensive *parenthesis*〕だったのである。〔……〕とりわけ劇的なこのシークエンスにおいては、意味の宙吊りは、パトスの重み、コノテーションという第二の意味を獲得する[15]。

「枕ショット」は物語の流れに中断をもたらす。「枕ショット」はかくして語りの過程を暴露するが、それは意味が充溢されるべき空虚な空間を作り出しもする。この意味はその空間の空虚さのために、ますます強いパトスを獲得するのであり、それゆえ、「枕ショット」は語りのための強力な装置として機能するというのである。バーチのこうした主張は、小津映画の「空のショット」はショットの連鎖のなかで「欠落部分」として機能すると論じたリチーの議論を思い出させるものである。そして、リチーがそこに「無」の思想を読み込んだように、バーチもこの空虚な空間を、日本的な価値によって埋めあわせるのである。バーチは上記の一節につづいて、『東京の女』の最後の数ショット（図4-2、本書はこれをアジェの写真と比較したい）について、禅に言及しながら、「悟りのような意味の宙吊り（a *satori*-like suspension of meaning）としてのもっとも純粋な状態における枕ショットを例証している」と説明している。[16]

〈事物のショット〉の近代的意味

一九七〇年代初頭の批評家やバーチが主張するように、小津作品の事物にはとりわけ、哀感、空虚さ、〈はかなさ〉といった感覚に結びつけられた過剰な意味が担わされている。さらに言えば、こうした先行研究は小津作品の過剰な側面を考えるために、事物の使用法という形式的側面に十分な注意を払ってきた。しかしこれらの研究では、この小津映画の事物の過剰性は、内容に関わる意味論《セマンティクス》という観点からも、使用法に関わる統語論《シンタックス》という観点からも、それもまた同様に捉えがたい「日本的なもの」という術語によって説明されてしまった。[17] 戦後を中心とした小津の後期作品で前景化される事物のいくつかはある程度、日本的な感覚を喚起していると言うことができるが、すくなくとも初期サイレント作品に関して言えば、小津による事物の使用は意味論的にも統語論的にも、まずもって近代《モダニティ》という事柄に関わっていたのである。

まずミリアム・ハンセンも指摘するように、事物に関する小津の美学は、意味論というもっとも基本的な水準で「近代の消費文化」に関わっていた。[18] 実際、小津サイレント作品にあらわれる事物の多くは、たとえば『若き日』、『東京の女』、『非常線の女』に出てくるヤカン（図4-4、4-5、4-6）や、『若き日』や『青春の夢いまいづこ』のコーヒーカップ（一四六頁、図3-53）、『朗かに歩め』や『その夜の妻』の放置された人形（図4-7、4-8）、『淑女と髯』や『東京の女』の化粧品、さらには『非常線の女』や『出来ごころ』における、そうした化粧品の広告（図4-9、4-10）など、近代の日常生活において使用され、大量生産・大量消費された商品に関わっている。こうした事物は多くの場合、たんにセットや環境《ミリュー》の一部として使われているにすぎず、そのかぎりで都市における日常生活を間接的に意味するにとどまっている。とはいえ、それらは時としてストーリーの流れや小津の演出に応じて、強い意味を持つことがあり、たとえば『東京の女』の最後で、ストーブのうえで激しく沸騰するヤカンは、良一の自殺の後に取り残されたちか子の絶望を表現し、『その夜の妻』で、ブランコのうえに放置された人形はその虚ろな視線によって、都会の片隅にある薄汚いアパートで病床に臥す子どもの状態と結びついた不穏な情感を高めている。

さらにハンセンも示唆するように、小津によるこうした事物の使用は、「インターナショナルなサイレント映

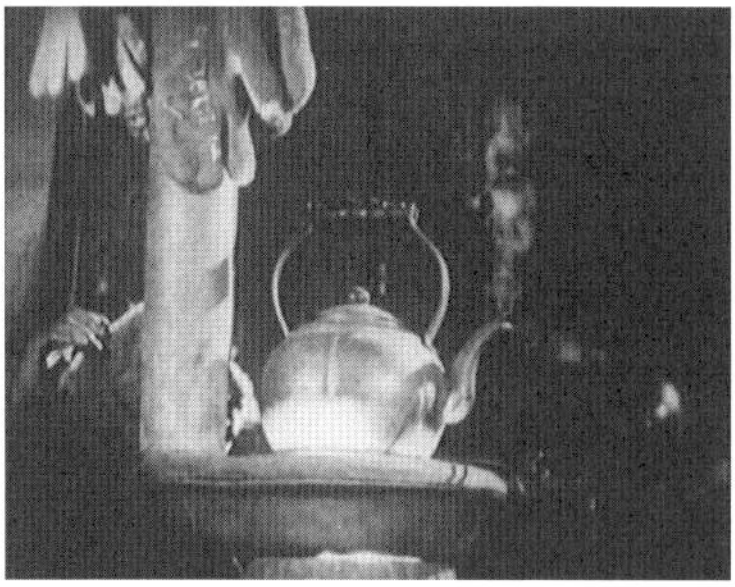

図4-4 『若き日』

図4-5 『東京の女』

図4-6 『非常線の女』

図4－7　『朗かに歩め』

図4－8　『その夜の妻』

図4－9　『非常線の女』

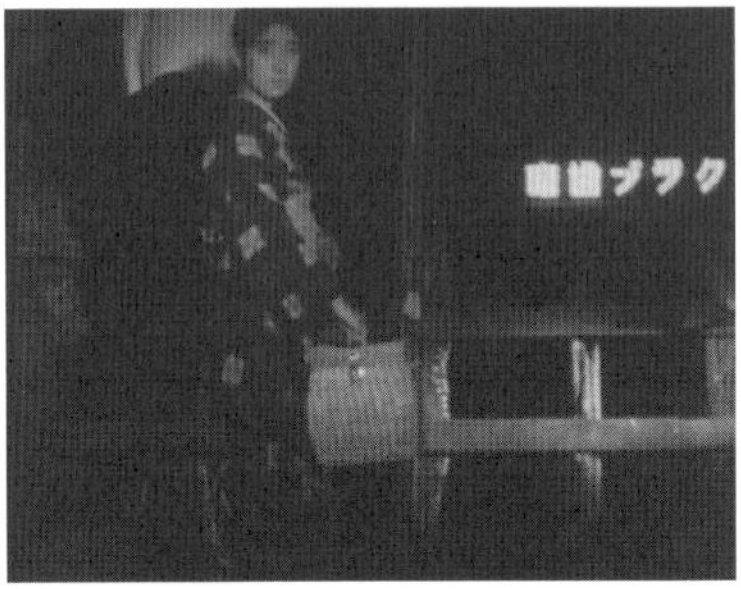

図4－10　『出来ごころ』

画の語彙」の一部として考える必要がある。[19]事物の映画的使用に関する美学は、ハリウッド映画ばかりか、フランス前衛映画からドイツ表現主義まで、グローバルな規模で共有されていたのであり、小津はみずからを意識的にこうした映画文化のなかに置いたのである。まず小津による事物の前景化のいくつかは、ハリウッド映画の引用となっている。たとえば『若き日』のヤカンは、『第七天国（*7th Heaven*）』（フランク・ボーゼイギ、一九二七年）でチャールズ・ファレルとジャネット・ゲイナーが屋根裏にある彼らの住居で使うヤカンへのオマージュになっているし、山本［斎藤達雄］のアパートには『第七天国』のポスターが貼られている[20]、前章で指摘したように、『青春の夢いまいづこ』におけるコーヒーカップのクロースアップは、『結婚哲学』を参照している（一四六頁、図3－53、3－54）。また『非常線の女』のラストシーンや『出来ごころ』の冒頭近くで明滅する歯磨き粉のネオン広告（図4－9、4－10）は、『暗黒街（*Underworld*）』

（ジョセフ・フォン・スタンバーグ、一九二七年）における「都市はあなたのもの（The City is Yours）」や『暗黒街の顔役（*Scarface*）』（ハワード・ホークス、一九三二年）における「世界はあなたのもの（The World is Yours）」といったネオンサインに由来していると考えられる（図4－11、4－12）。

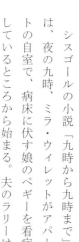

もちろん、事物の使用に関する小津の美学は映画という枠を越え、当時のモダンないしモダニスト文化というより広範な文脈のなかで考える必要があるだろう。同時代日本の文化に関して言えば、文学の領域では、横光利一や川端康成といった「新感覚派」を名乗る作家たちが、モダンな日常生活を描くために、上海の港に舞う紙屑（横光の『上海』）や浅草六区のショーウィンドーに並ぶ商品（川端の『浅草紅団』）などの事物を文学的形象として使っていたし、路上の観察から「現代」を分析しようと試みた今和次郎の「考現学」もこの文脈のなかで考えることができる。[21] こうした同時代の文学や文化と小津の結びつきに関して言えば、そのもっとも直接的なつながりを『その夜の妻』に見つけることができる。一九三〇年七月に公開されたこの作品は、都市部に住む若者を中心に広く読まれていた雑誌『新青年』の同年三月号に掲載された、オスカー・シスゴール原作の短編小説「九時から九時まで」を原作としている。[22] この短編を大変面白がった城戸四郎は、小津と野田高梧にこれを翻案して脚本を書くように命じたという。[23]

図4－11　『暗黒街』「都市はあなたのもの」

図4－12　『暗黒街の顔役』「世界はあなたのもの」

『その夜の妻』と「九時から九時まで」

シスゴールの小説「九時から九時まで」は、夜の九時、ミラ・ウィレットがアパートの自室で、病床に伏す娘のペギーを看病しているところから始まる。夫のラリーは

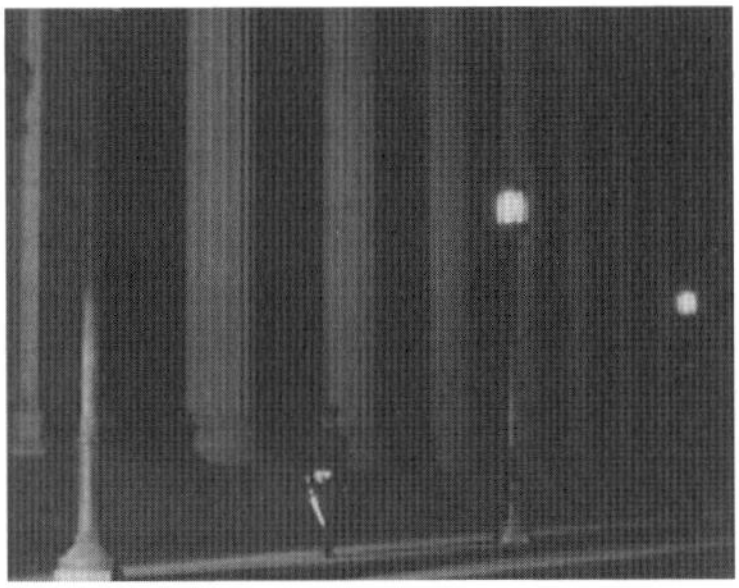

図4－13　『その夜の妻』

図4－14　『暗黒街』

窃盗の容疑で指名手配されており、友人のところに身を隠している。このような状況で、九時半、ミラのアパートにノックの音が響く。娘の病気を聞いたラリーが戻ってきたのである。しかし一〇時、べつのノックがあり、ラリーを追っているブーヴァー刑事の来訪を伝える。ブーヴァーはラリーを発見するが、ミラは彼がラリーを逮捕しないように、ブーヴァーを銃で脅す。ミラはペギーの病状が安定する夜明けまで、ブーヴァーに銃を向けたままでいようとするが、連夜の看病による疲れから眠ってしまい、その隙にブーヴァーは彼女から銃を奪ってしまう。翌朝、ペギーは回復する。ブーヴァーはラリーを逮捕できる状況にあったが、家族の絆に心動かされ、見逃そうとする。にもかかわらず、ラリーは出頭することを決め、ブーヴァーとともに朝九時にアパートをあとにする。

　小説を翻案するにあたって、小津がくわえた最大の変更点は、主人公の橋爪周二（岡田時彦）が、夜九時に銀行に押し入る冒頭シーンを付加したことにある。この場面は、『暗黒街』冒頭の街路のショットを模した人通りのない夜のオフィス街のショットという、小津作品のなかでももっとも明示的にスタンバーグを参照した場面であるが（図4-13、4-14）、ここでは「九時から九時まで」との比較に集中しよう。まず指摘したいのは、この冒頭シーンを除いて、小津はシスゴールの小説にきわめて忠実だという点である。銀行強盗ののち、橋爪は妻のまゆみ（八雲恵美子）が娘のみち子（市村美津子）を看病しているアパートに戻る。そこに、刑事の香川（山本冬郷）が訪れる。まゆみは香川を二丁の拳銃で脅すが、彼女は連日の看病疲れから寝てしまい、香川はその隙に銃を奪い取る。翌朝、みち子は回復し、香川は橋爪を逮捕できるにもかかわらず、彼を見逃そうとする。しかし、橋爪は出頭することを決める。

　このように『その夜の妻』はシスゴールの小説を、忠実に映画化している。ただし『その夜の妻』の原作小説にたいする関係は、プロットの構造以上に深い水準——いってみればテクストの肌理《テクスチャー》の水準——にも見つけることができる。たとえば、娘のペギーがブーヴァー刑事から逃れるためにカーテンの裏に身を隠している父親のラリーを呼ぶ場面は、シスゴールの小説では次のように書かれている。

『お父ちやん！　お父ちやん！　おかへりよう、お父ちやん！　そばにゐて頂だい、ようお父ちやん！　お父——ちやんてば！』

はっとしてミラ・ウイレットは体をめぐらした。勝手も、壁も、扉も、ぐら〳〵と揺らいだ。瓦斯燈は流星のやうに流れた。床は海の波のごとく起伏した[24]。

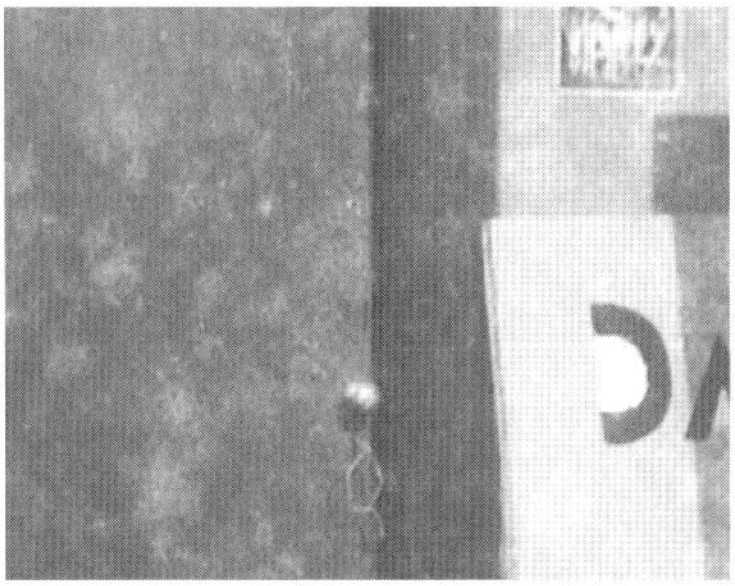

図4－15　『その夜の妻』（図4－16まで）

図4－16

　小津はこの眩暈の感覚を含んだ宙吊り《サスペンス》の瞬間を、ベッドから父親を呼びかける娘、カーテンの方へ前進する刑事、ハッと驚く妻のミディアムショットをつなげることで、いくぶんシンプルに描いている。しかしこのシーンの直前、小津は映画の視覚的手法を最大限に利用することによって、空間の心理的歪みを表現している。刑事の香川が橋爪のアパートを訪ね、ドアをノックしたとき、招かれざる客の訪問に驚いた橋爪と妻のミディアムショットにつづいて、ドアの方向へと前進するトラッキング・ショットが挿入される。この前進するカメラはディゾルヴを介してドアを突き抜け、香川のノックする手を捉える（図4－15、4－16）。『その夜の妻』はサイレント映画であり、小津はこのカメラ移動によって、音響効果に関わる演出と心理描写の両方をおこなっているのである。

視覚的語り

小津と野田が『その夜の妻』で、映画独自の視覚的語りを意識的に探究していたということは、ふたりが出席した一九五〇年の座談会における発言からも明らかである。小津と野田の回顧はまた、ふたりにたいするヨーロッパ映画の影響も示している。第一章でも引用したこの座談会には、次のようなやり取りがある。

野田　ドイツの写真でベティ・アマンの『アスファルト』のタイトルが全体で三十何枚か四十枚前後しかない。それでいて大変よく話がわかる。話もわかるし、割に小さい感情もわかる。あの時分は成るべくタイトルを少くして行くというふうに私たちも考えていたから。〔……〕『アスファルト』を見た後で小津さんの『その夜の妻』かなあ。八雲と岡田時彦の出たやつ。これは減らそうと思って、あれはタイトルは四十七しかない。〔……〕

小津　やはりあの時分はタイトルは説明であって表現ではなかったのだからね。だからタイトルに頼るのが純粋でなかった時代があったのだね。タイトルは説明なのでね。まずサブ・タイトルを減らすことを考えてね。(25)

日常的使用において「説明」と「表現」の区別には曖昧な場合が多く、小津もここでふたつの語を明確に使い分けているとは考えられない。とはいえ、たとえ小津がこれを意識していないとしても、「表現」とはこの文脈で、一九二〇年代ドイツ映画の「表現主義」のコノテーションを響かせているように思われる。ドイツ映画史の観点からみると、一九三〇年一月に日本で公開された『アスファルト（*Asphalt*）』（ヨーエ・マイ、一九二九年）を表現主義作品と見なすのは、いくぶん時期を逸している。しかし、日本では『最後の人（*Der letzte Mann*）』（F・W・ムルナウ、一九二四年）の公開は一九二六年まで待たなければならず、この作品への熱狂の余韻を残すなか、『アスファルト』は表現主義作品の傑作として公開され、とりわけその視覚的語りのために称賛されたのである。(26)

このように小津と野田は一九三〇年初頭、『アスファルト』から刺激を受け、音声言語や文字言語に頼らない映画独自の語りを模索していたのであり、こうした語りが事物から意味を引き出す方法を含んでいたとしても不思議でない。(27)小津にたいする『アスファルト』の影響に関して言えば、『その夜の妻』の中頃にあるトラッキング・ショットをもっとも明示的な例だと見なすことができる。『アスファルト』は都市の喧騒のなかにある街路をカメラが行き来するトラッキング・ショットから始まるが、『その夜の妻』のカメラも作品の中盤、アパート内を部屋干し用のロープにそって水平移動しながら、室内に散乱したガラクタを捉える。ふたつのシーンの差異は、トラッキング・ショットの規模（大都市ベルリンの街路vs.東京のアパートの室内）とその効果としてのトーン（喧騒vs.静けさ）に認められるが、小津はこのカメラ移動と放置された事物の前景化を通じて、都会の片隅における真夜中の時間の経過とともに、病気と犯罪のにおいを内包した、落ち着かない雰囲気を表現しようと試みたのである（また先に言及したドアへと前進するトラッキング・ショットは、ディゾルヴを介してドアを通過する点を含めて、『最後の人』のドアへ向かうトラッキング・ショットに類似している）。

カメラ移動を含めた〈演出（mise-en-scène）〉（文字通りには「舞台に置くこと」を意味する）こそが、事物から意味を引き出す視覚的語りの主要な領域だと言えるだろう。しかし小津はこの時期、事物の映画的使用を、彼が一九三〇年代初頭に探究していた、反復と差異に基づくミニマルな語りによっても発展させていた。前章で見たように、『東京の女』は三つのクライマックス・シーンにおいて、良一、ちか子、春江という三人の主要登場人物の組み合わせから構成される切り返しとその破断を三度、繰り返している。ここでは、これらの切り返しシーンにはいずれも、先に触れたヤカンのショットが後続するという指摘をつけくわえよう。まず春江が良一に、姉

図4-17　『東京の女』（図4-18まで）

図4-18

のちか子が酌婦として働いているという疑惑を伝える場面では、良一が春江に平手打ちをしたのち、涙を浮かべながら首を垂れる良一の背後のストーブで、ヤカンが沸騰している（図4-17）。また良一がちか子に噂の真偽を問いただす場面では、良一がちか子を叩き、外へと飛び出していったのち、ヤカンは静かに――しかし不穏に――ストーブのうえに放置されている（図4-18）。最後にちか子と春江が良一の自殺を知る場面では、その直後、ちか子と春江が亡骸をまえに泣く短い場面を挿んで、ストーブのうえで激しく沸騰するヤカンのクロースアップが挿入される（図4-5）。このように『東京の女』では、ヤカンが小道具として繰り返し使用されるなかで、その状態の差異が際立たされ、怒りや絶望、諦めといった登場人物の心理、あるいはより全般的に、閉塞感や〈はかなさ〉といったシーン全体の気分を表現するように演出されているのである。

同時代における批評

同時代の批評家や観客も、小津による特徴的な事物の使用に気づいていた。第二章で見たように、北川冬彦は『東京の女』の壁に掛けられた時計の動きに、「うすきみわるい静寂の感じ」を看取していた（バーチは同じショットに「意味の宙吊り」を見ている）。登場人物の心理やシーン一般の気分を表現する事物の比喩的意味は、同時代の観客によっても正しく読み解かれていたのである。[28] くわえて、小津作品における事物の使用はしばしば、「生活」という術語に結びつけられていた。たとえば、『キネマ旬報』の読者寄書欄に掲載された奥村康夫の『生れてはみたけれど』評には、次のような一節がある。「氏の、小道具に対する周到さは依然として感心させられる。例へば、重役の倅のオモチャ用の箱にウェストミンスタアの空箱を使用してゐるところ〔など〕」[29]。あるいは同様にアマチュアの批評家であった渡辺敏彦は、『東京の女』について次のように書いている。「物によつて生活を語り、心理を描く、その的確な小道具の選択は、僕の理解する範囲で欠点はない。物による表現の巧者なのには感嘆する」[30]。この『生れてはみたけれど』評で、奥村は、重役のブルジョワ的生活はイギリス製のタバコであるウェストミンスターの空箱によって雄弁に伝えられていると指摘している。もしこうした批評が強い階級意識を持っているとすれば（渡辺の批評もこうした観点から書かれている）、それは次章で見るように、小津は一九三二年までに社会的リアリズムの映画作家だと見なされていたためである。

同時代の批評のなかで、小津（あるいは野田）の事物の使用をもっとも詳細に分析した批評は、野田高梧を特集した『映画評論』一九三三年七月号のうちに見つけることができる。ほかの批評家と同様、安田清夫はこの特集号に掲載された記事で、サラリーマンの「生活」に結びつけながら、小津作品（野田作品）における事物の使用法を評価している。ただし、ここでの安田の関心は近代的日常生活のリアリズム的描写というよりも、登場人物の状況を効果的に導入する演出法にある。安田は、失われた『会社員生活』（一九二九年一〇月）の脚本の冒頭場面を引用することから始めている。

=門前の牛乳箱（F・I）／女の手が箱の鍵を開けて牛乳壜を出す／――オーバーラップ――
=ポンプ井戸／バケツに水が汲まれる／――オーバーラップ――
=ガス七輪／マツチでガスが点火され、鍋がかけられる／――オーバーラップ――
=置時計／六時半をさしてゐる／――オーバーラップ――
=ラヂオの鉱石セツト／男の手がしきりに感度を合せてゐる／カットで次へ――
=郊外小住宅の縁側／ラヂオのセツト　縁側に持ち出して、縁側に腰かけて、レシーバーを頭からかけて、しきりに感度を合わしてゐる塚本信太郎（接写）――四十歳前後の何処かノンキらしい男、安物のパヂヤマを着てゐる／やがて庭の方を振り返つて云ふ[31]。

安田はさらに、野田は事物をはじめとする「部分」を換喩的に使用することによって、登場人物の性格や彼を取り巻く環境を効果的に示すことに成功していると主張し、次のような結論にいたる。『「会社員生活』に於ては、郊外の会社員生活の一端が判然としてゐる。水道がなくてポンプを使用してゐる点、ガス七輪や鉱石ラヂオセツトの小市民的生活、安物のパヂヤマを着て縁側に腰かけてゐる小市民。ここに於てハツキリと会社員生活が示されてゐる[32]」。

意味の宙吊り

見てきたように、小津のサイレント作品における事物の意味はとりわけ、都市部におけるホワイトカラー階級の人々の日常生活、登場人物の心理、シーン一般の気分に関わっている。作品のなかでしばしば前景化される空虚さないし〈はかなさ〉の感覚は、リチーやバーチが主張したような日本的な感覚ではなく、揺れる時計の振り子や沸騰するヤカンによって特権的に表現される、近代に結びついた感覚に関係していたのである。またこうした小津の実践は、同時代的にグローバルな規模で共有されていたサイレント映画の語彙とモダン文化（ないしモダニスト文化）に属するものだった。小津が事物の使用法を発展させた過程を考慮に入れれば、彼も同時代の映画作家や理論家たちと、映画ミディアムを通じて事物に雄弁な意味を与えるという〈カメラ眼〉の考え方を共有していたと言うことができるだろう。映画研究者のレスリー・スターンは、エプスタインやクラカウアーを参照しながら、エイゼンシュテイン、ロッセリーニ、ブレッソンからゴダールまで、過去の重要作品における事物の映画的使用を広範に辿った論考を書いている。そこでのスターンの言葉を使えば、小津は演出や編集といった映画的手続きを通じて、事物に潜在する「日常的なもの（the quotidian）」の意味を「膨張」ないし「収縮」させているのである。[33]

しかし、それだけだろうか。たしかに小津は映画的技法を通じて事物から〈はかなさ〉の感覚を含めた強い意味を引き出しているとしても、小津の映画実践は、〈カメラ眼〉という論点に要約される、事物の雄弁な使用法に還元されてしまうのだろうか。ここで思い出したいのは、前章で論じたように、小津の実践は映画の〈動き〉の宙吊りに関わっていたということである。もし多くの映画作家や理論家たちが考えたように、〈動き〉を含意した映画ミディアムとは、意味の場、すなわちさまざまな意味がそこから生じ、その意味が相互に関係づけられ、交渉され、競合させられる場であるとすれば、映画の〈動き〉の宙吊りとは、事物の雄弁な使用とは反対の方向、すなわち意味の宙吊り、あるいはエプスタインの言葉を使えば、フォトジェニーの宙吊りを含意する。そして小津映画の事物は時として、こうした宙吊りの性質を獲得しているのではないだろうか。

それでは、このような宙吊りのモーメントを含意した事物の意味には、どのように接近できるだろうか。こうした観点から重要な示唆を与えてくれるのが、先に参照したミリアム・ハンセンの論文「ヴァナキュラー・モダニズム」である。まずハンセンは小津による事物の使用を、「観客の主観性にとっての空間と時間」の「構成」という語りの観点から辿っている。ただしハンセンは、一九三〇年代の数本の日本映画（および上海映画）は「偶発性（contingency）のモダニスト的・非人間中心主義的美学のほうへ向かっている」と主張し、この一節に付された註で、「この〔モダニスト的・非人間中心主義的美学にたいする〕関心は、ジークフリート・クラカウアーの『映画の理論』に負っている」とも書いている。[34] さらにハンセンは映画が前景化する事物のなかでも、とりわけゴミという形象に注意を向け、忌避すべきものや破棄といった、この形象から容易に連想されるコノテーションを超えた意味を読み取っている。ハンセンによれば、恐慌時のハリウッド映画は、ゴミが舞うショットで始まり、それが清掃されることによって締めくくられる（物語へと回収されるゴミ）のにたいし、ゴミのショットで終わる一九三〇年代のいくつかの日本映画は開かれた《オープンエンド》ままの性質を持っているというのである。とりわけ『港の日本娘』（清水宏、一九三三年六月）のラストシーンを論じて、ハンセンは、ヒロインの乗る船が出港したのちに港で漂うゴミのイメージは「解放的な匿名性（liberating anonymity）を喚起する」と書いている。[35]

もちろん『港の日本娘』において、この「解放的な匿名性」の性質は、失恋に起因する傷心を抱きながらいまだ見知らぬ国へ旅立つ砂子（及川道子）の国外逃亡《エグザイル》という文脈から引き出される、物語により直接的に関係した〈はかなさ〉の感覚と混ざりあっていると言えるだろう。しかし繰り返せば、ハンセンはそこに、より積極的で肯定的な自由の感覚を読み取るのであり、本書がハンセンに導かれて提起したいのは、ゴミが無人の路地で漂う『東京の女』の最後のショットも、良一の自殺に起因する物語から引き出された喪失感や、近代一般に関わる〈はかなさ〉の感覚には還元することのできない、自由ないし解放、世界からのラディカルな切断、脱離、出立の意味を獲得しているのではないかという問いである。次節ではこの問題を考えるために、クラカウアーがいかにしてアジェの写真に「自己疎外」の性質を認めたのかという論点を中心に『映画の理論』を再読する。

2　アジェの写真にたいするクラカウアーの評言

「リアリズム的傾向」と「造形主義的傾向」

すでに述べたように、『映画の理論——物理的現実の救済』におけるクラカウアーの主要な命題は、映画はその暴露的能力のために、世界の動的で生的な諸相をあらわにすることができるというものである。しかしこれは、クラカウアーが編集や舞台演出をはじめとする映画の操作的側面を否定しているということを意味しない。たしかに、クラカウアーは「一般的特徴」と題された第一部（第一章から第四章までの『映画の理論』の中心をなす部分）を、「リアリズム的傾向（the realistic tendency）」と「造形主義的傾向（the formative tendency）」というふたつの傾向にそった対立図式に基づいて構成し、〈動き〉を記録し、かくして肉眼によっては到達することのできない〈生〉の次元をあらわにする映画の能力を尊重する「リアリズム的傾向」の優位性を主張している。[36]しかし、ドヴジェンコのストップ・モーションやクレショフの編集に関する実験、カメラマンによる周到な視点の選択にたいする高い評価からわかるように、クラカウアーは映画の暴露的能力を「リアリズム的傾向」ばかりに帰しているわけではない。[37] たとえばクラカウアーは、彼が特権視する現実のひとつである「生の流れ（the flow of life）」を論じて、「周到に撮影されたショットおよびショットの組みあわせ」はこうした現実をあらわにすることに寄与すると書いている。[38] そうだとすれば、クラカウアーは映画の造形主義的側面も「物理的現実の救済」のために貢献すると考えているのであり、彼は映画美学を論じるにあたって、これまで編集論や演技論ばかりが前景化されてきたことに警笛を鳴らしていると見なすべきだろう。実際、クラカウアーは第二章の結論部で次のように書いている。「すべては、リアリズム的傾向と造形主義的傾向の「適切な」バランスに依っている。後者が前者を圧倒しようとせず、前者の先導にしたがうとき、これらふたつの傾向はうまくバランスが取れている」。[39]

映画前史としての写真を論じた序論（第一章）における議論も、第二部と同じく、「リアリズム的傾向」と「造形主義的傾向」という二項対立的図式に基づいているように思われる。一八三九年におけるダゲレオタイプの発明から論を起こし、クラカウアーは、「カメラの記録の機能に関する認識」に基づいた傾向と「ありのままの自然を捉えるというより〔構図や照明を通じて〕美しい写真を構成しよう」とする傾向が、すでに一九世紀に写真というミディアムを舞台として併走状態にあったと主張する。[40] そのうえで、こうしたふたつの潮流は二〇世紀の現代写真に引き継がれているというのである。写真に関するクラカウアーの主張は、映画に関する議論に似ている。すなわち、写真はそのミディアムの特性のために、人間の肉眼では見ることのできない「現実の次元を開いた」と述べたうえで、写真の造形主義的側面の価値を部分的に認めながら（モホリ＝ナギのスピード写真や顕微鏡・パノラマ写真への高評価）、写真のミディアム的特性を尊重したリアリズム的傾向を擁護するのである。[41] そして、この序論の結論部と見なすことのできる「写真的アプローチ」と題された節でクラカウアーは、評価されるべき写真とは「「カメラ眼」――造形主義的欲求のない人――としての写真家によって撮られたものである」が、「重要なのは彼のリアリズム的忠誠と造形主義的努力の「適切な」混和である」と主張するのである。[42]

「分解」へと向かう〈動き〉

このように『映画の理論』は、映画のリアリズム的傾向の擁護（あるいは造形主義的傾向との適切な折衷）を主張し、序論は写真を主題としながら、この著作の第二章以降で展開される映画をめぐる考察を、言わばダイジェスト版として提示している。しかしここで注意したいのは、「写真的アプローチ」と題された節には、「リアリズム的傾向」対「造形主義的傾向」という二項対立的図式に収まらない議論が含まれているということである。クラカウアーは、プルーストの『失われた時を求めて』の第三篇『ゲルマントのほう』における、久しぶりに祖母の家の客間に入り、祖母を感情的に乖離した状態で見る語り手をアナロジーとして、写真とは「完全な疎外の産物」であると主張している。[43] もちろん、このようなカメラが暴露する「ありのままの自然（nature in the raw）」とは、いかなる主観にも囚われない、疎外されたまなざしによってあらわにされる世界の姿だと理解することもできるだろう。しかし、クラカウアーはこの「ありのままの自然」によって、〈カメラ眼〉という概念でしばしば理解される、自然や事物に内在する感覚（ないし真実）以上のことを意味しようとしているのであり、これを明確に述べるために、アジェの写真に言及するのである。

> 彼〔バーモント・ニューホール〕は、アジェによるパリの街路の写真は「良質な写真のみが力強く喚起することのできる憂鬱」によって満たされていると言った。ところで、内的気質としての憂鬱とは、哀調をまとった事物をより魅力的にするばかりでなく、さらにもうひとつの、より重要な含意を持っている。それは、あらゆる種類の事物との同一化を必然的にともなう、自己疎外〔self-estrangement〕と親和性がある。投げ落とされた＝落胆した個人〔dejected individual〕は、彼の環境の偶発的な配置〔incidental configurations of his environment〕のなかでみずからを失い、その配置を、彼のそれまでの嗜好によっては決定されない無関心な強度によって吸収する〔absorbing them with a disinterested intensity no longer determined by his previous preferences〕。[44]

アジェの写真は「憂鬱」の感覚を喚起させるというニューホールの主張は、写真というミディアムを通じて「哀調をまとった事物」に内在する憂鬱さという性質が暴露されるという、写真のリアリズム的能力に関する言明であると理解することができる。しかしクラカウアーは、写真の喚起する憂鬱は「さらにもうひとつの、より重要な含意を持っている」とつづけ、それは「自己疎外」に関わっていると主張するのである。

たしかに、この「自己疎外」を通常の意味における哀調や憂鬱の感覚を指すものと理解し、「落胆した」状態を「憂鬱」という気分に属しているものと考えることもできるだろう。しかしクラカウアーは「自己疎外」という語を特殊な意味で使っているのであり、それを理解するためには、「dejected」という語を字義通りに、「分離(de)」されて「投げられた(ject)」状態にあるものとして考える必要がある。すなわちこの一節で、個人はまず、知覚や理解の中心としての主体の位置から「投げ落とされ」ており、忌避《アブジェクト》の状態にあるものとして、「あらゆる種類の事物」と同列の水準に置かれている。さらに、この個人はもはや統一体として存することはなく、それ自体がバラバラに分解された状態で(「deject」の「de」ないし「absorb」の「ab」)、いかなる基準によっても階層づけられていない断片的事物の「偶発的配置」のなかへみずからを再配置しながら、「ab」という分解的運動のなかで、その分解的モーメントを保持しつつ、その偶発的配置を「取り込む(sorb)」のである。

このようにアジェの写真にたいするクラカウアーの強調点は、たとえそれが「無関心」なカメラのまなざしで捉えられた「現実」であるとしても、〈カメラ眼〉によって可視化される世界の状態ではなく、主体を「分離」し、「分解」するというカメラという機械装置の行為性にあると考えることができる(こうした観点から見れば、『映画の理論』はリアリズムの書というより、装置による観客への介入を説いた観客論として読むことができる)。そして、まさにこうした「自己疎外」を引き起こす装置の行為性こそが、ヴァイマル時代以来のクラカウアーの映画論(写真論)に通底する主題だった。すでに述べたように、クラカウアーは「写真的アプローチ」で、愛する祖母を疎外されたまなざしで見つめるプルーストの小説の語り手に言及しているが、ミリアム・ブラトゥ・ハンセンは、この『映画の理論』の一節とヴァイマル時代のエッセイ「写真」の関連性を指摘している。一九二七年に書かれたこの論考では、若かりし頃の祖母の写真を見た孫たち（おそらく幼いころのクラカウアー自身を含む）が「戦慄」を覚える。

写真のなかの祖母も、時代衣装の実物教授に役立つ考古学マネキンである。こんな様子で当時、人は歩いていたわけだ。髷をつけ、ウェストを紐できつくしめ、鯨骨スカートをはき、ズワーヴ兵風のジャケットを着ている。孫たちの目のまえで、祖母は当時の古めかしい流行の細目に分解する。孫たちは衣装を笑う。〔……〕外側の装飾部分だけが独立してしまったのだ。孫たちは笑うが、同時に戦慄がよぎる。[45]

ハンセンは、孫たちが震える理由を次のように説明する。「祖母を知っている人たちにとっては、記憶イメージが写真イメージを補足し、それに修正をくわえる。しかし、のちの世代は祖母の写真に、時代遅れの衣装、あるいはバラバラになってしまった諸要素の粗悪な混淆をまとった亡霊を認めるばかりである」[46]。すなわち、後の世代が見るものとは、観者がその被写体に関して持っている「記憶イメージ」によって補正された、統一的な像ではなく、被写体の各要素が偶発的配置――「ある一瞬の空間的配置」――のなかでバラバラのまま即物的に捉えられた「写真イメージ」なのである[47]。たしかに、この偶発的配置はカメラの無関心性のもとであらわにされるのであり、この点でクラカウアーの議論は、カメラという機械は肉眼では到達できない諸相を暴露するという〈カメラ眼〉の考え方に近づいている。しかしクラカウアーの写真論の特異性は、写真ミディアムのテクスチャー（「古めかしい流行の細目」）に物質的に固執している点にあり、さらにこのテクスチャーには、観者の眼前でほどかれていくという「分解」へと向かう〈動き〉のモーメントが内包されているという点にある[48]。クラカウアーはアジェの写真に関して、このような写真ミディアムによる「分解」（「de」ないし「ab」）という行為は被写体のみならず、それを見る観者にたいしても作用すると主張したのであり、写真論の孫たちはこの写真の行為性のために「震える」のである。

写真ミディアムに内包されるテクスチャーの水準における〈動き〉を強調することは重要である。なぜなら、こうした視点は、なぜ写真論が『映画の理論』の序論に置かれているかを説明してくれるためである。概して『映画の理論』は、映画の本質は〈動き〉の性質にあると主張し、クラカウアーは多くの箇所で、単純な意味における〈動き〉を称揚する傾向にある（「追いかけ映画」の箇所など）。しかしクラカウアーが救い出そうとしている映画の〈動き〉とは「分解」へと向かう〈動き〉なのであり、それは静止写真のうちにも映画と同様、含まれているのである。こうした論点をふまえれば、クラカウアーが「物理的現実」という語で言い表そうとした次元とは、生き生きとした世界の諸相でないことは明らかだろう。「物理的現実」とはむしろ、カメラという技術によって分解させられた世界、この「分解」のモーメントが保持されることで、つねに偶発的配置と遭遇という未来に開かれている可能的世界だったのである。

クラカウアーのモンタージュ論

写真ミディアムに内包される「分解」としての〈動き〉という論点に注目することで、クラカウアーのモンタージュに関する議論も新しい視点から評価することができる。まず静止写真を論じたエッセイ「写真」で、クラカウアーは、映像の「アレンジ」ないし「並列」という一種のモンタージュ論について述べている。

グラフ誌の創刊は〔……〕理解に対抗するもっとも強力なストライキ手段のひとつである。このストライキを貫徹して成功させるには、映像の多様なアレンジがとりわけ役立つ。映像のたんなる並列は、意識にたいして開かれている関連性を、システマティックに排除できる。(49)

静止写真の配列をモンタージュという観点から論じることは、当時の構成主義の文脈において珍しいことではない（フォトモンタージュ）。ただし、クラカウアーはこのモンタージュを、意味を作り出すというより、理解にたいする「ストライキ手段」——観者を打つ《ストライク》ことで、理解を中断させる方法——として考える点で、エイゼンシュテインをはじめとする、ほかのモンタージュ論者と異なっている。さらに、クラカウアーの主張する「たんなる並列」とは、このエッセイ「写真」での議論をふまえれば、映像のランダムな配列による無意味や反意味の創出というより、写真ミディアムが内包する「分解」のモーメントを最大限に引き出す方法、すなわち映像の持つ「分解」のモーメントを氾濫させることで、文脈というテクストに編み込まれた、意味の条件としての「関連性」という意味連関を放逐する方法として理解されるべきなのである。

そして『映画の理論』において、クラカウアーは、グリフィス作品や彼がヴァイマル時代に熱狂した『蠱惑の街（*Die Straße*）』（カール・グルーネ、一九二三年）といった映画作品を例として、この理解を中断させるモンタージュを詳述するのである。

〔街路の〕さまざまな万華鏡的光景は、さまざまな同定されない形状や断片的な視覚上の複合体と混じりあい、相互に打ち消しあう〔cancel each other out〕。そのため観者は、こうした光景によって提示される無数の暗示的意味を追いかけることはできない。観者に見えてくるのは、あれやこれやの定義可能な出来事の連鎖に関わる明確な輪郭を持った個体というより、素描的で、完全に決定されていない形象のゆるやかな集合なのである。(50)

ここで論じられているのは、カメラが救済する「現実」としてクラカウアーが最重要視する「生の流れ（flow of life）」である。この「生の流れ」を、カメラによって暴かれる、乱雑に行き交う人々や車の〈動き〉としての「現実」として理解することで、この一節を、こうした〈動き〉を内包した映像をとめどなく連続させるモンタージュを推奨しているものと読むこともできるだろう。しかし、「分解」のモーメントこそがクラカウアーの映画論の核心にあるとすれば、ここでの要点は、ショットを流れるもの《フロー》としての「現実」の次元でつなげることにあるのではなく、たえず「分解」の過程にある写真ないし映画のミディアムを幾重にも重ねあわせることで、その「分解」のモーメントとしての〈動き〉を倍加させることに存しているのである。かくして、単独のショットの水準でスクリーン上に展開される「万華鏡的光景」——この光景はそれ自体で「分解」の過程をあらわにしているが、そこでは「明確な輪郭」を持つ存在が個体化されつつあるかもしれない——は、モンタージュの水準でべつの光景と相互に「打ち消しあう」のであり、その結果として、いっさいの「定義可能な出来事の連鎖」は清算されることになるのである。こうした議論は、「リアリズム的傾向」と「造形主義的傾向」の「適切な混和」を勧める折衷的議論にたいして、クラカウアーのモンタージュ論の積極的部分を構成している[51]。

「冒険旅行」としての〈映画の経験〉

以上の議論から、クラカウアーは〈映画の経験〉に関して、観客にたいする直接的影響を称揚しているわけでないということは明らかだろう。本章の冒頭で引用したように、たしかにクラカウアーは、映画によって暴かれる〈動き〉は観客の感覚中枢にたいし直接的な影響を与えると主張している（「運動感覚的反応」を引き起こす「共鳴効果」）。そうだとしても、彼はその直後、「舞台の劇場では、わたしは常にわたしである」のにたいし、「映画館では、わたしはすべての事物や存在へと溶解する（dissolve）」とみずからの映画経験を述懐する女性観客に言及するのであり、そうだとすれば、〈映画の経験〉に関するクラカウアーの議論の中心にあるのは、直接的経験として充溢をもたらすというよりも、バラバラに飛散してしまった世界へと観客を溶解させる映画の衝撃なのである[52]。ハンセンは、クラカウアーの遺著『歴史』を参照しながら、こうした〈映画の経験〉の様態を次のように説明している。「映画を見ることはかくして、クラカウアーが「遊覧」という歴史家の「仕事」に関して言ったような「動的自己」を要求するばかりではない。それは、自己を動態化するための枠組みをも与えてくれるのである[53]」。

こうしたラディカルに自己を動態化するという映画経験（この経験にあてられた別名は「亡命《エグザイル》」である）は、自己を分離するという「自己疎外」の感覚（あるいは感覚ならざる感覚）である〈はかなさ〉という語によって言い表すことができるだろう。しかし注意したいのは、この分離の運動は憂鬱で破局的な含意を持っているとはいえ、その「分離」の契機のために、解放ないし自由、さらにはいまだ決定されていない〈開かれ〉の感覚を有しているということである。クラカウアーが「自己疎外」という語で意味しようとしたものが、通常の意味における〈はかなさ〉の感覚というより、分離ないし自由の契機に関わっているということは、彼のヴァイマル期の写真論と『映画の理論』のあいだに書かれた、ヴァルター・ベンヤミンの論考からも明らかである。クラカウアーの写真論に触発されて書かれた「写真小史」（一九三一年）で、ベンヤミンはアジェの写真に言及している。

奇妙なことに、これらの写真のほとんどすべてには人影がない。パリを囲む城壁跡にあるアルクイユ門にも、豪華な階段にも、中庭にも、カフェのテラスにも人影がない。当然のことながらテルトル広場にも人影がない。どこも寂しい場所というのではない。気分というものが欠如しているのである。(54)

繰り返せば、ここで論じられている写真の光景は空虚である。しかしベンヤミンによれば、アジェの写真は、「寂しさ」を含めた、あれやこれやの感覚を表出しているのではなく、むしろ気分そのものを欠いているのである。ベンヤミンはこの一節に先立って、次のように述べている。「彼はこの雰囲気を清掃する、いや一掃する。被写体をアウラから解放したことは、最近の写真家流派による、もっとも疑う余地のない功績だが、その口火を切ったのはアジェである(55)」。より具体的に言えば、アジェが放逐した「雰囲気」ないし「アウラ」とは、一九世紀パリのきらびやかなそれである。しかしベンヤミンは、アジェの写真はすべての雰囲気を「一掃」したと主張するのであり、ベンヤミンの政治的文脈に引きつけて言えば、とりわけ反動勢力が一九世紀のブルジョワ的価値をスペクタクル化してリサイクルしようとしていた一九三〇年代ヨーロッパの状況のなかで、彼はこの空虚な空間を「政治的な訓練を積んだ眼」にとっての「遊戯空間」として概念化しようと試みたのである。

ベンヤミンは映画を論じるにあたって、「ショック」という〈動き〉により密接に関係した論点に言及している。近年の映画学において、この「ショック」という概念はしばしば、近代の経験の一部を構成するものとしてであれ、ショックに満たされた近代の経験を中和ないし無効化するものとしてであれ、人間の感覚中枢にたいして与えられる直接的影響との関連において論じられてきた[56]。しかし、「複製技術時代の芸術作品」(一九三六年)における次の有名な一節は、アジェの写真に関する上記引用における主張を響かせながら、映画が持つ解放的契機を前景化している。

私たちの知っている酒場や大都市の街路、オフィスや家具つきの部屋、駅や工場は、私たちを絶望的に閉じこめているように思われた。そこに映画がやって来て、この牢獄の世界を十分の一秒のダイナマイトで爆破してしまった。その結果私たちはいまや、その遠くまで飛び散った瓦礫のあいだで、悠々と冒険旅行を行なうのである[57]。

ベンヤミンが書いているのは、映画の解放的能力についてである。「私たちを絶望的に閉じこめている」ように思われる「酒場や大都市の街路、オフィスや家具つきの部屋、駅や工場」にたいして、映画が新しい諸相を与えることができるのは、このメディアに現実を暴露する能力が備わっているためではない。ベンヤミンにとって映画が解放的なのは、このメディアは文字通りに世界を「爆破」し、「分解」することができるためであり、この主張を『映画の理論』におけるクラカウアーの議論に接続すれば、自己疎外された観者はこうした解放的爆破のあとに残る遺物のなかで、ゆるめられた「環境の偶発的な配置」との新しい関係を模索するという「冒険旅行」に出かけるのである[58]。

小津作品における〈はかなさ〉

以上のように、その基層に「分解」のモーメントを持つ〈動き〉があるクラカウアーの映画論をふまえたとき、小津作品はどのように考えることができるだろうか。こうした観点から提起したいのは、もし『東京の女』における最後のショットをはじめとするいくつかの小津作品の場面が、クラカウアーの主張する「自己疎外」の性質を獲得しているとすれば、それは、小津が映画の〈動き〉を〈明るさ〉の性質に結びつけ、この〈動き〉を宙吊りにしようと試みたためであるという主張である。前節で見たように、小津が演出や編集を通じて、事物から雄弁な意味を引き出そうと意図したことは間違いない。しかし、小津は映画によって暴露される〈生〉を称揚することに終始せず、映画の〈動き〉に含意される解放的契機を保持したのであり、かくして小津作品は、映画の〈動き〉に内在する〈はかなさ〉にして〈開かれ〉の感覚を析出させたのである。

あるいは『東京の女』の物語構造に注目して、次のように考えることもできるだろう。前章で論じたように、小津はこの作品の冒頭シーンで、スクリーン上にほどかれた映画の〈動き〉を宙吊りにし、〈視線の一致しない切り返し〉を通じて、この宙吊りにされた〈動き〉に繰り返し破断をもたらした。たしかに小津はこうした〈動き〉の宙吊りと破断を、語りの効果のために利用している。しかしその宙吊りと破断の反復のなかで、映画の〈動き〉に含意される〈生〉としての意味＝感覚は完全に動員され尽くされ、とりわけ最後の無人の路地のシーンで、解放的でもある「自己疎外」の感覚の契機が意味＝感覚の残滓として解き放たれたのである。こうした観点から言えば、ここで路上に漂うゴミとは祖母が消失したあとの髷や映画の爆破のあとの瓦礫と同様、意味＝感覚を含意する映画ミディアムの残滓の徴として読むことができる（おそらくハンセンは、この残滓という意味で『港の日本娘』のゴミに解放的な感覚を認めたのである）。

以上のような小津の実践は、クラカウアーの主張する「たがいに打ち消す」ように重ねられるモンタージュと異なっている。しかしこうした小津の実践は、一九三〇年代初頭における映画および政治の置かれた状況を考慮に入れたとき、重要な意味を獲得する。まず前章で見たように、小津は一九三二年後半から一九三三年にかけて、グローバルな規模で進行していたトーキーへの移行という潮流を見据えて、ひとつのサイレント映画美学を完成させるという企図のもと、当時、衰退の過程にあった（あるいは衰退してしまった）一九二〇年代後半ハリウッド映画の〈動き〉と〈明るさ〉の美学を保持しようと試みていた。たしかに、こうした実践はまずもって美学的意図に動機づけられている。しかし世界恐慌の余波のなかで、当時の世界と日本は、近代によって穿《うが》たれた自由な空間と社会的流動性にたいする反動として、軍国主義体制を強めていく過程にあったことを考えれば（たとえば、満州事変は一九三一年に起こり、その翌年には五・一五事件へと至る）、彼にとって近代を意味する、ハリウッド映画の〈明るさ〉の感覚とそれを表現するスクリーン上の〈動き〉を生き存《なが》えさせようと試みる、小津の時代錯誤《アナクロニスティック》とも言える実践は、ある政治的強度を獲得することになるのである。(59)

小津のこのような実践あるいは抵抗は、一九三三年作品における小津によるジョセフ・フォン・スタンバーグへの参照において、もっとも顕著にあらわれていると言えるだろう。次節ではこうした観点から、「落ちる羽根」、「毛糸の玉を巻くこと／ほどくこと」、「海へ飛び込むこと」という三つのモティーフを中心に、小津によるスタンバーグへの言及を辿る。映画技法について概括的に言えば、小津にたいするスタンバーグの影響はほかのハリウッド映画からの影響と同様、事物から雄弁な意味を引き出す方法（とりわけスタンバーグの場合、近代に内在する〈はかなさ〉の感覚を表現する方法）に関わっていたと考えることができる。しかし小津は、一九三二年後半から一九三三年にかけてという特定の歴史的文脈のなかで、スクリーン上にほどかれ、広がる映画ミディアムの〈動き〉を視覚化したモティーフを、解放の感覚に結びつけながら、それをいま一度、スクリーン上に再現することに固執したのである。本書はこうした小津のオマージュを、近代にたいする応答の一部をなす「ヴァナキュラー・モダニズム」の実践として読み解いていく。

3　小津によるジョセフ・フォン・スタンバーグへの言及

落ちる羽根

小津によるスタンバーグへの小津の言及に関して最初に辿りたいモティーフは、『暗黒街』においてフェザーズ・マッコイ（イヴリン・ブレント）が最初に登場するシーンに特権的に結びつけられた、落下する事物という主題に関わるものである。より広く言って、第一章で論じた『東京の合唱《コーラス》』におけるアクションつなぎも示唆しているように、落下する事物という主題はしばしばアクションつなぎをともないながら、最初期の作品から小津映画において重要な役割を演じてきた。たとえば『朗かに歩め』（一九三〇年三月）には、ヒロインの杉本やす江（川崎弘子）、神山謙二（高田稔）、やす江の妹（松園延子）がドライブの最中、かつてやす江の妹が落とした人形（図4-7）を見つけるシーンがある。神山は、もはや欲望されなくなった大量生産されたフェティシュの対象である、ぼろぼろになった人形を拾い上げて、やす江の妹を轢きそうなった過去のエピソードを思い出す。彼は、いったん手に取った人形を投げ捨てるが、カメラはアクションつなぎを介して落下する人形を捉え、車はそれを放置したまま走り去る。あるいは『大学は出たけれど』（一九二九年九月）には、アクションつなぎで明示的につなげられているわけではないが、落下する事物が印象的に使われているシーンがある。大学を卒業したものの職が見つからない野本徹夫（高田稔）は、田舎から出てきた許嫁の町子（田中絹代）に週刊誌の『サンデー毎日』を提示し、それを力なく落とすことで、「毎日が日曜日《サンデー》」という自身の置かれた状況を説明する。このとき、驚いた町子と背後から捉えられた野本のミディアム・ロングショットは、落ちる雑誌のミディアムショットにつなげられる。

最初期の作品からのこれらの例が示すように、小津は早い時期から、落下する事物という形象を意識的に使うことで、近代に内在する、憂鬱、不気味さ、〈はかなさ〉といった感覚を表現していた。こうした観点から言えば、『暗黒街』のフェザーズ・マッコイが登場する最初のショットで彼女の毛皮から落ちる羽根は、とりわけ近代に結びつけられたファム・ファタールの誘惑的でありながらも捉えがたい性質を意味していると考えることができるだろう。シーンは、店先の「ドリームランド・カフェ」という看板を提示するところから始まる（図4‐19）。つづいて酔客でにぎわう地下のバーの内部を示したあと（図4‐20）、カメラは店外にもう一度出て、フェザーズの勝手気ままな気質をほのめかすように、樽のまわりを徘徊する猫を捉える（図4‐21）。ふたたびカフェの内部へと切り替わり、地下への階段に通じるスイングドアから入ってくるフェザーズを捉える（図4‐22）。彼女が階段の踊り場で衣服を整えると、羽根が毛皮から落ちる。落下する羽根のクロースアップにカットインし、それがロールス・ロイス（クライヴ・ブルック）の頭上に落ちる（図4‐23）。

この羽根には過剰な意味が荷わされている。すでに述べたように、それはフェザーズのファム・ファタールとしての性質を意味しているし（彼女は象徴的にも「Feathers＝羽根」と名づけられている）、地下の盛り場が持つ、放蕩的でありながら虚しい感覚も示唆している。さらに、それはロールス・ロイスのフェザーズへの愛を誘発する（彼はこれを機会にアルコール依存症から立ち直り、凜とした弁護士となり、ブル・ウィード〔ジョージ・バンクロフト〕からフェザーズを奪う）。彼の初期作品における落下する事物の修辞的使用を考慮に入れれば、小津は『暗黒街』における以上のような羽根の意味に気づいていたと言えるだろう。ただしここで注目したいのは、小津は一九三二年後半から一九三三年にかけて、先のフェザーズの登場シーンにフェティシズム的ともいえる愛着を示しているという点である。一九三二年一一月公開の失われた『また逢ふ日まで』について、前章でも参照したレビューで、中川信夫は次のように書いている。

F・I〔フェイド・イン〕で電球。そして猫が空樽の上にゐる。床にゐる。女の足が入つてくる。手袋を落す。拾ふ。さつきの女である。ドアに鍵をささうとするがひとりでに開く。(60)

図4－19 『暗黒街』(図4－23まで)

図4－20

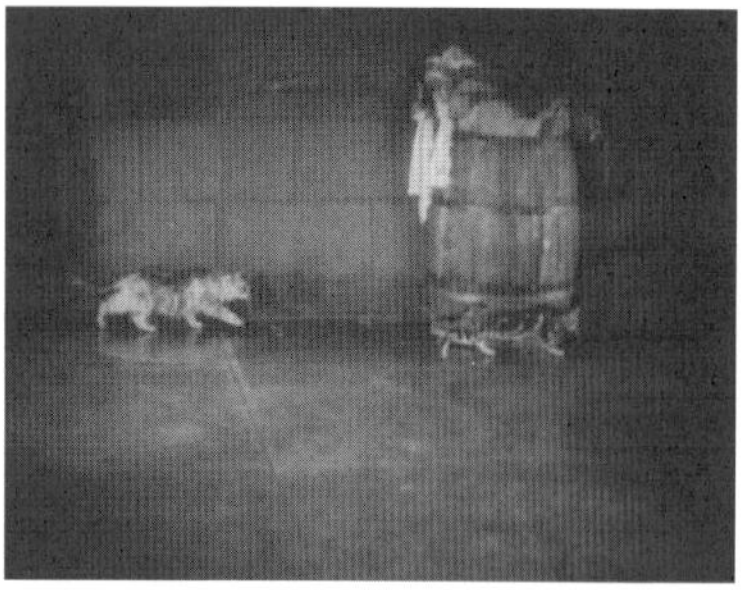
図4－21

図4－22

図4－23 落ちる羽根

このシーンは映画の冒頭近くに置かれているが、岡田嘉子演じるヒロインがはじめて姿をあらわすファースト・ショットではない（岡田はこのシーンに先立ち、映画の冒頭で夜の街路を歩いている）。彼女はまた、自分のアパートに帰ってきただけであり、バーの入口に立っているわけでもない。しかし樽のうえの猫は、小津がここでフェザーズの最初のショットを参照していることを示唆している。そうだとすれば小津は、岡田が手袋を落としたとき、まさにフェザーズのロングショットが落下する羽根のクロースアップにつなげられたように、落ちる手袋のショットへと切り替えたと考えられないだろうか。さらに中川のテクストは作品のテクスチャーに忠実であったことを思い出し、中川が短く句点で区切って、「女の足が入ってくる」や「さつきの女である」と書いている点に注意しよう。そうだとすれば、この場面は、腰より下の岡田のミディアムショット、落下する手袋のクロースアップ、手袋を拾う岡田のロングショットという三つのショットから構成されていたと推測することができる。現存していない『また逢ふ日まで』のこのシーンについては確証を得ることができないが、小津は一九三三年四月の『非常線の女』でもフェザーズの最初のショットを参照している（ただしここではなにも落ちない）。映画の冒頭近くに置かれた場面で、みさ子（逢初夢子）はいったん、襄二（岡譲二）と時子（田中絹代）のアパートを立ち去るが、ふたりをからかうために戻ってくる。ストールとカクテルドレスを身にまとった彼女は、服装を整えるフェザーズの仕草を真似ながら、ドアのまえでかがむ[61]（図４－24）。

図４－24　『非常線の女』

ほどける毛糸の玉

とはいえ、本書は以上のような映画史的引用に注目することで、小津は一九三二年後半から一九三三年にかけて、もはや落下する事物という形象を、モダンな生活と結びついた情感の表現や登場人物の心理描写のために使用しなくなったと主張したいわけではない（それどころか、帽子が静かに壁から落ちるこ

図4－25 『非常線の女』編み物をする

とで、人間による主観化をうけつけない、疎外された近代の無機的側面の存在が示唆される『非常線の女』の冒頭における無人のオフィスのシーンや、息子が父親に本を次々と投げることで、怒りの感情が表現される『出来ごころ』のクライマックス・シーンが示すように、小津は落下する事物の修辞的使用法をますます洗練させている）。あるいはより単純に、上記のスタンバーグにたいするオマージュは、小津のシネフィル的性向によって説明することもできるだろう。しかし本書が強調したいのは、小津が一九三二年後半から一九三三年にかけて、落下する、あるいはふわりと漂う服地というほどかれる映画ミディアムを視覚化したイメージに固執していたという事実である。

第二の例である、毛糸の玉を巻く、あるいはほどくという主題は、ほどかれるミディアムというイメージをより直接的に喚起している。ミリアム・ハンセンは「ヴァナキュラー・モダニズム」に関する第三論文で、『非常線の女』において、ヒロインの時子がおこなう編み物という行為は、献身的な妻ないし母という伝統的女性像を示唆するモティーフとして使用されていると指摘しているが、このシーンについて言えば、良妻賢母のイメージとはアンビヴァレントであるように、時子はタバコをくわえている（図4－25）。ハンセンはさらに、同年六月に公開された清水宏の『港の日本娘』に同じ毛糸の玉のモティーフを発見し、清水はここで、松竹における同僚にして友人の小津の新作（四月公開）にたいして社会批判的視点を織り込みながらオマージュを捧げていると述べている。すなわち、ダンスでチークする砂子とヘンリー（江川宇礼雄）の足に絡みつきながらほどける毛糸の玉は、「小市民的家庭生活のしがらみのもつれとほつれ」のアレゴリーとなっているというのである。[62]

小津作品を起点として、清水による小津作品へのオマージュを指摘するハンセンの注解にたいし、ここでは参照元へと遡り、『非常線の女』とスタンバーグの『紐育の波止場（*The Docks of New York*）』（一九二八年）との間テクスト的連関を指摘しておきたい。一般的に、『非常線の女』はウィリアム・ウェルマンの失われた『暗黒街の女(*Ladies of the Mob*)』(一九二八年)を翻案としていると言われている。[63] しかしこの毛糸の玉を巻くシーンに関して言えば、この場面は『紐育の波止場』においてメイ(ベティ・カンプソン)がビル・ロバーツ(ジョージ・バンクロフト)の破れたシャツを縫うシーンに由来している[64](図4-26)。メイと時子というふたりのヒロインはともに、タバコをくわえている。物語に関して言えば、ふたつの作品はともに、社会の下層に生き、そこから脱することを夢見るカップルを描いており、これらふたつの場面は、登場人物たちの過去と未来、堕落した生活と温かい家庭的生活を媒介する接合的であると同時に分離的な瞬間に置かれている。そして、毛糸をほどいて、巻く、あるいは裁縫するというモティーフは、過去の汚辱にまみれた生活からの出発《デパーチャー》であると同時に、新しく夢想された生活がそこに基づくだろう、より保守的な規範への服従を、その解放の瞬間という絶対的に(absolutely)中間的な地点において指し示しているのである。

図4-26 『紐育の波止場』裁縫をする

飛び込むこと

スタンバーグにたいする小津の言及という観点から最後に辿りたいモティーフは、海へのダイヴという主題に関するものである。たしかに、このモティーフは直接的に事物の前景化に関わっていない。しかし、それはまさに飛び込むというアクションのために、出発の意味を強く喚起している。『紐育の波止場』の最後、機関技師のビルはメイのもとに帰るために、デッキから海へ飛び込む。ビルの帰還は結果として、メイを裁判から救うが、作品内では、なぜ彼は帰ることを決めたのかについて十分な説明がされない(そもそもこのシーンの直前で、ビルは引きとめるメイにさからって船に乗り込む)。ほかの乗組員は彼を制止するが、ビルはそれを無視する。船上から飛び込むビルのミディアム・

図4－27　『紐育の波止場』（図4－29まで）飛び込む

図4－28　アクションつなぎで、海へと落ちる

図4－29　泳ぐ

図4－30　『あれ』

ロングショット（図4－27）は、海へと落ちるロングショット（図4－28）につなげられ、彼の泳ぐショットがつづく（図4－29）。さらにこの飛び込みシーンとの類似性に引きつけながら、第一章でも言及した、同じ一九二七年作品『あれ』のラストシーンに注意を向けよう[65]。このシーンで、クララ・ボウはヨットの揺れのため、海へと投げ出され、十分な動機づけが与えられないまま、唐突に泳いで帰ることを決める（図4－30）。海への落下は彼女を怒らせる原因となりうるが、ボウはいくぶん気楽な微笑みを浮かべながら、カリフォルニアの陽光をきらめくように反射する海面を泳いでいく（四七頁、図1－11）。

『あれ』のクレジットには監督として、クラレンス・G・バッジャーの名前しか挙げられておらず、小津はスタンバーグがこの作品に関わっていたことを知る術を持っていなかった（現在でも、スタンバーグが『あれ』のどの部分を撮影したかは不明である）。それにもかかわらず小津は第一章で述べたように、主人公の喜八（阪本武）が家に帰るために海に飛び込む『出来ごころ』の最後で、『あれ』のラストシーンを『紐育の波止場』とともに参照したのである（図4－31、4－32、4－33、図1－10）。たしかに『出来ごころ』と『紐育の波止場』は、飛び込む人物が労働者階級に属する男性である（喜八は蟹工船に乗るために北海道へ向かっている）という点でキャラ

図4－31 『出来ごころ』（図4－34まで）飛び込む

図4－32 アクションつなぎで、海へと落ちる

図4－33 泳ぐ

図4－34 『出来ごころ』

図4－35 『あれ』

図4－36 『出来ごころ』字幕で「アメリカか？」

クター設定を同じくしている。さらに両作品は、飛び込みのショットから海に落ちるショットへと正確なアクションつなぎを介してつなげられるというデクパージュにおいても類似している。とはいえ、小津はこの一九三三年最後の作品のラストシーンを、『紐育の波止場』の暗いイメージというより、『あれ』の明るい感覚で締めくくったのである。喜八たちには厳しい労働環境が待ち受けているだろうが、彼らは能天気に船内で酒盛りと会話を楽しんでいる（図4-34）。このショットは、クララ・ボウが海へ放り出される直前にある、有閑階級の船客がウクレレを興じるシーンを想起させるものである[66]（図4-35）。また船内から垣間見える岸辺は陽光で満たされており（図4-36）、それにたいする喜八の反応として「アメリカか?」という字幕まで挿入されている。ここで強調したいのは、この「アメリカ」とは小津にとって、『紐育の波止場』におけるニューヨークの夜の暗いアメリカではなく、『あれ』におけるカリフォルニアの陽光に輝く、明るいアメリカを意味していたということである。

近代との折衝としての「ヴァナキュラー・モダニズム」

以上のような落ちる羽根、毛糸の玉を巻くこと／ほどくこと、海へのダイヴという三つのモティーフは、小津のシネフィル的性向に帰すことができる、取るに足らない細部にすぎないかもしれない。あるいはより一般的に演出上の作為について、小津にたいするスタンバーグの影響はほかのハリウッドやヨーロッパの映画作家からの場合と同じく、映画の〈動き〉から雄弁な意味を引き出す方法に関係していたと言うこともできる。たとえば、『暗黒街』や『紐育の波止場』といったサイレント作品のみならず、『嘆きの天使（*Der blaue Engel*）』（一九三〇年）や『ブロンド・ヴィナス（*Blonde Venus*）』（一九三二年）といったトーキー映画も含めて、スタンバーグ作品は、男女が酔っぱらって歌い騒ぐという映画の〈動き〉で満たされた地下のバーや歓楽街の場面によって特徴づけられている。くわえてスタンバーグは、宴のあとの物寂しい雰囲気を、無人の空間にうつろに舞う紙テープや転がった酒の空ビン、散乱したゴミといった事物を前景化することで効果的に捉えている。そうだとすれば、スタンバーグは映画の〈動き〉と事物の修辞的使用を効果的に活用することで、近代《モダニティ》の経験に関わる陽気な側面と陰鬱な側面の両方を表現した、優れた映画監督だと評価できるだろう。そして、盛り場の騒々しい陽気さを登場人物の身振りで表現した『朗かに歩め』のカフェや『非常線の女』のダンスホールの場面、さらには多くの映画で挿入される無人の路上や室内のショットが示唆するように、小津はこうした明暗両方の近代の感覚を表現する方法を、スタンバーグから学んだのである(この影響をもっとも明示的に示す場面は、前述した『暗黒街』の夜の街路のシーンに倣った『その夜の妻』の冒頭シーンである)。

以上のような見解は正しいと言えるが、本書がスタンバーグにたいする小津の参照のうちでとりわけ注目したいのは、解放の契機を含意した、スクリーン上でほどかれ、開かれる、ざわめきのような映画の〈動き〉への固執である。先に論じた『出来ごころ』のラストシーンに関して言えば、池田忠雄によるオリジナル脚本では、喜八が東京へと戻り、息子や隣人と再会する場面で終わる。(67)しかし、小津はこのシーンを撮影せず、喜八が海(実際には荒川)を泳ぐシーンで作品を終えたのだった。こうした変更は、小津が海へ飛び込むというモティーフに含意される解放的意味を十分に理解し、まさに宙吊りの瞬間に——スクリーン上で展開されている映画の〈動き〉のただなかで——、作品を終えようと試みたということを示唆している。あるいは『非常線の女』における、時子が毛糸の玉をほどいて巻くシーンはたしかに、薄汚く散らかった都会の片隅の小さなアパートの室内という舞台装置のために、近代の生活に関わる暗い側面を想起させる場面として演出されている。それにもかかわらず、毛糸の玉をめぐるこのモティーフは、それが視覚化する、スクリーン上で展開され、結んで開かれるという繊維状の〈動き〉によって、それ自体がつねに開かれる過程にある映画ミディアムという物質的な水準で、解放の感覚を表現しているのである。

一九三二年末から一九三三年にかけて、小津がほどかれのイメージに固執していたという事実は、近代にたいする小津の実践に関して、従来とは異なった解釈を示唆してくれる。小津の初期作品はしばしば、『若き日』や『朗かに歩め』などの最初期のいくぶん楽観的な喜劇から、『東京の合唱』や『生れてはみたけれど』といったより冷静なまなざしで近代の諸相を捉えた作品に至るまで、一九三〇年代初頭、徐々に暗く、近代にたいし批判的になっていったと考えられている（本書は次章で、小市民映画という観点からこうした小津作品の評価を再考する）。ただし一九三〇年代初頭、主として大恐慌に起因する経済的混乱のために、ハリウッド映画の〈明るさ〉という感覚は虚構でしかないことはすでに暴かれており、この時期、近代にたいし批判的であることは特別にめずらしい態度でなくなっていたのである（一九三〇年代中頃以降のナショナリズムへの急激な偏向を用意した「近代の超克」というイデオロギーは、こうした近代にたいする批判的姿勢の一部として考えることができる）。

ところが小津は、近代にたいし批判的態度で応答するには、サイレント後期におけるハリウッド映画にあまりに魅了されていた。それゆえ小津は、ハリウッド映画の〈明るさ〉に背を向けることでその虚構性を乗り越えようとするより、すでにその虚構性が暴かれた〈明るさ〉を表現する映画の〈動き〉の物質性に固執し、この〈動き〉をいま一度、スクリーン上に展開させようと試みたのである。もし小津の映画が一九三〇年代初頭、〈明るさ〉の感覚を失い、〈はかなさ〉の性質を獲得したのだとしたら、それは小津による時機を逸した〈動き〉と〈明るさ〉の美学への固執を通じて、〈明るさ〉の感覚からその楽観的価値が剝ぎ取られ、そのあとには、解放としての「自己疎外」の契機を刻みつけた映画の〈動き〉のみが、そのつど消えていくかすかな傷痕としてスクリーン上に残されたためなのである。

本章で結論として主張したいのは、以上のような〈はかなさ〉の性質をめぐる小津の映画実践は、ミリアム・ハンセンが提唱した「ヴァナキュラー・モダニズム」という概念によってこそ、もっとも適切にすくい出せるのではないかということである。すでに述べたように、近年の映画学は「ヴァナキュラー・モダニズム」から、観客への直接的影響としての〈映画の経験〉および地域的な映画受容というふたつの論点を引き出し、近代において映画というメディアが持っていた歴史的意味を探究している。たしかにこれら二点は重要であるが、ハンセンは「ヴァナキュラー」という語で、ある特定の地域と文脈を超えていく映画のトランスナショナルな含意も強調しており、さらにクラカウアーへの言及も、直接性としての〈映画の経験〉に還元できるものではない。[68] 小津のサイレント映画は、一九二〇年代の〈明るさ〉の映画とその衰退という文脈において、ハンセンが「ヴァナキュラー・モダニズム」という語句で示唆した、もっとも強意には「自己疎外」として経験される、映画の解放的感覚――あまりにはかなく、雲散霧消しかねない感覚ならざる感覚――を照らし出しているのである。

第三部　〈動き〉と〈明るさ〉の美学を超えて

第五章　小市民映画の限界
──岩崎昶の批判

本書はこれまで、映画美学という観点から小津のサイレント映画を検証してきた。見てきたように、小津の映画美学そのものが──とりわけハリウッド映画を介して──近代《モダニティ》の経験に関わっていたという事実は、小津の美学的実践は社会的現実と無関係でないということを示している。ただし小津は作品の主題として、より直接的に社会的現実を扱ってもいる。本章ではこうした観点から、小津の小市民映画という側面を考察する。

「小市民」という語は、フランス語の「petite bourgeois」に由来し、サラリーマン、医師、教師など、高い教育をうけたものの資産を持たない、都市部のホワイトカラー労働者階級を指している。「小市民映画」とは、広義にはこうした小市民の生活を主題とした映画全般を意味し、しばしば戦後に製作された庶民劇やホームドラマまで含むが、狭義には、一九二〇年代後半から一九三〇年代にかけて松竹蒲田撮影所を中心として製作された、サラリーマンとその家族を描いた作品を指している。(1) ジャンル名として使われるかぎりで、小市民映画はいかなるイデオロギー的含意も有していない。しかし、小津の『東京の合唱《コーラス》』（一九三一年）や『生れてはみたけれど』（一九三二年）、成瀬巳喜男の『腰弁頑張れ』（一九三一年）、五所平之助の『人生のお荷物』（一九三五年）など、蒲田で製作された多くの小市民映画は、就職難や失業への恐怖といった同時代の小市民の置かれた厳しい現実を描いたのだった。こうした理由から、今日「小市民映画」と言ったとき、そこにはある種の社会批判性が含意される場合が多く、とりわけ小津の小市民映画はこうした観点から高く評価されてきた。[2]

このように、小津の小市民映画（および小市民映画一般）は社会的リアリズム（social realism）としての側面を持っているが、その社会批判性はいくつかの点で留保することができる。第一に作品に描かれる小市民の生活は、あまりに豊かで理想的すぎるという点が挙げられる。たとえば『東京の合唱』のサラリーマンは、大卒新入社員の初任給が五〇円だった時代に、一二〇円の給料ばかりかボーナスまで支給される（『マダムと女房』の主人公である劇作家は、一本の脚本の原稿料として五〇〇円をもらう）。夢のようなリッチな生活とは言わないまでも、一九三〇年初頭は恐慌の余波を引きずった不況と失業の時代だったことを考えると、こうした小市民映画の提示する生活は同時代の社会に批判的であると言うには、あまりに楽観的すぎる。第二に、小市民映画は男性サラリーマンが置かれた状況にはある程度、批判的であるとしても、家族や社会のなかで女性がはたすべきだと考えられた「良妻賢母」の規範については疑いもなく受け入れている。[3] 小市民映画は通常、核家族を単位としたホームドラマの形式をとっている。男性サラリーマンは外で苛酷な時間をすごすが、賢く献身的な妻のために、家庭はいつも温かい。小市民映画は都市生活という近代の帰結にたいして批判的だとしばしば考えられるが、同じく近代の産物である、核家族を単位とする家族構成とジェンダー分業のマトリックスにたいしては、まったく無批判にその再生産に与しているのである。

第三に――そしてもっとも重要なことに――、小市民映画は松竹蒲田というメジャーな撮影所において商業映画として製作されていたという点が挙げられる。第二章で見たように、撮影所所長の城戸四郎も、蒲田映画の貢献とは「人間社会」の「真実」を見通す力にあると考えていた。城戸のこの発言は、自己神話化という城戸自身の欲望を差し引いて考えられる必要があるが、社会的リアリズムという小市民映画の側面は、城戸のこうした発言からもうかがえるように、撮影所の方針にあらかじめ織り込まれていたのである。先に述べた第一の論点と関連づければ、小市民映画に描かれる現実とは、撮影所の検閲を通過した、理想化された表象にすぎなかったと言うことができるだろう。

今日のわたしたちも、小市民映画に付される以上のような留保をある程度、共有している。たとえば今日でも時に、小津の小市民映画を論じるさい、より「暗い」映画を作りたかった小津と撮影所の軋轢が前景化されることがあるが、わたしたちはそのとき、撮影所の商業主義に批判を向けつつも、小津作品が完全には批判的でないと考えている。あるいは、最初期のカレッジ・コメディーから『東京の合唱』や『生れてはみたけれど』まで、小津のサイレント作品はしばしば、その社会批判性を徐々に高めていったと見なされるが、わたしたちはこのように考えるにあたって、一部の小津作品（とりわけ最初期作品）は十分に批判的でないことを暗に想定している。ただし注意したいのは、小津の小市民映画の批判性にたいする留保は一九三〇年前後の文脈において、今日のそれとは比較にならないほど強い意味を持っていたということである。第二章において、城戸の自伝『日本映画伝』から次の一節を参照したが、ここでは、そのあまりに不吉な含意のために省略した部分も含めて、ふたたび引用しよう（傍点は省略した部分）。

> その真実の姿を掘り下げるのが芸術だが、そのいろいろの面を努めてあたたかい明るい気持で見るのと、暗い気持で見る見方とがある。しかしそれでは、どうにもしようがない。暗いものをそのまま見る考え方の中には、救いを求める宗教とか、革命とかがあるけれども、松竹としては人生をあたたかく希望を持った明るさで見ようとする。[4]

この「明るさ」と「暗さ」という対立に関して、第二章では、蒲田映画の新派メロドラマからの逸脱という観点から論じたが、ここでは、城戸が使用している「革命」という語に注目したい。よく知られているように、一九二九年から一九三〇年にかけて日本では、近代社会の暗部と資本家による搾取を描いた「傾向映画」がブームになり、[5]さらには佐々元十《げんじゅ》や岩崎昶といった左翼映画作家や批評家たちが、映画というメディアを通じて社会変革を目指す、プロレタリア映画運動を先導したのだった。[6] このように、小市民映画がジャンルとして確立しつつあった一九三〇年前後において、映画を通じた社会への批判は、小市民映画のみによって試みられていたわけではなかった。こうした文脈を考慮に入れれば、小市民映画以外の映画、あるいはおそらく小市民映画以上に批判的な映画を「どうにもしようがない」と切り捨てる城戸の姿勢は、反動以外のなにものでもない。

こうした観点から本章が注目したいのは、「小市民」ないし「小市民映画」という語の持つ、今日とは異なるもうひとつの意味である。先述したように今日では、「小市民」とはもっぱら映画に描かれた主題としての小市民を指し、「小市民映画」とは「小市民を主題とした映画」の意味で使われる。しかし一九三〇年前後においては、プロレタリア映画の可能性は数人の映画作家や映画批評家たちによって積極的に模索されていたのであり、小津が真剣に社会を批判し、革命を志していたとすれば、彼は松竹という企業組織を飛び出し、既存の映画製作の体制の外部で、よりラディカルな作品を製作することもできたのである。そしてこうした文脈において、「小市民」という語はしばしば「プロレタリアート」との対比のもと、映画の主題としての小市民ばかりか、映画作家としての小津自身の姿勢を指して使用されたのである。言いかえれば、「小市民映画」はときとして、松竹蒲田というメジャーな撮影所の商業主義的システムの内部で作られることに甘んじた製作方式が小市民的である映画、それゆえ社会変革への意志を欠いた政治的にニヒリスティックな映画という、今日の「批判的映画」とは反対の意味を持っていたのである。

ただし、左翼映画批評家たちは小津を批判したばかりでなかった。むしろ、小津の小市民映画は今日における言説と同じく、その社会批判性のために高く評価されたのであり、さらに言えば、小津映画の社会的リアリズムとしての側面は、左翼映画の隆盛という文脈においてこそ発見されたという複雑な歴史的背景を持つのである。以下では、小津作品が同時代においてどのように受容されたかを辿ることから始めよう。つづいて、小津の小市民映画を一九三〇年代初頭の歴史的アクチュアリティーのなかで照らし出すために、プロレタリア映画の代表的論客である岩崎昶の映画論を概観するとともに、ジガ・ヴェルトフによるプロレタリア的メタ映画作品『カメラを持った男』との比較のもと、『生れてはみたけれど』の映画内映画シーンを分析する。

1 「小市民映画」のもうひとつの意味

映画作家「小津安二郎」の発見

一九二〇年代後半、小津はいまだ映画作家として認識されていなかったが、彼の作品は一九二七年のデビュー以来高い評価をうけていた。たとえば『キネマ旬報』の批評家は、小津の第一作『懺悔の刃』（一九二七年一〇月）と第四作『カボチャ』（一九二八年八月）に次のような作品評を寄せている。

> 野田高梧氏の細い筆致とその持味と、小津安二郎氏の緩急の按配と静観と激動との絢ひまぜの監督手法並びにその持ち味とが、よく融合した所に此の映画の成功がある。(7)

> 小津作品の特長とも云へるのは、キャメラのコムポジションが丹念なことである。セットが簡潔なことである。そして映画的なものを多分に持ち合せてゐる。(8)

このように小津はデビュー当時、映画芸術という観点から評価され、一九三〇年代以降も同様に、繊細で卓越した映画技法のために称賛されつづけることになる。しかし一九三〇年中頃、小津がはじめて映画作家として認められたとき、それはむしろ、彼の作品の社会批判性という新しい視座からだった。こうした観点から重要なのは、小津についての最初の作家論であると見なすことのできる大塚恭一の論考「小津安次《ママ》郎論——その覚書として」（『映画評論』一九三〇年四月号）と、小津がはじめて映画批評家たちから広い注目を集めた瞬間だと考えることのできる『映画評論』小津特集号（一九三〇年七月号）である。(9) この『映画評論』特集号に収められた四編の記事のうち、小津映画の特徴をその〈明るさ〉の性質に認めた、福井桂一の「小津安二郎と其の作品」を、本書はすでに第一章で参照した。本章ではまず、大塚の小津論につづいて、特集号に掲載された残りの三編の記事を見ていこう。

まず大塚による先駆的小津論は、小津の映画芸術の評価およびプロレタリア映画という文脈への小津作品の位置づけという二点において興味深いものとなっている。この小津論は同時代のほかの批評と同様、小津の映画技法を高く評価することから始まっている。大塚は、小津にたいする評価は最近高まっていると書きながら、新進映画作家としての評価の高い五所平之助と比較しながら、小津の独自性を明らかにしようと試みる。大塚によれば、語りにたいする五所の方法の特徴は、「カメラの角度、その相互間の接続、移動撮影の移動速度、その変化と、次のカメラの静止せる場面への接続」をはじめとする映画技術を綿密に物語の流れへと組みこむ点にある。言いかえれば、五所はこうした手続きを通じて「内容の部分的把握」を「全体」へと総合するのである[10]。たいして小津は巨視的アプローチによって、まず「的確に現《ママ》すべき内容の中心を摑み」、「危げのない俳優指導」や「要所要所」での「映画的な締め括り」を介して、「対象を充分映画的に排列し、整然と意図せる所を表現」する[11]。このように五所との対比において、細部の微妙な演出を際立たせる小津の分析的方法を評価したうえで、大塚は、小津と五所の作品はともに新しい「映画的感触」を示していると結論づけるのである。

ただし大塚は、彼の造語であると思われ、それ自体が議論の主題になるだろう「映画的感触」について、これ以上詳しく論じていない（大塚はほかの記事でもこの語を使用することはなかったが、それはタッチ＝感触としての「蒲田調」を示唆していると考えることができる）。かわりに大塚は、近年のプロレタリア映画に言及することで、この小津論を締めくくるのである。

唐突ながら、自分は帝キネの輝ける成功作「何が彼女をそうさせ《ママ》たか」の成功と内田吐夢の佳作「生ける人形」の非大衆的映画に終わつたことゝ思ひ合せて見たい。プロレタリア映画運動の一面である所の、現在の映画観客大衆に見せられる営業映画を如何に導くべきか、と云ふことはこの二つの映画の対比がかなりはっきりと我々に何物かを教へてくれる。[12]

大塚は『何が彼女をさうさせたか』（鈴木重吉、一九三〇年）と『生ける人形』（一九二九年）を、映画スタイルという観点から同等に高く評価している（たとえば前者には、ブルジョワ子女の我儘に怒った女中と土偶のショットが矢継ぎ早に交替されるという、エイゼンシュテインの『十月（*Октябрь*）』［一九二八年］を想起させるモンタージュを見ることができる）。しかし映画作品としての完成度にもかかわらず、『生ける人形』は興行的に失敗し、『何が彼女をさうさせたか』のみが成功を収めたのだった。プロレタリア映画は広く観客に見られる必要があるため、大塚にとって、商業的成功は重要である。そして大塚は『何が彼女をさうさせたか』の成功を、その「古いセンチメンタリズム」ないし「メロドラマ」性に帰すのである。たしかに大塚はこのメロドラマ性以上に、小津の新しい映画的感触を好んでいる。しかし大衆のプロレタリア的啓発という映画の使命をまえにして、「映画的感触の古さ新しさは決して問題にはなら」ず、むしろ「大衆の最も強く感ずるものは何であるのかをはっきり見極め〔……〕、其処に大衆の本当の姿、本当の力を意識さすべきものを織り込んで行かなければならない」というのである。[13] このように論じて大塚は、優れた映画技術を示している小津にたいし、大衆に直接的に働きかけるメロドラマを製作すべきだと提言するのである。

大塚自身、「唐突」だと書いているように、彼はなぜこの小津論でプロレタリア映画に言及したのかについて、十分な説明をしていない。しかし、一九三〇年中頃とは傾向映画のブームのただなかにあったということ、さらに小津は前年に『会社員生活』と『大学は出たけれど』という社会批判的傾向の強い作品を撮っていたということから、この小津論でプロレタリア映画が言及されたのは、ある意味で当然だったと言えるだろう。いずれにせよ、大塚の小津論を嚆矢として、小津作品にたいする批評言説に社会批判性という論点がくわえられたのである。

『映画評論』一九三〇年七月号

ただし小津は、この新しい批評言説のなかで手放しに称賛されたわけではなかった。むしろメロドラマを撮るべきだという大塚の提言が示唆するように、小津作品は同時代のプロレタリア映画との対比のもと、政治的参与への意志の欠如という欠損によって徴づけられていた。そして一九三〇年七月、上記小津論から約三カ月後、『映画評論』が小津に関する特集を組んだとき、そこに寄稿した批評家たちは、大塚の先駆的論考で示唆されていた不満を中心に、それぞれ独自の論を展開させたのである。以下、この点に注意しながら、『映画評論』小津特集号に収められた、大塚、関野嘉雄、筈見恒夫の記事を見ていこう。

まず、大塚による『落第はしたけれど』に関する短いレビューから始めれば、彼は先の小津論の補遺とも言うべきこの記事で、五月に公開された新作を論じながら、小津が彼の望んだメロドラマの方向へ進まなかったことを嘆いている。一方で大塚は、とりわけカンニング・シーンをはじめとする、「細かい部分的注意」によってギャグの効果を引き出す小津の演出に「風刺」としての価値を見出し、そこに社会批判性を認めている。[14]（なお『落第はしたけれど』の物語は、カンニングをした者は試験を通過する一方、まじめに勉強した者は落第し、また試験に合格し卒業した者は就職難に苦しむ一方、落第した者はモラトリアムを享受するという二重の風刺劇となっている。）しかし他方、大塚は、こうした小津の風刺は社会にたいする正当な批判とはなっておらず、「不健康な皮肉」に終始しているのではないかと問う。こうした問題提起をおこなったうえで、大塚は、小津は社会をより直接に描くメロドラマを撮るべきだという自身の主張を繰り返すのである。[15]

メロドラマの推奨は大塚独自の主張であるが、小津作品の批判性の弱さにたいする不満は多くの批評家によっても共有されていた。『映画評論』特集号に掲載された記事のうちでもっとも充実した内容を持つ関野嘉雄の論文「心境物の破産と小津安二郎の前途」は、小津の不十分な風刺的描写は結局のところ、退廃主義に堕してしまうのではないかという危惧を率直に述べている。関野は小津とエルンスト・ルビッチを比較することから始め、まず物語主題に関して、ルビッチは「人妻との火遊び」を得意とするのにたいし、小津は「不安なその生活心理」を扱うとしながら、両者はともに「有閑階級の身辺雑記」を描いていると指摘する。さらに関野はスタイルの水準で、小津とルビッチは「隅々への細い心づかひと、従ってデイテールの頻繁な使用」において、卓越した表現を達成していると評価する。とはいえ同時に、関野は小津とルビッチのつねに同じ主題の変わらぬ叙述スタイルに、両者は「マネリズム」におちいっているのではないかと疑義を呈する。そしてこの小津にたいする批判においてこそ、彼は「小市民」という語を使用するのである。[16]

ただし注意したいのは、関野はこの「小市民」という語によって、映画に描かれる主題としての小市民以上に広い対象を指しているということである。たしかに関野は、小津は「小市民階級及び学生群の、感激のない（あるはづがない）、卑屈な、類型的な生活状態と（多少ともインテリゲンチヤであったら、痛切に感じてゐよう）自嘲的な、無気力な心理状態」を描いていると書いている。[17] しかし関野の批判の要点は、映画に主題として描かれた「小市民」ではなく、小市民によって大部分が占められると彼が書く観客にある。「小市民達が、そのまゝの自分の反映をスクリーンに見出すとしたら、もちろん反感をそゝらずにはゐられない」。さらに関野は、この映画と観客の相互依存に小津も加担していると指摘する。一方において関野は大塚と同様、小津映画に「風刺」や「皮肉」の価値を認め、こうした風刺は社会にたいする批判になりうると主張している。しかし、小市民とはまさにこうした皮肉的で自嘲的な姿勢によって特徴づけられるのであり、小津の風刺的描写は現状において小市民的姿勢を反映しているにすぎない。関野によれば、ここに、映画、観客、小津の共犯関係が成立しているのであり、小津はこの依存関係に甘えつつ、映画技術を洗練させることに専心しているというのである。

こうした悪循環に鑑みて、関野は小津に問いかける。「既に（映画技術の洗練という）深化がだめであれば、新しい方向への飛躍的展開が当然要求されてくる。小津安二郎はどこへ行くのか？ 又どこへ行くべきか？」[18]。関野はこの「新しい方向」として「プロレタリア映画」を指し示すのであり、こうした文脈においてこそ、小津に宛てて「小市民」という語を使うのである。

それよりは、ずつと程度を上げて、（といふのは、意識や態度をではなく、暴露的な調子についてゞある、意識や態度は、従来の典型的小市民ぶりを徹底的に清算しなければならぬ）従来とほとんど変らない調子で、誰にもわかり、誰にも同感されるやうに、興味中心で進んで行き、所々の重要なポイントにだけある正しい疑ひを起させるやうにしなければならぬ。(19)

傾向映画は当時、「暴露映画」とも呼ばれており、関野によれば、小津は資本主義社会の欺瞞を暴露する調子を上げるべきだというのである。この提案からわかるように、関野は「プロレタリアート」と「小市民」を、主題の水準ではなく、暴露の強さによって区別している。そして関野は、小津は十分に批判的ではないと考え、この批判の弱さを「小市民」的だと呼ぶのである。

つづいて、筈見恒夫の論考「小津安二郎の小市民性」はその記事の題名において、「小市民」という呼称が小津自身に宛てられていたことを示している。この二頁足らずの小論において、筈見はほかの論者たちと同様、小津の映画技術を高く評価することから始め、さらに小津作品は風刺の価値を獲得していると論じる。(20) 同時に筈見は、小津作品の社会批判性の強さに疑問を呈するのであり、この文脈においてこそ「小市民」という語を使用して、「彼〔小津〕が一日も早く、小市民性を解脱して、新しい階級的足場から僕達に呼び掛ける日を待っている」と書くのである。さらに筈見は次のようにつづける。

だが『落第はしたけれど』に於て、此の作者は、僕達に対して「真実」を語つてゐるだらうか。真実といふのは、真理といふ意味ではない。小市民の立場——そんな立場は、今みる〱中に崩れて行きつゝあるのだが——からの「真実」を伝へてゐるだらうか。〔……〕皆んな「善良な」小市民なのだ。失業や、就職難に脅かされて、びく〱とおぼつかない足取りを続けて行く連中なのだ。〔……〕もつと、懐疑があつていゝ、絶望があつていゝ。(21)

筈見はここで、映画のなかで描かれた人々を指して「小市民」という語を使っているが、彼が問題としているのは、小津は小市民の「真実」を描いているか否かという問いである。そして筈見は、小津の描写は不十分であると考え、この不十分さを彼の小市民性に帰すのである。

「小市民映画」の肯定的意味と否定的意味

見てきたように「小市民」という語は一九三〇年中頃、小津が映画作家として認められたとき、すでに小津に関する批評に使用されていた。ただし、その意味は今日のそれと大きく異なり、映画に描かれる主題としての小市民ばかりではなく、小津自身の姿勢を指し、彼の政治的参与にたいする無関心さないしペシミズムを意味していたのである。しかし一九三〇年の段階では、「小市民映画」という語はいまだ使われておらず、小津もまた『東京の合唱』（一九三一年）や『生れてはみたけれど』（一九三二年）といった彼の代表的な小市民映画を完成させていなかった。そうだとすれば、「小市民映画」という語はいつ、いかなる意味で使われるようになったのか。さらに『東京の合唱』や『生れてはみたけれど』は、どのように評価されたのか。こうした問いを考えるために、この時期の『映画評論』と『キネマ旬報』に掲載された記事を参照しよう。

こうした観点からまず注目したいのは、「小市民映画」という語がはじめて明示的に使用されたと見なすことのできる、池田寿夫《ひさお》の論考「小市民《プチ・ブル》映画論――明るさ・ユーモア・ペーソスの階級性」（一九三二年四月）である。興味深いことに、池田は「小市民映画論」という題名に注解をくわえることから、この論考を始めている。なぜなら、このタイトルは「小市民的な立場から現在の映画を如何に見るか」と「小市民を題材にした映画を吾々が如何に批判するか」という二通りの仕方で読まれうるためである。[22] とはいえ日本プロレタリア映画同盟（プロキノ）のメンバーであり、明確な階級意識をもって、映画を批判することを目論む池田にとって、小市民とは、批判がそこに立脚する確固たる立場を持たない階級であり、それゆえ前者の選択肢はありえない（上記論考で、筈見は「小市民の足場」の脆弱性を指摘していた)。

したがってこの論文の目的は、「小市民を主人公にし」た映画としてばかりでなく、「小市民的イデオロギー的見地から作られた映画」として池田が定義する「小市民映画」を批判することである。こうした小市民映画は、松竹蒲田で製作された映画、とりわけ『会社員生活』や『大学は出たけれど』から『東京の合唱』へいたる小津安二郎の作品に代表される(この時点で『生れてはみたけれど』は公開されていない)。そこに含意されるイデオロギーとは、「インテリの消極的退嬰的生活心理」や「ニヒリズム」、「哀愁をそゝる上品なセンチメンタリズム」であり、池田はこうした特徴を小津の叙述スタイルに敷衍して、次のように主張する。

かうした小市民気質につきまとふ映画の特性は、何と云つてもその線の細さ、神経質な感情の抑揚、一カットの隅々までも個性を滲ませやうとする努力〔である〕[23]。

小津は概して、こうした「線の細さ」や「一カットの隅々」にいたる細心の注意のために称賛されたのだった。しかし、社会的現実への大胆な批判を目指す池田にとって、このような小津の繊細さは否定されるべきものでしかない。小津映画のイデオロギー的機能を論じて、池田は「小市民映画」に関して、今日のわたしたちにとって馴染み深い定義とは反対の結論にたどり着く。すなわち、小津の小市民映画はその神経質な叙述によって、「都会のインテリのみならず、田舎の百姓青年をも、小都会の小役人をも、その〔消極的退嬰的〕雰囲気の中に巻き込んで了ふ」というのである。

今日使われるような肯定的な意味における「小市民映画」のもっとも早い使用例のひとつは、一九三二年の日本映画の動向を概観した、上野一郎の「日本映画回顧」(一九三二年一二月)に見つけることができる。この記事で、上野は「小市民映画に就いて」というセクションを設け、当時「小市民映画」の意味は曖昧であることを示すように、「小市民映画という範疇の境界の問題は極めて難しい」と書きながら、次のようにつづけている。

広い意味で云へば、小市民の生活を取扱つた映画はすべてかく呼ぶことが出来る。併し、これでは凡そ意味ない。〔……〕一口に小市民の生活を取扱つたといつても、それを取扱ふための仕方が幾通りもある。〔……〕併し、此処にあげた小市民映画とは、小市民の階級的悩み、或ひは生きんがための悩みを扱つたものを指す。その代表は言はずと知れた小津安二郎の作品である。[24]

上野はさらに、「サラリマンの生活を現実的に取扱つた」という点で、『生れてはみたけれど』を称賛し、「此の映画を観て、叩きのめされるやうな打撃を受けた〔……〕それは小津安二郎が真正面から小市民の生活を描いてゐるからだ」と書いている。たしかに上野は、小津作品に批判的性格を与えるとしばしば見なされる、風刺的価値について言及していないが、わたしたちはこの記事に、社会的リアリズムという今日使われる意味における「小市民映画」の定義の嚆矢を見つけることができるだろう（ただし上野は、小津の「諦観的見方」に留保をくわえている）。

それでは、小津の代表的な小市民映画『東京の合唱』や『生れてはみたけれど』はどのように評価されたのだろうか。今日では一般的に、小津作品は一九二〇年代後半から一九三〇年代前半にかけて、最初期のカレッジ・コメディーから小市民映画へと徐々に社会批判性を強めていったと見なされているが、この時期の『キネマ旬報』に掲載された批評は一九三〇年代初頭、こうした発展モデルに基づいた小津作品の軌跡がすでに素描されていたことを示している。

まず、『キネマ旬報』の編集者でもあった飯田心美は『東京の合唱』評で、小津がこの作品で「〔『淑女と髯』をはじめとする近年の作品の〕逃避的なロマンティシズムの方向を一転して小市民といふ実在的なひとつの「生活断面」を真剣にとりあげたことを歓迎しながら、次のように書いている。

これは折角の題材を得ながらもう一歩といふところでその力を傍へそらして了つたような映画だ。瞭《あきら》かにそこに製作者達のそうした態度が窺へる。だから作品としての価値は決して高く買ふわけにゆかない。あの最後のシーンでもそうだ。あの場合、皆が宴会を開いてゐる時「奇蹟にもひとしい」就職口の電報が来る代りに、主人公依然無職のまゝ「失業都市・東京」のタイトルが現はれたならあの映画はどんなに強く観客の頭に何かを暗示したであらう。(25)

すなわち飯田は、社会的リアリズムとしての小津映画の発展を認めながらも、『東京の合唱』はいまだ十分に批判的でないと主張するのである。一方でこうした発展モデルを踏襲しながら、アマチュア批評家の奥村康夫は『生れてはみたけれど』公開時、『東京の合唱』を飯田以上に高く評価している。

小津氏は「会社員生活」に於ける薄給取りの惨めな生活を、「落第はしたけれど」に於ける学生の前途を封鎖する暗影を〔……〕ユウモアのなかに紛らはして吐息をする様な時代から、「東京の合唱」の失業者を真剣にとりあげた迄、彼は現実を凝視して来たのだ。(26)

『東京の合唱』と『生れてはみたけれど』を比較して、奥村はさらにつづける。『東京の合唱』のサラリーマンは一時的感情から社長に逆らうが、『生れてはみたけれど』の主人公は会社内での上下関係を耐え忍ぶ。『東京の合唱』ではハッピーエンドが訪れるが、『生れてはみたけれど』ではそうではない。奥村はここから、小津はこの新作で、小市民の停頓をより現実的に捉えていると主張し、批判性を高めていると結論づけるのである(ただし奥村は、「大人のための絵本」という副題が示すように、この作品にはロマンティシズムの残滓が見られるとも付記している)。

以上、最初期の小津作品受容について、同時代の批評を辿りながら概観してきた。本章の冒頭で述べたように、今日のわたしたちもある程度、ここで見てきた小津の小市民映画にたいする不満を共有していると言えるだろう。しかし、こうした不満は一九三〇年代初頭、プロレタリア映画の隆盛を背景として、今日とは比較にならないほど強く感じられたのである。それではなぜ、わたしたちはこの強い不満を忘れてしまったのか。ここで思い出されるべきは、一九三〇年代前半、政府による共産党への弾圧が急激に増したという歴史的事実である。とりわけ一九三三年初頭以降、批評を含めたプロレタリア映画の活動は公式に禁止されてしまった。小津は一九三〇年代中盤以降も、『東京の宿』（一九三五年一一月）や『大学よいとこ』（一九三六年三月）など、近代の帰結を批判的に描いた作品を製作し、当時の批評家たちもこれらの作品を高く評価した。(27) たしかに時折、その不十分な批判性にいくらかの留保が付されることもあったが、一九三〇年代半ば以降の批評に、プロレタリアートの視点からの強い批判を読むことはできない。「小市民映画」という語にかつて含まれていた軽蔑的な響きは、失われてしまったのである。次節では、「小市民映画」という語がその起源において持っていたアクチュアルな意味をとり戻すために、プロレタリア映画を代表する批評家である岩崎昶の仕事を見ていく。

2　「来る可き映画の時代の望み」——岩崎昶の映画論

資本主義に支配される過程として映画史

その広範な活動と鋭い批評のために、岩崎昶は間違いなく、戦間期日本における最重要映画批評家の筆頭に挙げられるべき人物である。(28) 岩崎は一九二〇年代半ば、すでに『キネマ旬報』をはじめとする批評誌に映画評を寄稿していたが、彼が映画史と映画理論というより広い視野を見据えながら、健筆を振るい始めるのは、一九二七年、東京帝国大学独文科を卒業して以降のことである。この時期の岩崎の著作には、『映画芸術史』（一九三〇年）、『映画と資本主義』（一九三一年）、『映画の芸術』（一九三六年）、『映画論』（一九三六年）、『映画芸術概論』（一九三七年）が含まれる。岩崎はこれらの著作で、いくらかの反復と修正を含みながら、トーキー初期までの映画史を批判的に検討するとともに、支配的映画にたいするオルタナティヴをプロキノの活動を通じて模索し、ヨーロッパの映画理論に関する思考を練り上げていったのである。[29] 以下、こうした主要な業績を中心に、この時期の岩崎の仕事を辿っていこう。

まず指摘されるべきは、岩崎は明確な批判的視点をもって、当時における最新の技術的革新であるトーキー映画にいたるまでの映画史を描いていたということである。一九三一年に出版された『映画と資本主義』の冒頭で、岩崎は映画史を描く目的を、次のように説明している。

> それ故、問題は、ブルジョワ映画の発展を、一個独自の遊離した現象として切放すことなしに、その根底をなす政治情勢、経済情勢との密接な相関関係に於て観察することである。殊に、芸術であると同時に最も進歩した大企業である処の映画にあつては、現代のあらゆる現象のキーノートとしての資本主義と、その社会機構とを無視しては何物をも解釈し得ない。[30]

すなわち岩崎にとって、映画の歴史とは、いくつかの作品（時代を画するような傑作を含めて）のたんなる集積、あるいはその影響関係の系統図なのではない。映画史とはむしろ、政治的・経済的・社会的状況との関係において、映画が「ブルジョワ映画」という現在の状態へと発展してきた過程であり、岩崎はそれを全体論的《ホーリスティック》な視野のもとで捉えようと試みたのである。一九三六年に出版された『映画論』で、岩崎はより明確に、みずからの映画史の描き方を、映画史をいくつかの作品の系統的関係に還元してしまう従来の「便宜」と区別して、「唯物論的」な「方法」として定義している。[31] 岩崎はこうした唯物論的叙述を通じて、現在の社会現象の下部構造をなしている資本主義がいかに現在の映画のあり方を決定してきたのかを明らかにしようと試みるのである。

映画史を描くにあたって岩崎は、グローバルな規模でヘゲモニーを握っていると彼が主張するアメリカ映画に焦点を合わせている。岩崎によれば、映画史は三つの段階をへて発展してきた。第一の段階は、一九〇〇年から一九一四年までである。よく知られているように、装置としての映画は一八九五年頃、トーマス・エジソンやリュミエール兄弟によって発明されたが、映画という制度が誕生したのは、それが商業的利益を目的として定期的に上映されるようになった一九〇〇年ごろであると岩崎は主張するのである。とはいえこの初期の段階では、映画はいまだ低予算で製作されており、資本主義にたいして比較的自律した関係を保っていた。ところが一九一〇年代半ばごろ、製作の中心地がアメリカ東海岸から西海岸へ移動すると、映画企業は製作・配給・上映を統合しつつ、大作を製作するようになっていった（ハリウッド映画の成立）。また同時期、グリフィスをはじめとする映画作家たちが映画言語を発展させることで、物語映画の形式が整備されたのだった。

岩崎は映画史におけるこの第二段階を、一九一四年における第一次世界大戦の勃発によって区切っている。この歴史的出来事を契機として、映画の覇権はヨーロッパからアメリカへと移行したのであり、さらにそれ以前の短編《ワンリール》映画にかわって、一時間を超える長編《フィーチャー》映画が標準となることで、映画はより緊密に資本主義のシステムへと組み入れられるようになったのである。岩崎がこの時代の映画をとりわけ問題視する理由は、それが物語映画として「経済的政治的情勢を敏感に反映する」ようになったと同時に、資本主義社会の「アジ・プロの有力な武器」として機能するようになったためである。[32] 一九一〇年代後半から一九二〇年代前半にかけて、ハリウッド映画はこの体制をますます強化させたのであり、岩崎によれば、映画史における第三段階として（一九二七年以降）、資本主義は製作と設備投資に莫大な費用のかかるトーキー映画の導入を通じて、映画にたいする支配と独占をさらに確固たるものとしたのである。

プロレタリア映画の可能性

このように、岩崎は一九三〇年代初頭にいたるまでの映画史を、資本主義が映画にたいして支配を強める過程として描き出したのだった。しかし、最新の技術革新としてのトーキーの導入は岩崎にとって、映画がいまだ移行期にあり、それゆえ資本主義に支配された現状とは異なる可能性にたいして開かれていることをも意味していた。そして岩崎はこのべつの可能性を、プロレタリア映画という観点から構想しようと試みたのである。

すでに述べたように、日本映画は一九二九年から一九三〇年にかけて、資本主義の欺瞞を暴いた傾向映画のブームを見ていた。岩崎がこうした傾向映画にある程度、共感を抱いていたことは言うまでもないが、それにたいして否定的見解を持つほど、彼の映画論は急進的なものだった。一九三〇年八月に発表され、のちに『映画と資本主義』に収められた論文「傾向映画の問題」で、岩崎は、傾向映画が日活や帝キネといったメジャーな撮影所によって製作されているという点に注意している。傾向映画はメジャーな撮影所で作られるかぎりで、商業的な目的のために製作されており、その利益は資本主義企業によって、如才なく計算されている。さらに悪いことに、そもそも製作されるためには、政府の検閲を通過しなければならない（実際、政府が一九三一年に検閲を強化したとき、すべての主要な撮影所は政府との軋轢を避けるために、傾向映画の製作から手を引いたのだった）。岩崎は、このように体制順応的でありながら、見かけ上はプロレタリア映画を装う傾向映画を厳しく批判する。「傾向映画とは、ブルジョワ撮影所から生産されたプロレタリア（?）映画のことです」。「傾向映画とは、通俗の見解に従へば、プロレタリア・イデオロギーを盛つた商業映画の謂である」(33)。こうした批判とともに、岩崎は真のプロレタリア映画を求めて、プロキノの活動に身を投じるのである。

日本におけるプロレタリア映画運動の主な活動のひとつは、イデオロギー分析の見地から現行の映画を批判することにあった。しかしそれと並行して、プロレタリア映画運動は、プロレタリア劇場内におけるプロレタリア映画班の設立（一九二七年）、左翼劇場映画部への発展（一九二八年）、日本プロレタリア映画同盟（プロキノ）の結成（一九二九年）と進むにつれ、徐々に映画製作と配給・上映の領域に踏み出していったのだった。こうした移行に理論的支柱を与えたのが、佐々元十のマニフェスト的論考「玩具・武器——撮影機」（一九二八年）である。

佐々はこの論考で、自身の小型撮影機によるドキュメンタリー作品（『一九二七年東京メーデー』と『野田醤油争議』）の製作から得られた経験を踏まえ、九・五ミリのパテベビーの専有的使用を提唱している。すなわちパテベビーはもともと、ブルジョワの愛好家がホームムービーを撮影・上映するための「玩具」として発明されたが、それはプロレタリアによる革命のための「武器」としても活用できると主張したのである。とりわけ、映画は娯楽メディアとして、大衆から大きな人気を得ているが、現状において、映画は資本主義システムに組み込まれた大スタジオによって独占されている。三五ミリのフィルムに比べて圧倒的に安価な費用で製作できる小型映画を利用することで、佐々は、製作・流通・上映システムも含めて、現在の主流映画にたいしてオルタナティヴなプロレタリアート独自の映画を作り出すことができると考えたのである。

その経済的制約に鑑みて、佐々はさしあたって、ドキュメンタリー作品を撮ることを推奨する。階級闘争の現場にカメラをもちこむことで、「現社会相」、「社会的諸矛盾」、すなわちプロレタリアートにとっての現実をあらわにすることができるというのである。しかしながら、佐々はこのように述べることで、単純にドキュメンタリーと結びつけられるようなナイーヴな意味での「現実」の記録を主張したわけではない。

> かくして我々は、左翼劇場映画部は、すでに、映画生産並びに日常的持ち込みに着手しつゝある。そして我々は他の階級的シネアストたちとともに、一切の有産映画芸術の批判克服、映画に加はる専制的暴圧反対、等々に於て提携するとともに、この日常的持ち込みに於ても、プロレタリアート解放のための映画の組織的生産並びに統一的発表の共同《ママ》を期したい。我々の、現段階に於ての映画作品は、もとより、階級意識を醒ましめるもの、現社会相のバクロ及び社会的諸矛盾の徹底的剔抉等であるべきとおもふ。
>
> 未組織大衆は意識的参加者となり、組織大衆はその闘争意志を汲み取る、かゝる作品こそ我々の不断の努力によつて生産されねばならない。
>
> なほ、我々に客観的並びに経済的条件が許す映画生産の途は徹底的写実主義によるの外あるまい。Sur-realisme である。そして、全素材は無産階級の欲するが如くアレンヂ《ママ》レトランスファーされなければならぬ。[34]

カメラによって暴露される現実とは、プロレタリアートにとっての超現実ないし「sur-reality」である。それは、たんにカメラの客観的視点によって捉えられるのではなく、むしろ「編集」——ショット間の編集ばかりでなく、カメラアングルや構図の選択までを含めた広義の「編集」——を通じてあらわにされる。佐々は同じ論考で、この「現実」をあらわにするために、「撮影機、カメラアングル、構図、採光、カッテイング、テンポ、時間の全景、空間の全景、移動、二重焼、オーバー・ラップ、フラッシユ・バック、機械と監督と演技、その編輯現像——露出度、マグナスコープ」といった映画的技法を駆使しなければならないと説いている。(35) こうした作為を通じて、映画は観客を、言ってみれば、超現実の渦のなかに投げ込むのであり、かくして「未組織大衆」を直接的に刺激し、「階級意識を醒ましめ」、「意識的参加者」として革命を希求する階級闘争へと駆り立てるのである。

岩崎は佐々の論考を意識しながら、一九二九年一二月、彼にとってのプロレタリア映画運動を示した論文「プロレタリアの映画」を発表している。岩崎は佐々と同様、映画はその「大衆性」および「直感性」のために、プロレタリア運動にとって重要であると主張する。(36) さらに岩崎は、劇映画の大衆にたいする絶大な影響力を認めつつ、さまざまな経済的・技術的制約を考慮に入れ、プロレタリア映画はドキュメンタリーの道を進むべきだと提唱し、その具体例として、「確固たる階級的観点から時事を撮影し批判したニユース・リール」、「実写断片の排列編輯によつてプロレタリア的論理を組み立てたモンタージユ・フイルム」、「大衆教育のための文化映画」という三つの可能性を示唆している。(37)

ここで挙げられた第二の例において、岩崎はモンタージュ映画を説明するために、「プロレタリア的論理によって排列編輯を組み立てた」と書くかわりに、「排列編輯によつてプロレタリア的論理を組み立てた」と書いていることに注意しよう。岩崎はこの点を詳述していないが、この一節は彼にとって、モンタージュとはある思想に基づいて組み立てられるものではなく、その製作と受容の場において、ある思想を表現するものであったことを示唆している。実際、岩崎はつづいて、プロレタリア映画では、製作、上映、観客が不可分であることを説いている。「プロレタリア映画の過程に於いて、製作とその上映とは切り離して個別的に考へることが出来ない。

また、上映とその観客対象とは切り離して考へることが出来ない」。岩崎は自身の映画論のもっとも先鋭的な局面において、映画《シネマ》をあるイデオロギーが織り込まれた映画作品《フィルム》としてではなく、思想ならびに観客ないし「大衆」が直接的に組織される場として構想していたのである（それゆえ、岩崎は上映会後の討論を重視していた）。

岩崎の映画理論史

岩崎は佐々や北川鉄夫とともに、日本プロレタリア映画同盟（プロキノ）に一九二九年二月の結成当初から関わっていた。さらにずっと後年になってからのことだが、岩崎は自伝で、佐々の「玩具・武器――撮影機」は彼に「コペルニクス的転回」を与えてくれたと思い出している[38]。しかし、すくなくとも一九三〇年前後において、岩崎が佐々に言及したことは（ほとんど）なかったし、プロキノを直接的に扱った記事も多くない。その理由は第一におそらく、岩崎のプロキノへの関与はなによりも、映画の製作や上映、組織の運営という実践的問題に関わっていたためだろう。くわえて、政府による共産党への取り締まりも一九三〇年代前半を通じてますます激化し、岩崎とプロキノの活動一般に決定的な影響を与えた（警察による小林多喜二の殺害は一九三三年二月に起こった）。一九三三年のメーデーの集会は阻止され、以降、いかなるプロキノ作品の上映も禁止されたうえ、一九三四年には、プロキノは公式に解散させられた。岩崎の回想によれば、彼ははやくも一九三〇年あるいは一九三一年の秋に、留置所に拘置されている[39]。

　こうした状況のなかで、岩崎は自身の活動領域を、プロキノの実践的運動から映画の可能性の理論的模索へと移行させることを余儀なくされたのだった。しかしながら、これは、岩崎が政治的参与から後退してしまったことを意味していない。第一に、その多くが一九二〇年代に執筆された『映画芸術史』（一九三〇年）に収められた記事が明らかにしているように、岩崎はきわめて早い段階から映画理論に強い関心を示していた。くわえて、岩崎は映画理論の役割にたいし、明確なヴィジョンを持っていた。『思想』一九三三年二月号とつづく三月号に発表され、のちに『映画の芸術』（一九三六年）に収められた論文「映画芸術学の歴史的展望」で、岩崎は映画理論の使命を、「演劇や文学といった」より旧い美的規範を以て映画に適用」することでも「映画の単なる形態学《モルフォロギー》」を体系づけることでもなく、「人間の社会性の活動の一特殊形態としての芸術を、その全般的特殊性に於て、検討すること」であると書いている。[40]

それでは、岩崎の映画理論（あるいは映画理論史）とはいかなるものなのか。「映画芸術学の歴史的展望」で、岩崎は欧州映画理論の歴史を三つの段階に区分して辿っている。まず映画は一九一〇年代、既存の美学的枠組みを基準として理論化された（第一段階）。こうした潮流を代表する理論家として岩崎が名指すのが、芸術を「芸術的人格の表現」と定義し、映画を「自然の機械的複写」のための技術にすぎないと考えた、ドイツの美術史家コンラート・ランゲである。[41] 岩崎は、映画はこの時期、演劇としばしば比較されたと書いている。こうした比較によって、映画はかならずしも非難されたわけでなかったが、岩崎はこの種の映画論を第一段階に属するものとして考えている。なぜならそこでは、映画の価値を測るために、既存の美学的規範が援用されたためである。

その後、一九二〇年頃から、映画の美学はそれ自体、固有の特性があるものとして探究され始めた（第二段階）。こうした潮流はフランスで生じ、はやくも一九一一年に映画を「光のシンフォニー」と定義したリチョット・カニュードを先鞭とし、ジャン・エプスタイン、ルイ・デリュック、レオ・ムーシナック、ルネ・クレールらによって「リズム論」として発展させられた。こうしたフランスの映画理論家や映画作家たちは映画を、演劇をはじめとする先行する芸術形式と区別しながら、「時間＝空間芸術、即ち時間的継続であり、空間的拡がりであり、しかもそれ〴〵を同時に綜合した、三次元的な芸術」として定義したのだった。[42] 岩崎はさらにつづけて、「そこから、かゝるものとしての映画に特有な形式の理念といふものが生れて来る。即ち時間＝空間的リズムである」、「影像の連続の裡にあるリズムを創り出すものとして、こゝで初めてモンタージュ Montage が問題となつて来る」と主張する。[43] しかし同時に岩崎は、こうしたフランスの映画理論家や映画作家たちは映画美学を、形態学あるいは「芸術のための芸術」として探究していると批判する。そして岩崎は、ソヴィエトの映画作家によってこそ、モンタージュ理論は社会的領域へと決定的に開かれたと結論づけるのである（第三段階）。

岩崎にとって、以上の映画理論史における第二段階と第三段階の区別は重要である。なぜならこれらふたつの段階は、社会的参与にたいする意志の有無によって区別されるからである。しかし一九三三年の論考では、ソヴィエト・モンタージュ理論にたいする岩崎の言及は限定的なものにとどまっている。そして岩崎は、一九三六年のもう一冊の著書『映画論』で、ソヴィエト・モンタージュ論について広範かつ詳細に論じたのである。岩崎はソヴィエト・モンタージュ論を、フランスにおけるモンタージュ論と比較することから始めている。すなわち、モンタージュはフランスにおいて、「材料のリズミカルな組織の要因」として考えられたのにたいし、ソヴィエトでは観客にたいする「独自な心理的、生理的働きかけの要因」という観点から取り組まれたのである。(44)

岩崎はつづいて、エイゼンシュテインが「映画における四次元」で提唱した四つのタイプのモンタージュを導入する。(45) 岩崎は、ショットの絶対的持続時間に基づいた「韻律《メトリック》によるモンタージュ」とフレーム内の要素（とりわけ〈動き〉の要素）も考慮に入れた「リズムによるモンタージュ」に触れたのち、「トーンによるモンタージュ」に大きな紙幅を割いている。岩崎はこの三番目の「トーンによるモンタージュ」を高く評価しているが、その理由は、エイゼンシュテインはここで、モンタージュのあつかう〈動き〉のうちに「画面内部の物理的運動のみではなく、その精神的内面的運動」を含めているためである。(46) すなわち、エイゼンシュテインの思考はここで決定的に、モンタージュによる観客にたいする影響と社会的参与の方向へと向かっているのである。「トーンによるモンタージュ」につづいて、岩崎は、モンタージュの実践を「支配的なトーン」のみに還元せず、「画面の含んでゐるすべての刺戟」をより包括的に考慮に入れた「オーヴァートーンによるモンタージュ」にさらなる可能性を見ている。(47)

岩崎の「小市民映画」批判

以上、一九三〇年代中頃にいたるまでの岩崎の批評活動を辿ってきた。たしかに一九三〇年代前半以降の政府による共産党の取り締まりは、岩崎の活動をいちじるしく制限させたと言える。しかしこれは、岩崎が現行の映画を変革するという望みを捨ててしまったということを意味しない。一九三六年の『映画の芸術』の序文で、岩崎は『映画と資本主義』以来、五年の空白――政府の介入に起因すると考えられる――をへて、新しい本を出版することができた喜びを語りながら、初出から三年の歳月が経過してしまった論文「映画芸術学の歴史的展望」をこの著作に収めた理由を次のように書いている。

> 今の世、映画を愛する人は多い。けれども、憎むといふ形に於てのみ愛さる可き映画の如何に多いことか。それを知つてゐる人は案外に少い。この書は、今の世の映画を溺愛する人のためではなく、来る可き映画の時代の望みのために捧げられる。[48]

一方で岩崎は、三年前に書かれたこの論考が「卓れた識見に富み哲学的な賢さに溢れた論文」でないことを認めている。それでも彼は、この論考は「来る可き映画の時代」を切り開くために有効であると考え、この論文を再録したのである。さらに言えば、岩崎は一九三六年に出版されたもう一冊の書物『映画論』で、映画理論の問題をふたたびとりあげ、三年前の論考では十分に考察されていなかったエイゼンシュテインのモンタージュ論への言及を通じて、映画と社会の新しい関係を模索したのである。

それでは、岩崎の不屈の批判活動を背景としたとき、小津の小市民映画と映画美学はどのように考えることができるだろうか。岩崎の著作や批評からいくつかの細部に注目することで、ここでは次の三点を指摘しておきたい。第一に、岩崎はほかのプロレタリア映画批評家たちと同様、小津作品の社会批判性の弱さにたいして不満を感じていた。たとえば、一九三二年一一月公開の『また逢ふ日まで』について、岩崎は次のように書いている。

> 彼の芸術的なセンスと、細緻なタッチと、はたしかに、当代稀に見るものかも知れない。けれども「また逢ふ日まで」の悪さは、彼が「東京の合唱」から「生れては見《ママ》たけれど」までぐん〱押し上げて行つた、小

市民生活に対する真剣なリアリズム――よし、それがプチ・ブル・リアリズムを出でないものにせよ。――をすつぱりとどこかへ捨てゝ来て、〔……〕恐る可き甘さに耽溺してゐることである。[49]

『また逢ふ日まで』はしばしば、批判的傾向の強い反戦映画だと見なされてきた。[50] しかし岩崎は、この作品はいかなる意味においてもリアリズムという語に値しないと断罪する。岩崎は『東京の合唱』と『生れてはみたけれど』を、「プチ・ブル・リアリズム」という小津の「小市民映画」の批判性の弱さを揶揄した語を使って言い表しているが、『また逢ふ日まで』はこれら小市民映画よりもさらにいっそう後退していると言うのである。たしかに、出征のために離れ離れになるカップルを描いたこの作品は、反戦的メッセージを含んでいるかのように見える。しかし、こうした『また逢ふ日まで』の含意は小津の強い批判性に由来するのではなく、小津の「戦争に対する忌避と嫌悪と反撥との、小市民的センチメントの表白」にすぎないというのである。[51]

第二に岩崎は「小市民」という語を、さきに見た映画理論に関する区分における二番目の﹅フ﹅ラ﹅ン﹅ス﹅前﹅衛﹅映﹅画を指すという特殊な意味で使用している。「映画芸術学の歴史的展望」で、岩崎は次のように書いている。

映画芸術学に於けるこの純粋主義の発生は、映画が今や主として技術的インテリゲンツイアの手で生産されてゐて、〔……〕その小市民的なイデオロギーがブルジョワジーの支配の桎梏の下から、無意識に滲み出て来る事実として説明され得る。階級としての小市民は闘争に於ける消極的な非戦闘員として、社会的現実から隠遁し、自己と環境との間にリズミカルなセルロイドの絶縁帯を張りめぐらして安住するために、純粋映画を要求するのである。[52]

すでに見たように、岩崎は映画独自の美学の可能性をモンタージュに認めた点で、フランスの前衛映画論を高く評価していた。しかし、ショット内あるいはショット間のリズムを、純粋に形式主義的に、言わば「モンタージュのためのモンタージュ」として探求したフランスのモンタージュ論は、「芸術のための芸術」の隘路に行きついた。ここから捨象されているのは、モンタージュを通じて観客に働きかけ、社会的現実を変革していこうという政治的意志である。岩崎はこうしたフランスのモンタージュ論の逡巡を「小市民」的だと呼び、ソヴィエトの映画作家や理論家たちの「プロレタリア」的実践と対置させたのである。

第三に、岩崎もほかの欧州や日本の映画作家や批評家たちと同じく、映画の本質は〈動き〉にあると考えていた（これは、序論で引用した『映画芸術概論』からの一節がもっとも明示的に示している）。くわえて、フランスのリズム論やエイゼンシュテインの「トーンによるモンタージュ」や「オーヴァートーンによるモンタージュ」への言及や、そのさいの「絵画的動き」や「画面の変化」といった語句の使用から示唆されるように、岩崎もこの〈動き〉を映画ミディアムのそれとして捉えていたのであり、さらにこの映画の〈動き〉を、とりわけ革命のための意識覚醒という観点から、観客にたいする直接的影響という論点に結びつけていたのである。[53] すでに一九三〇年に、岩崎はトーキー映画の可能性を論じて、「トーキーが、プロレタリアートの掌中に獲得された暁、映画は、視覚と聴覚と、二重の祝福された感覚を通じて、我々を組織し、娯しませ、煽動し、蹶起せしめるであらう」と書いている。[54] このように直接性に結びつけられた映画の〈動き〉は、〈明るさ〉に結びつけられた小津のそれと対比させることができる。

ただし岩崎と小津のあいだの不和は、映画史においてほとんど顕在化しなかった。岩崎は概して（とりわけ一九三三年半ば以降）、小津の批判的描写を高く評価したし、小津も岩崎やほかの批評家に、明示的に応答することはなかった。[55] それにもかかわらず「小市民映画」対「プロレタリア映画」という図式は、小津の小市民映画を再考するにあたって、有益な視点を与えてくれるのである。

次節ではこれまでの議論を踏まえて、小市民映画の傑作として有名な『生れてはみたけれど』の映画内映画シーンを考察しよう。このシーンの分析にあたって注目したいのは、『生れてはみたけれど』とジガ・ヴェルトフの『カメラを持った男』の同時代性である。『カメラを持った男』は一九二九年に完成したが、日本での公開は一九三二年三月を待たなければならなかった。また『生れてはみたけれど』について言えば、一九三一年一一月に撮影が開始されたが、この年の冬、主人公の少年の怪我による中断をはさみ、撮影が再開されたのは一九三二年三月になってからだった[56]（完成は四月）。こうした時系列を考慮に入れれば、小津は『生れてはみたけれど』の映画内映画シーン撮影直前、『カメラを持った男』を観ており、このメタ映画作品を意識して、この映画内映画シーンを撮ったという仮説を立てることができないだろうか。日記などの証拠が残されていないため、確証は得られないが、これらふたつの作品はすくなくとも日本の文脈で考えたとき、厳密な意味で同時代的であり、さらに両作品は主題とスタイルの水準で多くの類似点を持っている。こうした点に着目しながら、次節では「小市民映画」と「プロレタリア映画」を代表する二作品を比較する[57]。

3　『生れてはみたけれど』の映画内映画シーン

ヴェルトフの〈カメラ眼〉

『生れてはみたけれど』の映画内映画シーンはしばしば、小津作品のなかでももっとも辛辣に社会的現実を捉えた場面であると見なされてきた。映画の終わり近く、主人公の兄弟である良一（菅原秀雄）と啓二（突貫小僧）は、友人の太郎（加藤清二）の家で催される家庭用小型映画の映写会に招かれる。スクリーンには、都市の喧騒や動物園の動物のイメージばかりでなく、太郎の父親である会社の重役（阪本武）にへつらう父親（斎藤達雄）の道化姿も映される。このシーンは物語のうえでは、良一と啓二の兄弟が大人社会の階層秩序に気づかされる場面として位置づけられている。ふたりはガキ大将として太郎に君臨しているが、彼らの父親は太郎の父親の下で働いている。子どもの無垢な視線を通して社会的現実が描かれているために、このシーンはいっそう批判的だというのである[58]。

たしかに小津はこのシーンで、同時代の小市民の置かれた状況を批判的に描くことを意図していただろう。しかし、ジガ・ヴェルトフの『カメラを持った男』と比較した場合、どのように考えられるだろうか。実際、『カメラを持った男』と『生れてはみたけれど』の映画内映画シーンのあいだには、いくつもの類似点を見つけることができる。まずもっとも明らかな類似点として、『カメラを持った男』は移動する車上からコマ落としで撮影された街のショットを多用しているが、小津も移動する路面電車からコマ落としで、すばやくすぎ去る街の車窓を捉えている点が挙げられる（図5－1、5－2）。さらにこの移動ショットにつづくのは、ビルの屋上から撮影された交差点の俯瞰ショットであり、これは『カメラを持った男』で繰り返し使われるモスクワのパノラマ・ショットを思い出させてくれる（図5－3、5－4）。くわえて両作品とも、映写機、映写技師、フィルム缶のショットを挿入することで、映画の上映プロセスそのものを前景化させている（図5－5、5－6）。最後にそれほど明示的ではないが、そこに映る滑稽な父親を見て、兄弟が大人の社会の下部に潜む階層性に気づく『生れてはみたけれど』の体操シーンと余暇の有効活用と体力づくりを奨励する『カメラを持った男』の運動シーンのあいだにも、テーマや構図上の類似点を認めることができる。

それでは、小津は『カメラを持った男』を参照するにあたって、ヴェルトフの意図を十分理解していたと言えるだろうか。あるいは、たとえ小津が『カメラを持った男』を見ていないとしても、このソヴィエト作品と比較したとき、『生れてはみたけれど』の映画内映画シーンはどのように考えることができるだろうか。まずヴェルトフの企図を理解するために、一九二九年のマニフェスト的論文「『キノグラス〔カメラ眼〕』から『ラジオグラス〔ラジオ眼〕』へ」を参照しよう。そこで彼は、自身の方法的原理を次の二点に要約している。

a　生活の諸事実を計画的にフィルムに記録すること。

b　フィルムに記録されたドキュメンタルな映画素材を計画的に構成すること。[59]

ヴェルトフにとって、「モンタージュ」とはこのような「計画的記録」（ショットサイズやカメラアングルなどの

図5－1 『生れてはみたけれど』

図5－2 『カメラを持った男』

図5－3 『生れてはみたけれど』

図5－4 『カメラを持った男』

図5－5 『生れてはみたけれど』

図5－6 『カメラを持った男』

撮影時の選択）と「計画的構成」（ショット間の編集）の総称である。ヴェルトフはモンタージュを組み立てるにあたって考慮すべき要素として、次の五点を挙げている。

(1) サイズ（クロースアップ、ロングショットなど）の相関関係。
(2) カメラアングルの相関関係。
(3) ショット内の動きの相関関係。
(4) 明暗の相関関係。
(5) 撮影速度の相関関係。[60]

ヴェルトフはこうしたモンタージュを通じて、彼が「映画真理（Kino-Pravda）」と呼ぶ真理の次元が暴露されると考えた。さらにヴェルトフによれば、こうしたモンタージュによってあらわにされた「映画真理」は、観客の感覚中枢、脳、精神に直接的に働きかける。


フィルムに記録される視覚的事実のモンタージュ（カメラ眼）から、ラジオによって伝達可能な視覚・聴覚的事実のモンタージュへ（ラジオ眼〔Radio-Eye〕）

さらには、視覚・聴覚・触覚・嗅覚等の事実の同時的モンタージュへ――

人間の思想の無意識の撮影へ、そして最終的には――

全人類の思想（および行動）の直接的組織化のもっとも壮大な実験へ――

これが十月革命によって息吹を与えられた、カメラ眼の技術的展望である。[61]

ヴェルトフは以上のような理論を、『カメラを持った男』の冒頭近くで実践している。上映の準備をおこなう映写技師と映画館に入る観客を捉えたプロローグの場面につづくのは、カメラを持った男であるミハエル・カウフマンが朝のモスクワを駆けまわるシーンである。彼は、路面電車、街路、ショーウィンドーなどをカメラに収めていくが、都市はまだ眠っている。そこにベッドで寝ている女性のショットが挿入される。ふたたび、ショットはカメラを持って動き回るカウフマンに移り、朝のモスクワに物資を届ける貨物列車を、線路上ぎりぎりの位置から撮影する彼の姿を捉える（図5－7）。すると寝ていた女性が起きだし、身支度を始める（図5－8）。つづいて、人々が往来を始めた街のショットと、服を着替え、顔を洗う女性のショットが矢継ぎ早に交替されるが（図5－9、5－10）、こうした二種類の覚醒を媒介し、同期させるのは、カメラとそれを廻す男である。この『カメラを持った男』冒頭近くのモンタージュは、都市に胚胎するダイナミズムとしての〈動き〉というカメラによって暴かれた都市の「真理」を通じて、女性が覚醒されるというヴェルトフ理論の寓話として解釈することができる。しかしこうした理念のアレゴリカルな描写を超えて、ヴェルトフは、驚きを誘発するようなカメラアングルからの撮影や目まぐるしい編集によって、朝の都市と起床する女性のあいだに「真理」としてのダイナミズムを発見し、この真理の提示を通じて、『カメラを持った男』を見ている実際の観客の精神を覚醒させようと

図5－7　『カメラを持った男』（図5－10まで）

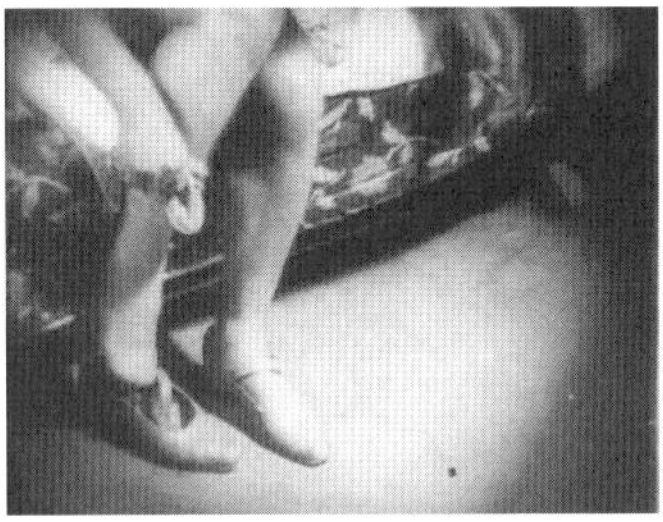

図5－8

図5－9

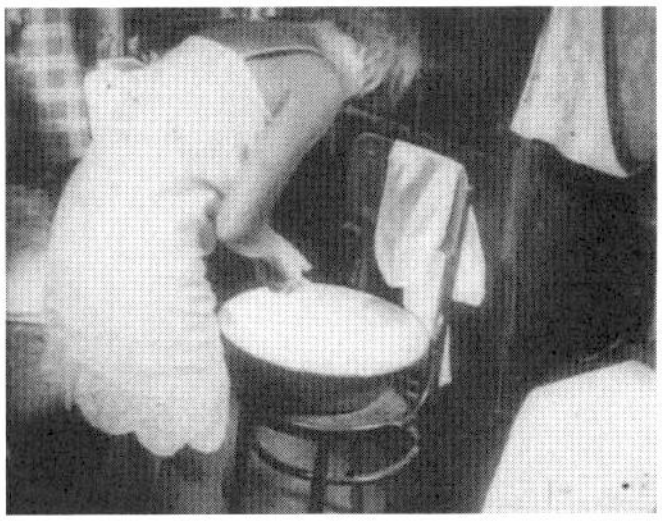

図5－10

試みたのである。

日本におけるヴェルトフ受容

ヴェルトフの著作や論文は、エイゼンシュテインやプドフキンといったほかのソヴィエト・モンタージュ派の理論家や実作者の論考とは異なり、同時代において日本語に訳されていたわけではなかった[62]。しかし、彼の〈カメラ眼〉という考えは当時よく知られていた。まず「武器としてのカメラ」という佐々の着想は、ヴェルトフの〈カメラ眼〉と親和性を持っている。すでに見たように、佐々もヴェルトフと同様、映画はその編集（撮影の仕方を含めた広義の編集）という操作を通じて、プロレタリアートにとっての現実ないし超現実があらわにされると考えたのである（ただし一九二八年という早い時期に、佐々がヴェルトフを知っていたかは不明である）。第二に、ヴェルトフはすでに一九三〇年前後には、映画批評や理論の領域で明示的に参照されていた。たとえば、岩崎は彼の最初の著作『映画芸術史』（一九三〇年）で次のように書いている。「〔プドフキンやエイゼンシュテインにつづく〕第三の、最も特異な、且つ急進的な潮流に、ジガ・ヴェルトフが属してゐる。彼は、すべての監督、すべての俳優、すべての撮影所、要するにすべての在来の偏見に対して、叛旗を翻し、「映画は事実の工場である。――しかもたゞそれだけなのだ。」と宣言し、作りものゝ生活を組み立てることを排斥する。〔……〕彼は対物レンズを直接に生のまゝの人生に向ける。彼は演出をしない。唯。撮影する。そして編輯する」[63]。

さらに一九三二年三月、日本において『カメラを持った男』が公開されたとき、ヴェルトフの映画論を批判的に咀嚼したうえで、彼の理論的野心と実際の作品の齟齬を冷静に指摘した批評も書かれていた。たとえば、飯島正は『キネマ旬報』誌上で次のように書いている。「ジガ・ヴェルトフは、人も知つてゐるやうに、「映画・眼」の説を樹てて、全然作為のない実写映画のフラグマンをモンタアジュして芸術的効果を収める主張を持つてゐる人である。〔……〕映画のテクニクとして、参考にすべきものは非常に多い。殊に、或る人たちには遊戯的のものと見られる怖れがあるけれども[64]」。その二カ月後、塩野初夫はそれまでの批評を踏まえたうえで、『カメラを持った男』は「映画の編集」を通じて「断片的記録の綜合的統一」を目指しているが、「この映画に描かれてゐる、五ヶ年計画の一部、ドーバス炭坑や、ダニューブ河の水力発電所なんかも、非常に散漫な印象しか得られない」と結論づけている。(65)

「アトラクション」と〈明るさ〉

以上のようなヴェルトフの企図と日本における『カメラを持った男』受容を踏まえたとき、『生れてはみたけれど』の映画内映画シーンの特徴として、小津は、ヴェルトフの映画実践の要である、観客にたいする映画の直接的作用を描いていないという点を挙げることができる。見てきたように、ヴェルトフの〈カメラ眼〉は日本において広く知られており、それを参照することができたにもかかわらず（とくに先で引用したヴェルトフ論のいくつかは『キネマ旬報』に掲載された）、小津はヴェルトフの革命的企図にまったく関心を示していない。(66)たとえば主人公の兄弟は、スクリーン上のイメージを通して大人社会の現実に気づくが、この認識は、ヴェルトフがモンタージュによって実現しようと試みた覚醒とは異なっている。あるいは、小津はヴェルトフと同様に上映プロセスを前景化し、さらに都市や路面電車、体操を撮影するにあたって、非凡な映画的才能を見せている。しかし、小津がこうしたショットにおいて、都市や近代のダイナミズムを捉えているとしても、映画内の観客はその映像を楽しむだけであり、映画を介してあらわにされた「真理」としての〈動き〉は映画内の観客に直接的影響を与えることはない。言いかえれば、撮影と編集を通じて観客の精神を構築し、革命によって獲得されるユートピア的世界に到達しようという野心が、小津作品には欠如しているのである。

それでは、さらに踏み込んで、小津は一九三二年の『キネマ旬報』に寄稿した数人の批評家たちと同様、ヴェルトフのほとんど不可能なプロジェクトにたいし、より冷静で批判的な応答をしたと考えることはできるだろうか。『生れてはみたけれど』の映画内映画に登場する、滑稽な父親や重役（重役は芸者と映っている映像を見て、家族のまえでたじろぐ［図5-11］）の姿はたしかに、ヴェルトフの野心的試みを嘲笑しているように見えるかも

図5－11　『生れてはみたけれど』

しれない。しかしここでは、こうした歴史的証拠を欠く解釈はひかえ、小津はおそらくヴェルトフの巧みな映画技術にのみ関心があったのであり、彼の政治的企図を解さなかっただけなのだと考えておこう。とはいえこうした政治にたいする小津の無関心は、『生れてはみたけれど』が、岩崎やほかの批評家たちが批判したような、映画芸術の洗練化のみに専心する、政治的にニヒリスティックな映画という否定的意味における小市民映画だったことを示唆している。言いかえれば、小津によるヴェルトフへの参照は、映画技法をめぐる衒学的で好事家的なものにとどまっており、かくして、小津はみずからの実践を映画芸術の領域に安閑とさせてしまったのである。こうした見解は、小市民の生活を批判的に捉えた小市民映画の傑作としての『生れてはみたけれど』という一般的な評価と鋭く対立している。

このように『生れてはみたけれど』を真に批判的映画であると見なすことができないとすれば、この作品は日本映画史や小津のフィルモグラフィーのなかで、いかなる位置を占めているのだろうか。こうした問いにたいして本書が提示したいのは、皮肉なことに、小津はプロレタリア映画の政治的企図に無関心であることによって、映画の〈動き〉を観客にたいする直接的影響という理念的能力から切り離し、自身の〈明るさ〉の美学を発展させることができたという見解である。こうした観点から言えば、小津がソヴィエト・プロレタリア映画と交差した——交差し損ねた——『生れてはみたけれど』は、小津の〈明るさの映画〉とソヴィエト・モンタージュ派の「アトラクションの映画」の分岐を徴づけた作品なのである。[67] 小津は一九三二年四月に『生れてはみたけれど』を完成させたのち、本書がこれまで辿ってきたように、一九三二年秋の『青春の夢いまいづこ』から一九三三年の三本の作品まで、映画の〈動き〉にいかなる革命的企図も負わせることなく、映画の〈動き〉を宙吊りにすることを試み、〈明るさ〉や〈はかなさ〉といった観点から自身の映画美学を探究したのである。

このように小津の小市民映画は、映画を介して観客に直接的影響を与え、社会変革を試みるというプロレタリア的意味での政治的映画ではない。しかしながら、小津はそれでも、同時代の小市民たちが生きる社会にたいし批判的だったのではないか。こうした批判性のために、松竹蒲田撮影所は小津の「暗い」作品を歓迎しなかったのではないか。それゆえ小津と撮影所のあいだには、作品製作に関して軋轢があったのではないか。本章はこうした一般的な小津の小市民映画理解の問いに戻ることで結論としよう。小津は一九三四年七月の筈見恒夫によるインタビューで、『大学よいとこ』の製作を一年以上も許可しない撮影所にたいし、次のような不満を漏らしている。

僕は『出来ごころ』〔一九三三年八月〕の前に、『大学よいとこ』という脚本を書き上げた。大学というところが、どんなに無意味きわまるものであるか、ということを書いたんだが、それを作る前に一度会社を儲けさせようと思って作ったのが、『出来ごころ』なんだよ。(68)

ここで示唆されているのは、近代の帰結にたいしてペシミスティックな映画作家と商業主義的理由のために職も未来もない大学生を主人公とした「暗い」作品を好まない撮影所とのあいだの齟齬である。この発言からわかるように、小津はしばしば、同時代の社会的現実と撮影所の方針にたいし批判的だった。しかし本書が提起したいのは、小津を同時代の社会を批判的なまなざしで描く冷静な映画作家として称揚する言説は、はたしてどの程度、小津研究と映画史にとって生産的なのかという問いである。歴史的に言えば、一九三四年以降、政治に積極的に加担しない小津を小市民映画作家だと非難する、強い批判はもはや聞こえなくなってしまった。この小津にたいする批判の不在は、一九三三年に激しさを増した、政府による共産党の取り締まりを起因としている。以降、批評家にできることと言えば、小津を社会の負の側面をも捉えるリアリスティックな映画作家として褒め称えることだけになってしまったのである。しかしながら、小津を社会批判的な映画作家として称揚することが、一九三四年以降のパラダイムに基づいているかぎりにおいて、こうした言説は、小津の小市民映画が製作され、受容された歴史的文脈としての、岩崎たち左翼映画批評家による「小市民映画」への強いプロレタリア的批判および小津による〈明るさ〉の美学の探究の双方にたいし、公正であるとは言えないのである。

第六章　一九三四年以降の小津
――トーキーへ、さらにトーキー以降

本書はこれまで、ハリウッド映画の影響という観点から一九三三年までの小津作品を辿り、小津の映画実践をサイレント映画後期にグローバルな規模で共有されていた映画美学の地平のなかで考えてきた。小津のサイレント作品の軌跡を要約すれば、小津はまず一九二〇年代後半日本におけるハリウッド映画受容のコンテクストのなかで、〈動き〉と〈明るさ〉の美学を学び、ハリウッド映画に典型的な登場人物の身振りを模倣することから始めたのだった。小津はこうした模倣の反復とルビッチの『結婚哲学』における奇妙なアクションつなぎを通じて、映画の〈動き〉に含意される不連続性を発見し、『東京の合唱《コーラス》』のアクションつなぎでこの不連続性に気づいたことを徴づけたのである（第一章）。小津はその後、『東京の女』の冒頭シーンでこうした〈動き〉をいかに扱うのかという問題をめぐって、いっそう徹底的に『結婚哲学』の冒頭シーンを模倣し、さらには不連続性に穿たれた〈動き〉との関連において、特異な〈視線の一致しない切り返し〉を発展させたのであり（第三章）、不安定性を意味する映画の〈動き〉を宙吊りにするという試みのなかで、小津映画はハリウッド映画の〈明るさ〉の感覚から離脱し、〈はかなさ〉ないし「自己疎外」の性質を獲得したのである（第四章）。

くわえて本書は、〈動き〉と〈明るさ〉をめぐる小津の映画実践は、グローバルな規模で共有されていた〈動

き〉を映画の本質と見なすサイレント映画美学の地平のなかでもっとも明瞭に描き出されると主張した。こうした観点からまず参照したのは、ジャン・エプスタインのフォトジェニー論である。すでに論じたようにエプスタインは、映画ミディアムの〈動き〉はそれ自身の不安定性に行きつくという点を鋭く見通しており、本書はこの極限的地点において、フォトジェニー論と小津の映画実践を比較した。同時にこの映画の〈動き〉に結びつけられた性質の違い（スピード／アクションvs.明るさ）に注意を向け、この差異を〈カメラ眼〉および〈映画の経験〉という観点から敷衍した（第三章）。さらにこうした小津の〈動き〉と〈明るさ〉の美学を、映画の〈動き〉に解放的契機を認めたジークフリート・クラカウアーの映画論を参照しながら、〈カメラ眼〉によって引き出される生き生きとした感覚には還元されない「自己疎外」の経験と関連づけて論じ（第四章）、『生れてはみたけれど』と『カメラを持った男』の比較から、小津は映画の〈動き〉を〈明るさ〉の性質に結びつけていたために、映画による直接的影響を介した観客の覚醒というプロレタリア映画の革命的企図を理解しなかったのだと主張した（第五章）。

以上のようなふたつの目的のほかに本書は、一九三〇年前後の日本というローカルな文脈における小津作品の意義についても一定の見解を示した。大学生やモダンガールといった一九二〇年代アメリカを特徴づける類型的人物の身振りの小津による模倣は、同時代日本の大衆モダン文化の一部だったし（第一章）、松竹蒲田映画はこのモダン文化という文脈のなかで、ハリウッド映画の影響のもと、みずからを変容させたのだった（第二章）。同じく第二章では、ハリウッド映画の〈動き〉と〈明るさ〉の美学にたいする小津の過剰とも言える忠実さに注目して、ハリー・ハルトゥーニアンによる「近代の超克」から「近代による超克」へという態の転換に倣って、小津の映画実践を「近代による征服」と呼んだ。こうした小津の映画実践は同時代の左翼映画による政治的企図と比較した場合、純粋に美学的なものだが（第五章）、小津はこうした美学的固執を通じて、一九三〇年代中盤以降、日本と世界がファシズム的軍国主義への傾斜を強めていくなかで、一九二〇年代後半のハリウッド映画が有していた自由と解放の感覚を保持しようと試みたのである（第四章）。

以上が本書の概要である。それでは、これまで論じてこなかった一九三三年以降の小津作品はどのように考えることができるだろうか。小津のサイレント映画美学は一九三三年に頂点を迎えたのだとしても、小津はその後、三〇年にわたって映画を撮りつづけている。そして小津はサイレント作品以上に、嫁ぎにいく娘をめぐるひとり親の悲哀を描いた戦後作品によって名高いのである。小津の初期作品と戦後作品の関係とはいかなるものなのか。一九三四年以降の小津の映画実践とはなんだったのか。以下、トーキー映画の導入という問題に焦点を合わせながら、最初のトーキー劇作品『一人息子』（一九三六年九月）までの小津の映画実践の軌跡を、〈断片的編集〉から〈演出〉へという映画スタイルの変化に注目して辿り、戦後作品まで見通すことのできる視座を提示する。

1　トーキー化の問題——巨匠への欲望と「日本的なもの」への回帰

トーキー映画とキング・ヴィダー

日本において、サイレント映画からトーキーへの移行が遅れたことはよく知られている。一九二七年の『ジャズ・シンガー』（*The Jazz Singer*）』（アラン・クロスランド）以降、ハリウッド映画はトーキーの導入を急速に進め、一九三〇年までにこの移行をほぼ完了させていた。(1) たいして日本における初のフル・トーキー作品の完成は、一九三一年の『マダムと女房』を待たなければならず、またトーキー作品の製作本数がサイレント作品の本数を上回るのは、一九三四年になってからだった。しかし、これは当時の日本において、トーキーに関するいかなる言説も欠いていたということを意味しない。それどころか、トーキー化によるサイレント映画美学の凋落と舞台演劇に台詞をくわえただけのトーキー作品の稚拙さを目の当たりにして、日本の映画批評家たちは初期ハリウッド・トーキーを厳しく批判し、来るべきトーキー映画の姿について激しい議論を繰り広げていた。たとえば、その急先鋒たる岩崎昶は一九三〇年に、映像と音声の同期に拘泥するハリウッドのトーキー映画にたいし、セルゲイ・エイゼンシュテインをはじめとするソヴィエト・モンタージュ派によって提唱された、非同期的で対位法的なモンタージュの優位性を説いている。[2] トーキーの出現によって、映画は音という新しい次元を獲得したのであり、この新しい可能性を活かすためには、音声を映像に従属させる（あるいはその逆）のではなく、音声と映像というふたつの次元の衝突を通じて、さらに高次な「知的」次元の表現を目指すべきだというのである。

それでは小津はこのトーキー化という潮流にたいし、どのように応答したのだろうか。小津がトーキー映画への移行に最後まで抵抗したことはよく知られている。たしかに、小津は一九三六年まで、新しい録音設備（土橋式）を備えた大船撮影所に移ることを拒み、蒲田撮影所に残ったのだった。このトーキーにたいする抵抗はしばしば、新しい技術の導入にさいして慎重を期す小津の気質や、長年彼のカメラマンを務めた茂原英雄が開発を試みていた録音装置（茂原式）の完成を待っていたという友情に基づく美談によって説明されてきた。小津は最初のトーキー劇作品『一人息子』を蒲田撮影所で製作された最後の作品として、茂原式で撮影しており、こうした説明はあながち間違っていないだろう。しかしここで強調しておきたいのは、小津が一九三六年までトーキーに関心がなかったわけではないということである。[3] 小津は早くも一九三四年四月に、「小津安二郎のトーキー論」と題された岸松雄によるインタビューで、次のように述べている。

> 例えば、山の手の広壮な邸宅の一室。来客があって、話している。夜である。話がふと途切れて、客は時計を見上げる。十一時を指している。もう随分遅くなった。十一時を報ずる音。〔……〕時計の音は、広い邸内のほどを思わせ、山の手の夜の寂しい感じをただよわす。そこで、訪問客は初めて辞去して行くのである。これは音を雰囲気描写の手段として使った場合であるが、更に音をサイレント映画に於ける小道具の如くに用いることも考えなければなるまい。[4]

小津がここで語っているトーキー映画の美学は、エイゼンシュテインや岩崎が主張したような、音と映像の対位法といった前衛性を持っていない。しかし、小津は音をきわめて明確に「雰囲気描写」のために使用することを意識しており、さらにこうした音の使用を、登場人物の感情やシーン一般のムードを表現する修辞法としての「小道具」の使用に結びつけている。そうだとすれば、小津はトーキー映画の要点を、音と映像の同期以上に複雑な問題として考えていたと言えるだろう。

さらに本書が提起したいのは、音の追加という技術的革新は小津にたいし、より根本的に映画スタイルの変更を要請したのではないかという仮説である。これを示唆するように、同じインタビューの後半で、小津は『南風(*The Stranger's Return*)』(一九三三年)に言及して、キング・ヴィダーの演出法について次のように述べている。

> 音のつかい方にも、画面々々の構成にも、少しも奇矯な細工を弄してはいない。いうならば、粗雑な感じをさえ抱かしめるような表現なのである。それでいて場面場面に盛られてある感じが極めて明瞭に滲み出ている。キング・ヴィドアのこの演出は、私のこれまで考えていた、又、行って来た演出とは、全く対蹠的のものだったのである。もしあの映画をわれわれが監督したら、もっと細かくアップで押してみたりするであろうと思うような箇所でも、キング・ヴィドアは巨匠の如き落着きをもって、大まかな中に出すべき気分や感じを充分に漂わせている。[5]

すなわちヴィダーの演出法は、小津が一九三三年までに練り上げてきた映画美学の対極にあるというのである。ここで小津は自身の考えを十分に説明しているとは言えない。しかし、それまでの自身の方法を説明する「もっと細かくアップで押してみたりする」という一節から推察されるように、小津は自身の〈断片的編集〉を、「奇矯な細工」を弄さず、「落着き」をもってロングショットとロングテイクで被写体から意味=感覚を引き出す、ヴィダーの〈演出(mise-en-scène)〉と対比している。そのうえで小津は、「粗雑」で「大まか」でありながら、場面の「気分」や「感じ」を十分に表現するヴィダーの〈演出〉にたいし、きわめて率直な感嘆の念を吐露しているのである。小津はこの関連性を述べているわけではないが、ここで提起したいのは、このヴィダーの〈演出〉の美学はトーキーという論点に関係しているのではないかという仮説である。

なぜなら、このインタビュー全体の枠組みはトーキー映画という主題によって与えられているためであり、さらに具体的に言えば、映像と音を同期させなければならないトーキー映画において、シーンをあまりに細かなショットに分割することは、映像と音の首尾一貫性に関して問題を引き起こす可能性があるためである。またこのインタビューにかぎらず、小津は一九三四年以降、ルビッチにかわってヴィダーへの言及の頻度を高め、そのたびに彼の「粗雑さ」や「巨匠の如き落着き」を称賛している。(6) 映画製作にあたってのこの態度変史や参照する映画作家の変化は、小津の関心がサイレント映画美学からトーキー美学へと移行したことを徴づけていると考えることができる。

岸松雄のリアリズム論

それでは、小津が称賛している〈演出〉美学とはいかなるものだろうか。この問いを考えるために参照したいのは、上記インタビューで聞き手を務めた岸松雄によるリアリズム論である。第二章で見たように、岸は一九三〇年頃、左翼的映画批評と袂を分かったのち、今日の形式主義的映画論を予告するような方法で、作品内で起きる出来事をショット毎に記述するという自身の批評スタイルを確立し、『キネマ旬報』作品評欄を中心に多数の映画レビューを寄稿していた。一九三〇年代中盤、岸はこうした批評を発展させながら、ショット間のデクバージュを超えて、ショット内の出来事の記述に焦点をあわせることで、独自のリアリズム映画論を展開した。一九三七年に出版された『日本映画様式考』で、岸は次のように書いている。

> ささやかな小市民住宅を建てる。その内側にキャメラを据ゑて、十年勤続の賞状を撮りニュームの弁当箱をうつす。〔……〕なるほど、これが小市民映画といふのであるか。
>
> だが待てよ、映画の世界といふものは、かうも窮屈なものでいいのであらうか。窓を開けよう。広い世界

> へ出よう。樺太から台湾まで、日本海から太平洋まで、縦横に置かれてゐる人生の営みにキャメラを向けよう。〔……〕人間の営みがある以上、そこにはさまざまな交渉が行はれてゐるだらう。映画は黙つてこれを実写して行けばいい。そこに劇的な体裁を殊さらに押しつける必要はない。実写するといふこと、それを無視した映画の貧しさは哀れである。[7]

岸がここでまず提示しているのは、都市部の慎ましい日常生活を描いた小市民映画と広大な自然のなかで生きる人々を捉えたドキュメンタリー作品（たとえばロバート・フラハティの『極北のナヌーク（*Nanook of the North*）』〔一九二二年〕）という対比である。しかしこの「都市」対「自然」という対立を起点として、岸はリアリズムの問題へと論点を移行させている。岸の主張によれば、自然の厳しい現実のなかでおこなわれている「人間の営み」を「映画は黙つて〔……〕実写」すればよいのであり、編集などの作為的技法を通じて「劇的な体裁を殊さらに押しつける必要はない」のである。こうした岸のリアリズム論は、現実を尺度とした映画の描く物語世界の本当らしさ《ヴェリシミリチュード》に関するものというより、カメラの根源的な「世界を写し取る」能力をめぐるものである（別論文で使われる「写実以前の写生的精神」という語句は、岸のリアリズムの要点が、編集や物語によって構築される本当らしさとしての「写実」以前の、機械装置によって写し取られる「写生」に関わっていることを示している）[8]。逆に岸は、編集やセットの組み立てといった作為的側面に拘泥し、映画の根本にある「実写」の精神を忘れた作品を「貧しい」と批判するのである。

こうした岸のリアリズムをめぐる議論は、アンドレ・バザンが「映画言語の進化」（一九五七年）で提唱した〈演出〉の美学を、約二〇年、先んじるものとして見なすことができる[9]。バザンの〈演出〉論はしばしば、スタイル上の問題に還元されるロングショット・ロングテイクやディープフォーカスの美学として理解されてきたが、バザンはエイゼンシュテイン的編集にたいし、現実を捉えるカメラの能力を擁護したのだった[10]。見てきたように、岸もバザンと同様、スタイルではなく、映画の根底にあるリアリズム的能力を尊重する精神を問題にしたのである（岸も物語や編集を完全に否定しているわけではなく、この点で、岸とバザンがともに、編集上の作為が働いているドキュメンタリー作品『極北のナヌーク』を参照していることは注記に値する）。くわえてバザンは「映画言語の進化」を、サイレント映画にたいして美学的に劣ると見なされたトーキー映画の擁護という枠組みのなかで書いている。そうだとすれば、明示的に述べられているわけではないが、岸もバザンと同様、映像と音声を同期させる必要があるために編集上の技巧に制約が課せられるトーキー映画という新しい技術の出現を目の当たりにして、リアリズム論を展開したと考えることができるのである。[11]

以上のように論じるからといって本書は、批評家としての岸が映画作家としての小津に、トーキー映画製作のための理論的支柱を与えたと主張しているわけではない。むしろ、一九三四年のふたりの対話（あるいはヴィダー作品について語る小津の感想）を端緒として、小津と岸は実践と理論の領域において、それぞれ独自の探究を深めていったと言うべきだろう。以下ではトーキー作品製作の準備という観点から、一九三六年の『一人息子』にいたる小津の後期サイレント作品の軌跡を辿ろう。

『浮草物語』と風景

まず、小津後期サイレント映画を代表する『浮草物語』（一九三四年一一月）から始めれば、一方において小津は、同年の「キネマ旬報ベストテン」第一位に輝いたこの作品で、彼がそれまでに練り上げていた、編集に基づく映画スタイルをさらに精緻化している。〈視線の一致しない切り返し〉に関して言えば、その洗練された使用を、喜八（坂本武）がおつね（飯田蝶子）を訪ねるシーンに見ることができる。旅芸人の座長である喜八は若かりしとき、巡業先の信州でおつねと恋に落ち、ふたりのあいだには子どもまである。喜八は数年ごとにこの地方都市を訪れ、遠目ながら息子の信吉（三井秀男）の成長を見守ってきたが、信吉はいまや立派な中学生（現在の高校生）になっている。この場面で、喜八はおつねと信吉が暮らす小料理屋の二階に通され、おつねに数年来会っていない息子のことを尋ねる。喜八とおつねは囲炉裏を挟んで、〈視線の一致しない切り返し〉のさいに典型的に使用される「筋交い」の配置に座る。ふたりの位置関係がロングショットで示されたのち、それぞれのミディアムショットが、ふたりの視線をつなぐアクション軸を跨いで交替される（図6-1、6-2、6-3）。小津はこの一九三四年の作品で、それ以前の切り返しのシーン以上に厳密に「筋交い」の配置に登場人物を配し、この特異な映画スタイルをさらに形式化したうえで使用したのである。[12]

一九三三年までの映画実践との連続性に関して言えば、小津は『浮草物語』で、図柄上の遊戯をさらに洗練させている。たとえば、この町での初公演をひかえ、灸を据えられる喜八のしかめ面は、宿屋の壁面に描かれた、睨みを利かせる人物の顔の絵と図柄のうえで対応させられる（図6-4）。またこうした観点から印象深いシーンとして、喜八が信吉と釣りに行く場面を挙げることができる。喜八はこの時点で、自分が父親であることを信吉に打ち明けておらず、信吉は喜八をたんなる親切なおじさんだと思っている。この川釣りの場面で、ふたりは並んで釣竿を投げるが（図6-5）、喜八は胸元から財布を落としてしまう。その瞬間、それまでタイミングが正確に一致させられていた釣竿を投げるというふたりの動作に乱れが生じ、この弛緩した幕間の時間に、ふたり

図6-1　『浮草物語』（図6-8まで）

図6-2　「筋交い」の配置

図6-3

図6－4 背後の写真との図柄上の一致

図6－5

図6－6　自然の風景

図6－7

は落とした財布の中身について会話を交わす。語りは巧妙に、微妙な関係にある父子のやり取りを前景化したのち、ふたりは釣りを再開し、正確に図柄のうえで同期させられたうえで、釣竿を川に投げる。このシーンは小津作品のうちでも、図柄上の照応によって、登場人物間の意思疎通のニュアンスがもっとも効果的に表現された場面のひとつである（父子が韻律的に釣竿を投げる同様のシーンは、一九四二年の『父帰る』にも見ることができる）。

　このように『浮草物語』は疑いなく、一九三三年までの小津作品の延長上で作られている。しかしそれ以前の作品と比較したとき、『浮草物語』の特異な点は、自然の風景を悠然と捉えたロングショットにある[13]。たとえばこの作品におけるもっとも美しい場面に、旅芸人の役者が人力車で地方都市の目抜き通りを通り過ぎるシーンがある。このシーンで、家のなかから人力車が走っていることを見つけた妙齢の女性が、かつて恋い焦がれた昔年の喜八を思い出し、目抜き通りへと飛び出す。縦の構図で画面の奥へと去っていく背後から捉えられた人力車のロングショットと女性のミディアムショットが交替されるが（図6－6、6－7）、このロングショットの後景には信州の山々が悠然と構えており、小津はこの風景のショットを通じて、哀愁漂うシーンの雰囲気を――彼がヴィダーを称賛するように「大まか」に――表現しようとしているのである。

ここでは切り返しの構造のために、遠くから捉えられた風景は女性の視点を経由した憧憬の対象として、物語のエコノミーへと周到に組み込まれている。しかし、日本の「自然」と言える風景ないし山河をロングショットで捉えるという試みは、それ以前の小津作品に確認できるものではない。この切り返しの交替において、信州の山々を捉えた三つのショットはそれぞれ、八秒、五秒、八秒間の長さであり、各々はロングテイクであると言えないが、総和として長い持続時間を持っている。また先の釣りのシーンでも、釣りを楽しむ父子の背景には、信州の山河が年月を超えて屹立するように一五秒にわたって捉えられている。さらに信吉が旅芸人の娘のおとき（坪内美子）と逢瀬を重ねるシーンで、彼らが待ち合わせをする田園や線路沿いの原っぱは、それ自体として田舎の持つ長閑《のどか》な雰囲気を表現し、背景にはしばしば、人々の営みを抱くような山々の風景が示されている（図6－8）。

図6－8　自然の風景

これらのショットはいずれも数十秒を超えず、パンやトラッキングといったカメラの移動も含まないという意味で、小津のロングショット・ロングテイクの手法はそれほど目立つものではない。とはいえ、小津が『浮草物語』で試みている映画美学は、それまでの細分化されたショットの積み重ねに基づく〈断片的編集〉の美学とは明らかに異なっている（なお小津のサイレント作品におけるショットの平均持続時間は、五秒に満たない[14]）。より正確に言えば、一九三三年までの小津も映画の〈動き〉という観点を中心に、シーン全体から意味を引き出すことを試みていたのであり、こうした実践は〈演出〉の美学に通じている。

しかし小津はこの〈演出〉の美学を、一九三三年までの編集の美学とはべつの経路を辿って、「落ち着き」をもって「大まか」に表現する試みとして、ロングショット・ロングテイクの方向へ転回させようとしているのである。

小津がロングショット・ロングテイクにおける「大まか」な表現を試みたとき、信州の山河という日本的風景があらわれてきたことは偶然でないだろう（小津が参照しているヴィダー作品は、アメリカの田舎を舞台としている）。また、後年の小津が「日本的」にして静謐な映画作家としての名声を得たとすれば、一九三四年頃におけるこの転向は過小評価すべきでない。とはいえ、この問いにはのちに戻ることにして、まずは小津最初のトーキー作品『一人息子』までの小津サイレント作品の軌跡を辿っておこう。実のところ、『浮草物語』の次作にあたる『東京の宿』（一九三五年一一月）は日本的価値を担う田舎のかわりに、喧騒の都市である東京を舞台としているが、小津の関心はこの新作においても〈演出〉の美学に向かっているのである。

『東京の宿』と『一人息子』

『東京の宿』は、小学生と就学前の幼児とともに、職を求めて東京の殺伐とした工業地帯をさまよう中年男性の喜八（坂本武）を追った作品である。映画は、喜八が明日の食事や宿の目処もないまま、張り出された求人広告をあてに工場を訪ねるも、つぎつぎと就業を断られる場面からはじまる。その後、彷徨のなかで出会ったおたか（岡田嘉子）や幼い娘（小嶋和子）との交流、おたかにたいする喜八の恋心、昔馴染みの食堂女将のおつね（飯田蝶子）との再会をへて、就職と生活が安定するまでを描き、作品は、喜八がおたかの娘の入院費を得るために盗みを働くという悲劇的結末で終わる。『東京の宿』はこうした救いようのないプロットのために、小津作品のなかでもとりわけ暗鬱とした作品と見なされてきたが、ここで注目したいのは、作品の前半で延々と捉えられる停滞感に満ちた東京の工業地域の空虚な風景である。もし『東京の宿』が寂寥とした感覚を持つとすれば、それは映像の水準で、しばしば挿入される、荒涼とした東京をあてもなく歩く喜八とふたりの子どもの姿を背後から捉えた、長い持続時間（二〇秒など）を持ったロングショットによるところが大きいのである（図6－9）。

そして小津はおそらく、このロングショット・ロングテイクを意識的に試していた。岸は『日本映画様式考』で、次のように書いている。

　撮影半ばにして小津安二郎は、ぼくにこんなことを語つた。「東京の宿」は、知つての通りのものだけれど、監督者としては、今迄の行き方とは違つて粗く撮つて見た。たとへ失敗しても、その粗く撮つたやり方がどれだけの効果をもつてゐるかを験してみたかつた、と。[15]

　岸の記述は以上にとどまっており、ここで小津の発言として引かれている「粗く撮る」ことの真意は不明である。しかしそれは、これまでの議論をふまえれば、先に参照した一九三四年のインタビューにおいて小津がヴィダーを称賛したときに使用した「粗雑さ」や「大まかさ」といった語を指していると考えることができる。そうだとすれば、小津は『東京の宿』でトーキー作品製作の準備のために、東京を舞台として、「粗雑」なロングショット・ロングテイクの〈演出〉の美学を試していたと考えることができるだろう。

　一九三六年九月に公開された小津のトーキー長編第一作『一人息子』は、以上のような一九三四年以降の映画実践の延長上で考えられるべきである。まず指摘したいのは、小津はこの作品で、信州から息子を東京へ送り出す母親に物語の題材を求めることによって、『浮草物語』（田舎）と『東京の宿』（都会）の舞台背景を接合しているという点である。そのうえで小津は、息子の子ども時代や母親が暮らすシーンにおける信州の山々の風景や息子の成年後の生活を描いた後半部における東京のゴミ焼却場の風景を、『浮草物語』や『東京の宿』

図6－9　『東京の宿』東京の風景

図6－10　『一人息子』（図6－11まで）自然の風景

図6－11　東京の風景

と同じく、ロングショットによって挿入するのである（図6－10、6－11）。もちろん、トーキー映画での音の使用に関する大きな問題として、ミディアムショットないしクロースアップ時における登場人物の台詞をどのようにくわえるかという論点が挙げられる。小津はこの問題にたいし、特異な〈視線の一致しない切り返し〉において、ショットの交替のペースを遅くすることで対応している。さらに風景のロングショットでは、各風景をいくぶん長い持続時間で捉え、そこに製糸工場や車の走行音といった環境音を付加している。言いかえれば、小津は後期サイレント映画からトーキー映画に移行するにあたって、映像の水準でいかなる本質的な変更も施していないのである。

「日本的なもの」の出現と「巨匠」への欲望

本書を通じて見てきたように、小津は最初期から、映画ミディアムの〈動き〉という論点を中心として、シーン全体から繊細でありながら表現に富む意味や感覚を引き出そうとしてきたのであり、こうした映画実践は〈演出〉の美学に通じている。しかし小津は一九三四年以降、トーキー作品製作を見越して、みずからの映画スタイルをきわめて意識的に、悠然とした〈演出〉の美学の方向へと傾斜させていったのである。とはいえ、ここで思い出しておきたいのは、一九三三年までに小津が発展させた編集美学の中心には、特異な映画ミディアムという考え方が存していたということである。論じてきたように、映画ミディアムはそこから意味が引き出される映画表現の源泉であるが、小津は編集を通じて、こうした映画ミディアムに内包される〈動き〉を、その極限とも言える不安定な状態に保とうと試みた。そしてこうした一九三三年までの小津の映画美学を考慮に入れたとき、提起したいのは、小津は一九三四年以降の〈演出〉の実践で、映画ミディアムという鍵となるタームを短絡化《ショート・カット》してしまっているのではないかという問いである。あるいは、小津はあまりに安直かつ目的論的に映画ミディアムの〈動き〉を、シーンや登場人物の感情《エモーション》と結びつけてしまっているのではないか（ただし不安定な状態にある映画ミディアムは、表現と反表現の閾にあるが、表現の強度が究極的に高められているという意味で、表現の対極にあるものではない）。

映画ミディアムの短絡化という論点は、次の二点を考えたとき、とりわけ大きな問題になってくる。第一に、〈演出〉を介して直接的に意味が引き出されることが試みられるところに、「日本的なもの」という価値が入り込んでしまう。見てきたように、日本的哀愁を誘う風景が小津作品のなかではじめて明示的にあらわれたのは、『浮草物語』においてであった。たしかに小津は一九三四年以降、この時期のヴィダーに傾倒しており、ヴィダーは悠然と捉えられたアメリカの田舎を背景とした作品を撮っていた。そうだとすれば、小津の風景はアメリカの田舎に起源を持っているということになり、単純な「日本的なもの」への回帰として理解することはできない。しかし一九三四年とは、満州事変や五・一五事件以降における軍国主義への傾斜のみならず、かつては肯定的に受け止められた、近代による「開かれ」の経験、絶対的《アブソリュート》な「開かれ」であるために寄る辺なさでもある経験に耐えられなくなった知識人たちが、日本的価値によって、近代を乗り越えることを模索し始めた時期にあたる（ハルトゥーニアンの言う「近代による超克」から「近代の超克」への転向）[16]。こうした文脈を考慮に入れれば、〈演出〉によって、山河に囲まれた田舎の風景からロマンティックな価値を引き出そうとした『浮草物語』の映画美学も、ナショナリズムの隆盛に加担した一九三四年以降の言説パラダイムと無関係であるとは言えない。

たしかに『東京の宿』や『一人息子』の後半部に注目して、小津はこの〈演出〉を通じて、「日本的なもの」の価値ばかりでなく、都市生活に含意される〈はかなさ〉の感覚を表現したと主張することもできる。しかしこの〈はかなさ〉は、都市の空虚な空間から直接的に引き出された感覚であり、小津が一九三三年の作品で表出することを試みた、〈動き〉の性質が高められた映画ミディアムの不安定性から誘発される「自己疎外」の契機を孕んだ〈はかなさ〉の感覚——感覚ならざる感覚——とは異なっている。すなわち、ここで表現される〈はかなさ〉とは、その意味内容は消極的なもの（「寂しさ」など）だとしても、積極的に定義づけられた雄弁な意味を有しているのであり、意味そのものが貧しく、疎外化された、根本的な〈はかなさ〉ではないのである。こうした理由から『東京の宿』の〈はかなさ〉は、一義的には都市の経験に結びつけられているとしても、文化論的小津論者たちが主張したような、ある種の「空虚さ」の感覚に容易く連結させられ、日本的価値の表現として解釈されかねないものである。

くわえて、〈演出〉の美学とそれにともなう映画ミディアムの短絡化という問題は、「巨匠」への欲望という論点にも関わっている。第三章で見たように、小津は一九三二年後半から一九三三年にかけて、映画の〈動き〉を極限的状態に保ちながら、そこに崩壊を視覚化するイメージを挿入することで、切り返しのシーンを組み立て、

図6－12 『浮草物語』（図6－15まで）手をあげる坂本武

図6－13

図6－14

さらにはこうした切り返しを反復的に使用することで、作品全体を構造化したのだった。そして小津は『浮草物語』においても、「筋交いの配置」を形式化するなど、特異な切り返しの使用をいっそう洗練させ、そればかりか、たとえばおときに信吉を誘惑させたことを知った喜八がおたか（八雲恵美子）と対峙するシーンでは、切り返しによる交替のなかに、喜八が平手打ちをするという破断を視覚化したショットを挿入している（図6-12、6-13、6-14）。しかし一九三四年以降の作品では、登場人物の組み合わせと同じアクションの反復的使用を通じて構築される、シーン間の微細な呼応関係は設けられなくなってしまった。

さらに言えば『東京の女』や『出来ごころ』の冒頭シーンは、作品を通じてその崩壊としての破断のイメージを反復するために、映画ミディアムを極限的なまでに不安定な状態に保つことに専心していた。それにたいし『浮草物語』の冒頭シーンでは、喜八たちの到着を待つ、夜の寂しい駅舎が捉えられるばかりである（図6-15）。岸はこのシーンを、「電燈の光と影とが醸し出す人物の陰翳をあるがままに見せようとする」試みとして、リアリズムの観点から高く評価している。しかし、それが「雰囲気描写」として素晴らしいものだとしても、映画ミディアムを不安定な状態に保つ試みとしては弛緩していると言わざるをえない(17)。たしかにある特定の細部にたいする過度な拘泥は、映画表現の制約と硬直化を招くだろう。そのかぎりにおいて、「大まかな」――ゆえに落ち着いており「巨匠」然とした――映画表現へと向かった一九三四年から一九三六年にかけての作品は、小津映画美学の成熟を意味している。しかし、もしこうした〈演出〉の美学のなかで、不安定なまでに動的な状態が高められた映画ミディアムという一九三三年までの小津映画美学の核がゆるめられたとすれば、この方向転換には、小津後期作品を肯定的にも否定的にも特徴づける不変性や権威主義へと通じる、小津自身の「巨匠」への欲望という問題が隠されているのである。

ここで、第一章で参照した小津による音羽屋への言及に戻れば、小津はこの

図6-15　駅舎の情景描写

一九三五年のインタビューで、「人情の機微」という語句を使って、舞台に感覚＝意味を吹き込む歌舞伎の名人芸を称賛していた（四一頁）。第一章では、小津がルビッチを形容するさいに使う「感情の機微」という語句との類似性に注目することで、一九三〇年代前半と一九三〇年代中盤の小津の映画美学の連続性を強調した。いまや、わたしたちはこの言及に、「日本的なもの」への転向と「巨匠」への欲望という一九三〇年代中盤における小津の態度変更に含意される問題を読み取ることもできるだろう。ただし同時に強調したいのは、一九三〇年代前半の小津の映画実践は決定的に、編集を介した〈動き〉の宙吊りという映画ミディアムへの迂回を経由していたということである。

2　〈断片的編集〉と〈演出〉のあいだで——戦後作品における「認めること」のための空間

『風の中の牝雞』とサイレント映画美学

それでは、一九三六年以降の小津の映画実践はどのように考えることができるだろうか。これまで辿ってきたサイレント作品の軌跡に関する考察は、それによって小津が「巨匠」と見なされる戦後作品にいかなる見解を与えてくれるだろうか。以下、キング・ヴィダーの一九三五年作品『結婚の夜（*The Wedding Night*）』を参照しながら、『風の中の牝雞』（一九四八年九月）と『晩春』（一九四九年九月）という戦後の早い時期に製作された二作品を比較することで、小津戦後作品の軌跡も〈断片的編集〉の美学と〈演出〉の美学という二項にもとづいて考えることができると主張すると同時に、こうした実践のなかであらわれた、スタンリー・カヴェルの言う「認めること（acknowledgment）」のための空間に注目する。

よく知られているように、終戦にともなうシンガポールからの帰還ののち、小津は飯田蝶子を主演として『長屋紳士録』（一九四七年五月）を完成させる。混乱をきわめる敗戦直後の東京の雑踏のなかで父親と逸《はぐ》れてしまった少年（青木放屁）をめぐって、飯田をはじめとする長屋の住人たちが奔走するこの作品は、東京の下町に暮らす市井の人々の社会的現実を主題としているという意味で、戦前の喜八シリーズ（とりわけ『出来ごころ』）との連続性を指摘することができる。スタイルに関して言えば、『長屋紳士録』はロングショット・ロングテイクで大まかに構成されており、この点で〈演出〉へと傾斜した後期サイレント作品や『一人息子』と類似している。しかし、小津は次作の『風の中の牝雞』において、主題ばかりでなく、スタイルおよび作品構造の水準で自身のサイレント映画美学に回帰するのである。(18)

作品の前半、ヒロインの時子（田中絹代）は息子の浩（中川秀人）とともに、夫の修一（佐野周二）が戦地から帰還することを待っている。生活は苦しいながら、時子はなんとかやりくりしている。しかし、浩が大腸カタルに罹患することで万事が窮し、時子は最後の手段として、一度かぎり売春をおこなうことで入院費を得る。そして、このあやまちをめぐる物語がすぐれてメロドラマ的に〈視線の一致しない切り返し〉を通じて語られるのである。まず映画の冒頭、浩の病気に先立ち、時子は友人の秋子（村田知英子）を訪ねるが、ここで、生活の窮状をぼやくふたりのミディアムショットは淡々と交替される。つづいて、時子が秋子に浩の入院費のために売春をおこなったことを告白する場面では、ふたりのミディアムショットが数回、交替されたのち、切り返しは、後悔の念から手で顔をおおう時子のミディアムショットによって中断される（図6-16、6-17、6-18）。さらに作品の後半、修一が日本に帰還したのち、妻よりこの事実を知らされた夫のジレンマが、〈視線の一致しない切り返し〉を中心に構成された会話シーンを通じて描かれ、そのうちのひとつのシーンでは、『出来ごころ』における本を父親に投げつける富坊を彷彿させながら、修一が空き缶を放り投げさえする（図6-19、6-20、6-21）。

このように『風の中の牝雞』はトーキー作品だが、不安定性の感覚を核とした〈視線の一致しない切り返し〉の反復的使用を中心に構成されているという点で、小津のサイレント映画と同じ構造を持っている（疑念を抱いた男性が女性に暴力を振るう主題を含め、とりわけ『東京の女』に類似している）。この不安定性の感覚がもっとも劇的に表出される場面が、最後の階段シーンである。ここで、許しを請う時子とそれでも許せない修一のやりとりが〈視線の一致しない切り返し〉で示されたのち、修一は時子を振り払おうとし、彼女を階段から突き落として

図6－16　『風の中の牝雞』（図6－27まで）

図6－17

図6－18　泣き崩れる田中絹代

図6－19

図6－20

図6－21　缶を投げる佐野周二

図6－22

図6－23　階段から落ちる田中絹代

図6－24

図6－25

図6－26

図6－27　階段から落ちる缶

しまう（図6-22）。すると時子が逆さまに階段を落ち（図6-23）、修一のショットがふたつ挿入されたのち、階段の中段から見下ろす修一と階段の下で横たわる時子のショットが四度、交替される（図6-24、6-25）。つづいて階段を這いながらのぼる時子のロングショットが挿入され（図6-26）、ふたりは最終的な和解にいたる。

まず抑制の作家として知られる小津が、屹立するように正面から撮られた階段を背景として、この階段から落下する、あるいは階段を這いのぼるというアクションを、かくも誇張して捉えているという事実に驚くべきだろう。それればかりか、小津はこの階段での出来事をより劇的なものにするために、『風の中の牝雞』全編にわたって、階段のショットを繰り返し挿入している（冒頭シーンを含めて、多くの場合、これらのショットは静かに階段を提示するばかりであるが、時子の落下を予告するかのように、空き缶が落ちていくショットもある［図6-27］）。

『晩春』の抑制された表現

先行する小津研究は、『風の中の牝雞』の特異性は敗戦直後の社会的現実を背景とした明示的な暴力描写にあり、この特徴は、正面から捉えられた階段のショットにもっとも明示的にあらわれていると論じてきた。反対に、次年の『晩春』にはじまる小津の後期作品は、この暴力の場としての階段の不在によって徴づけられているというのである。[19] 嫁ぎにいく娘をめぐる父親の悲哀を描いた『晩春』からは、生活空間としての一階と紀子（原節子）の居室がある二階のあいだに存在しているはずの階段が、視界から周到に排除されている。直接的に描かれないのは、階段ばかりでない。たとえば、終戦直後の混乱が紀子の病気の原因として示唆されているが、こうした悲惨な現実が前景化されることはない。また『晩春』にはそもそも暴力のシーンは存在しないが、小津はいくつもの劇的出来事を省略している。もっとも典型的には、紀子が結婚する熊太郎という名の男性は、一度も姿をあらわさないし、作品の後半、物語は紀子の結婚にむかって進んでいくが、映画は紀子と父親の曽宮（笠智衆）が思い出作りのために出かけた京都旅行のエピソードに焦点をあわせることで、それ自体でスペクタクルになりうるだろう、披露宴などの結婚をめぐるシーンを省略している。

ただし『晩春』も『風の中の牝雞』と同様、〈視線の一致しない切り返し〉の場面の反復から構成されており、切り返しに含まれる不安定性によって、登場人物の感情の揺れ動きが表現されるシーンもある。その例として、紀子が服部（宇佐美淳）と鎌倉の海岸を自転車でデートしたのち、食事をしながら、曽宮にそれを報告する場面を見てみよう。曽宮は服部の上司であり、服部を紀子の結婚相手として望ましいと考えているが、紀子からの報告を聞いた曽宮は、そのことを切り出す。

① 曽宮のミディアム・ロングショット。曽宮「おばさんがねえ、どうだろうって言うんだけど」（図6－28）。
② 紀子のミディアム・クロースアップ。箸をとめて、紀子「なにが」（図6－29）。
③ 曽宮のミディアム・クロースアップ。箸をとめて、曽宮「おまえをさあ、服部に」（図6－30）。
④ 紀子のミディアム・ロングショット。笑い出して、紀子「お茶、お茶、お茶」（図6－31）。

紀子はおそらく服部を好きであり、服部にはべつの婚約者がいることを父親に伝えなければならないことは彼

図6－28 『晩春』（図6－34まで）

図6－29 静止させられる箸

図6－30

図6－31 緊張の放出

図6－32　「佐竹くんとふたりで作り上げていく」結婚を説く

図6－33

図6－34

女にとって悲劇である。しかし紀子は、声を荒らげることも、泣き出すこともせず、④において箸でつまんでいたおかずを茶碗へと投げ込み、笑い出すばかりである。ここでの演出は抑制されている。しかし、②と③のショットで、会話のなかで高められた緊張に呼応するように、紀子と父親が箸をとめていたことに注意すれば、この静止の身振りによって保たれた緊張をほどく、箸からおかずを投げ出すというアクションが、どれほど豊かな表現になっているかは明らかだろう。（ただし登場人物の感情が抑制されることなく、明示的に身振りで表現される切り返しの場面もある。たとえば、曽宮が紀子に自分も再婚するつもりであることを示唆する場面では、次第にペースが速められた曽宮と紀子のショットの交替が、ロングショットで捉えられた紀子の振り返るという身振りによって中断される。）

以上のような小津の映画術は、大まかな〈演出〉というより、劇的場面の抑制ないし省略として特徴づけることができるだろう。とはいえ、小津が『晩春』を、大まかで粗雑な〈演出〉を念頭に製作していたことを示唆するシーンもある。たとえば、京都旅行の最後にある旅館での会話のシーンで、紀子は荷造りをしながら、やはり父親と暮らしたいと告白する。この紀子のミディアムショットには、それに驚く曽宮のミディアムショットがつづき、曽宮を正面として紀子を斜め横からの後ろ姿で捉えた、四〇秒間持続するロングショットへとつなげられる（図6-32）。そしていかなる不安定性の感覚を介することなく、曽宮と紀子のミディアムショットがいくぶん無造作に交替され（図6-33、6-34）、曽宮の口から「重要なのは結婚そのものではなく、結婚を通じてふたりで幸せを築くことだ」と結婚の心構えが切々と二分間にわたって説かれることで、紀子は結婚を納得するのである。すなわち『風の中の牝雞』では、最後の和解にいたるために大げさな階段の落下のシーンを必要としていたのにたいし、『晩春』では、最後の和解は曽宮と紀子のロングショットを基調とした大まかな〈演出〉によって、カタルシスのないまま、あっけなく達成されてしまうのである。

ヴィダー作品にたいするふたつの姿勢

こうした大まかな〈演出〉への方向転換は、『晩春』と『風の中の牝雞』におけるヴィダー作品への言及を比較することによって明らかになる。まず『風の中の牝雞』の階段落下シーンの原典と見なすことができる、一九三五年作品『結婚の夜』のラストシーンに注目しよう。[20] コネチカット州の田舎を舞台として、既婚の小説家トニー（ゲイリー・クーパー）と近所に住むポーランド系移民の女性マーニャ（アンナ・ステン）のはたせぬ恋を描いたこの作品の最後、マーニャと結婚したばかりの新郎フレドリック（ラルフ・ベラミー）は、かつてマーニャがトニーの家に泊まったことがあると知る（ただし、マーニャは大雪のために帰宅できなかっただけであり、ふたりのあいだにはなにも起こらない）。このクライマックスの場面で、マーニャはトニーのもとへ、嫉妬に狂ったフレドリックが激昂してむかっていることを伝えにくる。

① 階段の上、二階の廊下にいるトニーの仰角のロングショット。フレドリックのことを知らせに、マーニャが階段を上がる（図6-35）。

図6－35　『結婚の夜』(図6－41まで)

図6－36

図6－37

図6－38

図6－39

図6－40

図6－41

② 階段の中段にいるトニーとマーニャのミディアム・ロングショット（図6‐36）。
③ 到着したフレドリックの俯瞰のミディアムショット。階段を駆け上がる（図6‐37）。
④ ①と同じアングルから、トニー、マーニャ、フレドリック。階段の中段でトニーとフレドリックがもみ合い、マーニャが制止する（図6‐38）。
⑤ 階段の真下から、④のアクションを仰角で捉える。騒ぎを聞いたトニーの妻（ヘレン・ヴィンソン）が奥から出てくる。マーニャが階段から落ち、階段中段の三人は下を見る（図6‐39、6‐40）。
⑥ 階段の下で、倒れるマーニャのロングショット。トニーと彼の妻、フレドリックがマーニャに駆け寄る（図6‐41）。

つづいて、トニーの妻のクロースアップなどを挟みながら、マーニャは介抱されるが、死んでしまう。死にさいしてトニーに抱かれながら、マーニャは伴侶になったばかりのフレドリックと幸せな家庭を築くことを決意し、それを発話する。

『風の中の牝雞』と比較すれば、両作品には、クライマックスにおいて、あやまちを犯した（と嫌疑をかけられた）女性が階段から落下するという主題上の共通点にくわえ、階段を真下からとらえたショット（図6‐23、図6‐36、6‐39）や階段の上段から下を呆然と見つめる人物のショット（図6‐24、6‐40）といった構図や演出上の特徴に類似点を認めることができる。しかしここで思い出したいのは、小津は一九三〇年代中盤、ヴィダーの「粗雑」で「大まか」な〈演出〉をこそ高く評価していたということである。そうだとすれば、『風の中の牝雞』における翻案は、ヴィダー作品が小津にたいして当初持っていた影響の含意とは反対の方向に進んでいると言うことはできないだろうか。

『結婚の夜』の階段落下のシーンは、いくつかの細分化されたショットの編集から構成されているという意味で、長回しによる典型的な〈演出〉の場面であるというわけでないが、全体として「粗雑」に構成されている。

登場人物たちのアクションを捉えるロングショットは、階段という場の危険性を示唆するように仰角気味に構えられているものの、階段を中心とする物語の舞台を概観的に示すばかりであり（図６‐35、６‐38）、このように物語の進行を大まかに捉えるロングショットのなかに、登場人物の怒りの表情を伝えるショットが挿入される（図６‐37）。またマーニャの落下にさいしては、カメラは無造作にも、階段を屹立するように正面から捉える位置へと置きかえられる（図６‐39）。

小津は『風の中の牝雞』のラストシーンを構成するにあたって、『結婚の夜』から階段というモティーフを抽出し、ヴィダーの「粗雑」な〈演出〉を細かなショットを緻密につなげる〈断片的編集〉へと組み直している。すなわち、階段を含めた舞台となる場を概観的に示すロングショットを省略し、階段を屹立しているかのように捉えるショット（図６‐23）のみに限定したうえで、階段のうえから呆然と見下ろす修一のショット（図６‐24）と階段下のショット（図６‐25）を四度にわたって交替させているのである（この切り返しと言える交替は『結婚の夜』にはない）。そればかりでなく、時子が階段下で立ち上がったのち、ふたたび階段を正面から捉えたショット（図６‐26）を提示し、時子が階段を這いのぼる様子を四〇秒にわたって捉えている。このような作為の結果、階段という場が孕む危機の感覚と落下という劇に含意されるメロドラマ性は際立たされるが、こうした翻案は、ヴィダーの「粗雑さ」とは反対方向に進んでいるのである。

『晩春』においても、小津はヴィダーを参照しているが、『風の中の牝雞』と異なり、緻密化の方向へむかっていない。たとえば、『晩春』の有名なフレーズとして、おばの田口（杉村春子）が、紀子の婚約者の熊太郎につける「クーちゃん」があるが、この愛称はさらにゲーリー・クーパーに結びつけられる。この言葉遊びは、直前のシーンにおける、この婚約者は紀子のファンであるクーパーに似ているかと尋ねるアヤ（月丘夢路）の質問に呼応しており、紀子はこの問いかけに「少し似ているが、家にくる電気屋の男性のほうが似ている」と答える。一見したところ、この会話は意味のない戯れのように聞こえる。しかし映画の冒頭近く、この電気屋の男性は、電気メーターを測るために踏み台にのった姿でごく短いあいだ示され（図６‐42）、このショットの構図は、『結婚の夜』の冒頭近くにある、クーパーが踏み台にのって電灯を修理するショットに類似しているのである[21]（図6－43、6－44）。この翻案において特筆すべき点は、この電気屋の男性の顔は示されず、さらに『結婚の夜』の踏み台は低くされることで、周到なカメラ位置の選択によって階段の危険性が強調された『風の中の牝雞』とは反対に、踏み台にのる男性というモティーフに内包される劇的含意は、粗雑にも目立たなくされているというところにある。

『結婚の夜』にくわえ、『晩春』において参照されているヴィダー作品として、一九三七年の『ステラ・ダラス（*Stella Dallas*）』を挙げることができる。まずストーリーに関して、娘の結婚のために自身を犠牲にする片親の物語である『ステラ・ダラス』と『晩春』はパラレルの関係にある（『ステラ・ダラス』では、母親［バーバラ・スタンウィック］が娘のために離婚を決意するのにたいし、『晩春』では、父親が再婚をよそおう）。さらに、これら二本の作品はともに印象的な自転車のシーンを含んでいる（図6－45、6－46）。『ステラ・ダラス』のローレル（アン・シャリー）とリチャード（ティム・ホルト）はこの自転車デートののち、恋に落ちるのにたいし、紀子は服部を諦

図6－42『晩春』電気屋の男性

図6－43 『結婚の夜』（図6－44まで） ゲイリー・クーパー

図6－44

図6－45　『ステラ・ダラス』

図6－46　『晩春』

めるという違いはあるが、いずれの作品でも自転車シーンの直後、母親ないし父親は娘のために自身を犠牲にすることを決意する。また紀子とローレルは同じ髪型をしており、両シーンともいくぶん大げさな背景音楽が重ねられていることからも、小津が『晩春』で、紀子と服部が自転車に乗るだけの冗長なシーンを挿入するにあたって、ヴィダーを参照していたことは明らかである。ただし『結婚の夜』の踏み台への言及と同様、この自転車シーンでも、小津はヴィダー作品に含意された意味を先鋭化させようとはしていない。すなわち、小津は『晩春』でヴィダー作品を粗雑なまま参照しているのであり、こうした参照を通じて、ともすれば〈断片的編集〉によって細部への拘泥をエスカレートさせがちな自身の表現を、「大まか」な〈演出〉の方向へむかわせようと試みているのである。

本書は先に、一九三〇年代中盤の小津の〈演出〉の美学に関して、「日本的なもの」の出現と「巨匠」への欲望というふたつの論点を提示した。こうした議論を念頭においたとき、一九五〇年前後の小津作品に関して、次の二点を指摘できるだろう。まずヴィダーへの粗雑な参照の結果、小津作品は「日本的なもの」としての田舎の風景を取り込んだと考えることができる。たとえば『麦秋』（一九五一年一〇月）は、映像の水準でヴィダー作品への参照を確認することはできないが、その題名において、ヴィダーの『麦秋（*Our Daily Bread*）』（一九三四年）をほのめかしている。そして作品の背景として、鎌倉を訪ねた祖父と祖母の口によって、彼らの暮らす古都大和の素晴らしさが数度にわたって説明され、最後のシーンでは、ヴィダーの『麦秋』における、ついに干拓に成功し、豊かな収穫をもたらした大地のロングショットを響かせながら、移動ショットで穂の垂れる大和の自然の豊穣さが捉えられる。また小津は『晩春』と『麦秋』で、鎌倉を物語の舞台に選んでいる（小津と鎌倉は特権的に結びつけられているが、鎌倉を舞台とした作品はこの二本のみである）。鎌倉は、悠久の古都である大和や壮大な山河に抱かれた信州、あるいはヴィダーのアメリカ南部ほど、都会から隔絶された自然の故郷というわけではないが、そこは感傷の息をつくことのできる静穏な生活の場として機能している。『東京物語』（一九五三年一一月）の尾道も、こうした都会から離れた日本的風景の系譜のなかに位置づけることができる。[22]

また「巨匠」への欲望に関して言えば、一九四〇年代後半の大船撮影所の状況を考慮に入れる必要がある。小津は終戦後、蒲田時代からの古参の監督として、松竹内で一定の地位を確立していたが、三年間にわたるシンガポール派遣と敗戦のあいだに撮影所内の状況は大きく変化してしまった。小津の盟友であった清水宏は撮影所を追われ、城戸四郎も終戦後、副社長への就任にともない、製作の現場から離れてしまった。このように世代交代が進むなか、新しく撮影所の実権を握ったのは、撮影所長にして製作本部長の高村潔や撮影所長代理の月森仙之助であり、彼らが小津のことを煙たく思っていたとしても不思議ではない。くわえてこの時期、黒澤明や木下惠介といった若い監督たちが台頭し、『長屋紳士録』や『風の中の牝雞』といった小津の新作はけっして低く評価されたというわけではなかったが、小津はいくぶん前の世代に属する過去の映画作家になりつつあった。[23] このように自身の立場が危うくなるなかで、小津は意図的に、サイレント映画美学に基づく〈編集〉の激情化する表現から、巨匠然とした〈演出〉の美学へと方向転換を図ったと推測することもできる。いずれにせよ、今日における巨匠としての小津の名声は『晩春』を嚆矢とする紀子三部作以降の作品に負っており、これらの作品を特徴づける、「制限された」（ドナルド・リチー）とは言わないまでも、悠然とした〈演出〉の美学は、この一九四〇年代末におけるヴィダーへの転回に起因しているのである。

もちろん、小津は『晩春』以降、〈断片的編集〉を捨ててしまったわけではないし、巨匠的作品をいかなる変化もなく、製作しつづけたというわけでもない。小津作品の中心には一貫して、不安定性を含意した〈視線の一致しない切り返し〉が存していたことは、すでに論じた『晩春』の食事シーンから明らかだが、紀子三部作以降にも、小津が明示的に〈断片的編集〉スタイルに回帰した作品がある。たとえば『東京暮色』（一九五七年四月）には、妊娠したヒロインの明子（有馬稲子）が、ボーイフレンドの木村（田浦正巳）を長く探したのち、彼と食堂で遭遇し、平手打ちを食らわせる場面がある。ふたりのミディアムショットが交替されたのち、明子は不意に木村の頬に手を挙げるが、その瞬間、明子のミディアムショットは、逆画面で捉えられた木村のミディアム・ロングショットに切り替わる。小津はここで、ショット間で保たれた緊張を破断のイメージによって中断するという、サイレント映画における切り返しと同じ方法でシーンを構成しているのであり、『東京暮色』が戦後小津作品のなかで、小津的でないという評価を受けている理由は、こうしたサイレント映画美学への回帰に起因していると考えることができる。(24) 逆に小津は、『彼岸花』（一九五八年九月）や『秋日和』（一九六〇年一一月）といった代表的な後期作品で、巨匠然とした〈演出〉の美学に倣っているのである。

「認めること」のための空間

以上の分析から、小津戦後作品の軌跡は〈断片的編集〉と〈演出〉というふたつの美学のあいだにおける揺らぎとして考えることができるだろう。しかし、〈断片的編集〉の美学に含意される精緻化と〈演出〉の美学に含意される悠然さの閾で調子を合わせるという課題は容易でないとしても、小津は戦後作品において、一九三〇年代の作品までに確立されたふたつの美学のあいだで逡巡していただけなのだろうか。本書はこの問いを、スタンリー・カヴェルのスクリューボール・コメディー論『幸福の追求』を参照しながら、「認めること」のための空間という観点から考えたい。カヴェルは、一九三〇年代ハリウッドのスクリューボール・コメディーの主題は「再婚」にあると指摘し、次のように書いている。

わたしが再婚ジャンルと呼ぶものでの会話は、わたしがそれを定義するために例に挙げた映画から考えれば、認めること〔acknowledgment〕へ導くようなものである。こうした会話は、真の許しの和解、死や再生といった変容や存在をめぐる新しい視点の獲得を必要とするほど深遠な和解、それ自体をある場――こうした場は、混乱と離婚の場である都市では起こりえない――として到来させる視点へと導いてくれるのである。(25)

カヴェルが「再婚ジャンル」と呼ぶ一群の作品は、かならずしも文字通りの「再婚（remarriage）」を主題とした映画ではない（事実、スクリューボール・コメディーで、文字通りの「再婚」を扱った作品は多くない）。そうではなくカヴェルのいう「再婚ジャンル」は、「結婚」を「結婚」として認めること（acknowledgment）、たとえば、浮気の疑惑によって亀裂が入った夫婦（『新婚道中記（*The Awful Truth*）』［レオ・マッケリー、一九三七年］）や外在的要因によって夫婦を演じることになった男女（『或る夜の出来事（*It Happened One Night*）』［フランク・キャプラ、一九三四年］）が、みずからの意思でみずからを結婚しているものとして認めること、さらに言えば、神との契約において結婚がはたされるのではなく、世俗化された近代社会で個人が個人として結婚を認めることを主題とした作品を指している。

カヴェルは、こうした「再婚」の物語が一九三〇年代ハリウッドのスクリューボール・コメディーの主題であると指摘し、こうした「認めること」の生起は会話によって媒介されていると論じている。すなわち「認めること」を可能にする会話は、トーキー化をへた映画というメディアに依存しているのであり（この点でスクリューボール・コメディーは、身体劇としてのスラプスティック・コメディーに対比される）、示唆的にも、カヴェルはこうした「認めること」の会話が生起する場として、都市の喧騒を離れた田舎を指定するのである。スラプスティック・コメディー（およびソフィスティケイテッド・コメディー）は都市を舞台とし、都市の喧騒はサイレント映画という視覚メディアのなかで、編集のめまぐるしさと重ねられる。それにたいして、トーキー以降の映画では映像と音声の同期の必要性から、サイレント映画のようなめまぐるしい編集は不可能となり、ある程度の持続時間をもった空間が出現した。この空間に言葉が吹き込まれるのであるが、カヴェルによれば、この空間は都市と対比された田舎――悠然とした空間が可能になる場――に位置し、この田舎において「認めること」の会話が交わされ、この結婚をめぐる「認めること」を通じて、「真の和解」や「存在」の認識が生起するというのである。さらにカヴェルは「再婚ジャンル」の出現を、一九三〇年代アメリカにおいて主体性を獲得した女性という文脈に関連づけ、こうした「女性の意識」と「女性と男性のあいだの相互関係ないし平等をめぐる闘い」を主題とした作品群という歴史的解釈を提示している[26]。

　以上の議論をふまえてヴィダーの『結婚の夜』に戻れば、この作品はスクリューボール・コメディーであるとは言えないが、結婚を認めること、とりわけ不貞の疑義をかけられた女性が、新しい伴侶と生活を築いていく意思をはっきりと発話することを主題としており、この意味で「再婚ジャンル」に属している。そして注意したいのは、この発話がニューヨークから離れたコネチカット州の田舎で生起しているということである。主人公のトニーは小説執筆に専念するため、都会の喧騒を嫌って田舎に隠遁するという物語設定からもわかるように、ここでは都会と田舎が明確に対比されている。またスクリューボール・コメディーというジャンルではないが、ヴィダーは一九三〇年代中盤、『南風』、『麦秋』、『薔薇はなぜ紅い（*So Red the Rose*）』（一九三五年）といった作品で、都会での生活で心身ともに疲弊した登場人物が田舎で人間性を回復する物語を描いており、小津はこうした作品を、ヴィダーの大まかな〈演出〉を示すものとして高く評価していたのだった。そうだとすれば、小津はヴィダーの大まかな〈演出〉によってこそ、田舎という悠然とした場において「認めること」のための空間が出現すると理解していたのではないか。

　こうした観点から、『晩春』における京都旅館の荷造りのシーンをもう一度見てみよう。すでに指摘したように、曽宮が紀子に結婚の心構えを説くこの場面は、四〇秒間持続する曽宮のロングショット（図6－32）を含みながら、二分間にわたって捉えられている[27]。すなわちここには、小津の大まかな〈演出〉によって用意された持続する空間が存するのであり、そこにおいて「認めること」、あるいは曽宮の言葉では、「〔結婚相手の〕佐竹くんとふたりで作り上げていく」結婚を決意することで「人間生活の歴史の順序」を理解し、真の和解へと通じる会話が生起するのである。物語のうえでも、この空間は田舎とは言わないまでも、東京から離れた悠久の京都に位置づけられている。あるいは『風の中の牝雞』でも、過ちをへて「結婚」を再認する場面が最後に置かれている。しかし、それは廃墟の東京にある薄暗い一室で、階段からの落下という〈ドンデン返し〉の出来事を媒介として、あまりに劇的に起きるのであり、この『風の中の牝雞』の階段シーンは小津作品を遡及的に辿り直せば、先行研究が指摘してきたような小津の成熟作品における劇的出来事の排除ばかりでなく、小津が『晩春』においてヴィダー的「粗雑さ」を導入したさいに析出した「認めること」のための空間を際立たせているのである。

壺のショットの「超越的瞬間」

以上の考察をふまえて、カヴェルの議論をスクリューボール・コメディーへと戻し、キャプラの『或る夜の出来事』に注目することで、これまでさまざまに論じられてきた『晩春』の「壺のショット」にもうひとつの解釈をくわえ、本書を締めくくろう。カヴェルはべつの論文「キャプラ的瞬間」で、『或る夜の出来事』を論じて、キャプラ作品には脱主体化の契機をもつ「超越的瞬間」があると主張している。

〔キャプラの超越的瞬間〕は、登場人物の環境《セッティング》を横断して広がる登場人物の気分を示す。〔……〕キャプラの舞台装置《セッティング》は外へと広がるものに向かい、登場人物の気分は苦悩をはらんだ切望へとむかう。[28]

カヴェルは、こうしたキャプラの「超越的瞬間」はなによりも、「環境」ないし「舞台装置」によって示されると主張する。そのうえで、カヴェルはこうした瞬間の例として、主人公のピーター（クラーク・ゲーブル）とエリー（クローデット・コルベール）が自身と相手の存在を「認めること」に先立って、ふたりが徒渉する「反射する星によって散りばめられた河」のショットや干し草に横たわって寝る「月明かりに照らされる開かれた野原」のショットを挙げるのである（図6-47、6-48[29]）。こうした屋外のショットは、スクリーン上で文字通りに光り輝く光景を通じて、登場人物と環境が融解し、そのインターフェイスとしての襞がスクリーン上に広がる超越的経験を示している。この閾的光景を通じて、登場人物は最終的に、みずからの存在を「認めること」（およびその条件としての一定の持続時間を持った空間）へと導かれるのである。

『晩春』においても、先述した朝の京都旅館での「認めること」のシーンに先立ち、曽宮と紀子が並んで寝るシーンで、「壺のショット」が挿入される（一六〇頁、図4－3）。このショットはキャプラの作品と異なり、屋外を映したものではない。しかし壺の背景には、障子に反射する月光が、星を反射する『或る夜の出来事』のショットと同じように、揺れる草木の影とともに輝いている（この点で「壺のショット」は、より強いエロティックな含意を持ちながら、同様に超越的経験を映している『或る夜の出来事』のモーテル内で雨に輝く窓のショットに近い［図6－49］）。この「壺のショット」は先行研究において、娘の父親にたいする「エレクトラ・コンプレックス」を表すもの（岩崎昶）、登場人物や観客の感情を包み込む〈無〉としての器（ドナルド・リチー）、あるいは即物的に父親の寝息を聞かせるもの（蓮實重彥）など、さまざまに解釈されてきた[30]。これらの評言はいずれもこのショットの強度を言い当てているが、本書が強調したいのは、「壺のショット」は『或る夜の出来事』の光り輝

図6－47　『或る夜の出来事』（図6－49まで）星に輝く河

図6－48

図6－49　雨に輝く窓

くショットを背景として、登場人物の形象と背景としての光景が融解し、障子ないしスクリーンのうえで光と影（および音）が即物的に環境として示される、「認めること」へといたる超越的瞬間を表現しているということである。

以上のような「壺のショット」と『或る夜の出来事』の光り輝くショットの類似は、小津にたいするスクリューボール・コメディーの重要性を示唆している。『或る夜の出来事』について言えば、小津は一九三四年八月三一日にこの作品を見ており[31]、戦後作品でも、夫婦喧嘩のために家出した高子（井川邦子）にたいしアヤ（淡島千景）が「わがままを言う旦那には人参を食べさせておけ」とからかう『麦秋』のシーンで、空腹だと駄々をこねるエリーにピーターが人参を差し出す『或る夜の出来事』のやりとりに言及している。またより広く言えば、小津は後期作品で、結婚することを躊躇しながらも、みずからの判断で将来の伴侶を選ぶ若い女性をめぐる喜劇を繰り返し描いたのであり、こうした作品は、戦後日本のアメリカニズム（それは一九三〇年代アメリカと並行して、女性が力を獲得していく過程でもある）の一部として考えられるべきである。さらに直接的には、倦怠期におちいった中年夫婦が自宅の台所を探検することで愛を再発見する『お茶漬の味』（一九五二年一〇月）や、三十代の夫婦が夫の不貞という危機を契機として新鮮さを取り戻し、東京から転勤した岡山県の三石であらためて夫婦生活を再開させることを決意する『早春』（一九五六年一月）は、まさに「再婚ジャンル」の作品として製作されている。

しかしながら、小津戦後作品とハリウッド・スクリューボール・コメディーの関係は、小津サイレント映画論として書かれた本書の範疇を超えている。ただし注意したいのは、小津作品はここで、サイレント期の〈動き〉と〈明るさ〉の美学や一九三〇年代中盤の〈演出〉の美学につづく、ハリウッド映画との関係を核とするもうひとつの歴史性を獲得しているということである。さらに言えば、小津のスクリューボール・コメディーへの転回はすでに戦前の『淑女は何を忘れたか』（一九三七年三月）で始まっており、戦中に脚本が執筆された『お茶漬の味』の製作を含め、小津が十年以上をへだてて、過去のハリウッド・ジャンルへの参照を再開させたことの意味は、戦後日本の近代化という文脈において考えなければならない。のみならず、小津は一九三〇年代中盤以降にかぎっても、中国とシンガポールという二度にわたる戦場への派遣、戦時下における映画製作の統制と集権化、戦後における大撮影所のカルテル（それに関連して田中絹代が監督することになった『月は上りぬ』［一九五五年］の製作）、松竹と日本映画のなかではたすことになった巨匠としての役割（および映画監督協会会長としての仕事）、戦後の大衆文化の隆盛とテレビの登場、ニューウェイヴの映画監督たちからの批判を経験しなければならなかったのであり、こうした二〇世紀の歴史は、どれほど歪んだ仕方であれ、小津作品に影響を与えなかったはずはない。小津作品の軌跡は抑制と不変の巨匠監督による傑作という評価から程遠く、それ自体が二〇世紀の歴史である映画というメディアの運命を映しながら迂曲しているのである。

注

序論

（1）こうした潮流の代表的小津論として、Donald Richie, *Ozu* (Berkeley: University of California Press, 1974)〔ドナルド・リチー『小津安二郎の美学――映画のなかの日本』山本喜久男訳、フィルムアート社、一九七八年〕、Paul Schrader, *Transcendental Style in Film: Ozu, Bresson, Dreyer* (Berkeley: University of California Press, 1972)〔ポール・シュレイダー『聖なる映画――小津／ブレッソン／ドライヤー』山本喜久男訳、フィルムアート社、一九八一年〕があり、このような文化論的解釈は近年まで支配的であった。たとえば、David Desser, ed., *Ozu's Tokyo Story* (Cambridge: Cambridge University Press, 1997）を参照。ただしこの論集には、西洋における『東京物語』の受容を検証したDesserの論考や蓮實重彥のテマティスム批評など多様な論文が収められている。西洋での小津作品受容を概観した研究として、北野圭介『日本映画はアメリカでどう観られてきたか』（平凡社新書、二〇〇五年）一二五―一四八頁。

（2）Richie, *Ozu*, p. 9〔二八頁〕。

（3）Ibid., p. 17〔三七頁〕。

（4）Noël Burch, *To the Distant Observer: Form and Meaning in the Japanese Cinema* (Berkeley: University of California Press, 1979)〔抄訳、ノエル・バーチ「小津安二郎論――戦前作品にみるそのシステムとコード」西嶋憲生・杉山昭夫訳、『ユリイカ』一九八一年六月号、七七―一〇三頁〕; Noël Burch, "To the Distant Observer: Towards a Theory of Japanese Film," *October* 1 (Spring 1976): 32-46〔ノエル・バーチ「遥かなる観察者のために――日本映画の理論へ向かって」御園生涼子・北野圭介訳、『思想』二〇一一年四月号、一一三―一三五頁〕。一九七六年にはバーチの論文発表後、ふたつの重要な小津論が映画批評誌『スクリーン』に掲載された。Kristin Thompson and David Bordwell, "Space and Narrative in the Films of Ozu," *Screen* 17.2 (Summer 1976): 41-73〔クリスティン・トンプソン＋デイヴィッド・ボードウェル「小津作品における空間と説話」出口丈人訳、『ユリイカ』一九八一年六月号、一四〇―一五三頁、『ユリイカ』一九八一年八月号、一七二―一八二頁、『ユリイカ』一九八一年九月号、一五八―一六五頁〕; Edward Branigan, "The Space of *Equinox Flower*," *Screen* 17.2 (Summer 1976): 74-105. またスティーヴン・ヒースも「物語の空間」で、ボードウェル／トンプソンやブラニガンによる論文を批判しながら、小津に言及している。Stephen Heath, "Narrative Space," *Screen* 17.3 (Fall 1976): 68-112〔スティーヴン・ヒース「物語の空間」夏目康子訳、岩本憲児・武田潔・斉藤綾子編『「新」映画理論集成② 知覚／表象／読解』フィルムアート社、一九九九年、一三六―一七五頁〕。こうした一九七〇年代の映画学の潮流を概括的に注解した研究として次のものがある。D. N. Rodowick, *The Crisis of Political Modernism: Criticism and Ideology in Contemporary Film Theory* (Urbana: University of Illinois Press, 1988).

（5）こうした「語り」の物質的次元が隠されていない表象モードを論じるにあたって、バーチはロラン・バルトの日本文化論を参照している。ロラン・バルト『表徴の帝国』宗左近訳、ちくま学芸文庫、一九九六年。

（6）バーチのオリエンタリズムにたいする批判として、Mitsuhiro Yoshimoto, "Japanese Cinema in Search of a Discipline," in *Kurosawa: Film Studies and Japanese Cinema* (Durham: Duke University Press, 2000), pp. 19–23.

（7）David Bordwell, *Ozu and the Poetics of Cinema* (London: BFI, 1988)〔デヴィッド・ボードウェル『小津安二郎――映画の詩学』新装版、杉山昭夫訳、青土社、二〇〇三年〕。

（8）Ibid., pp. 107–108〔一九二―一九四頁〕。

（9）日本において、小津にたいするハリウッド映画の影響という論点は主として、同時代のモダン文化との関連において探究されてきた。先駆的研究として、佐藤忠男『完本　小津安二郎の芸術』（朝日文庫、二〇〇〇年、初版は一九七一年）、広範な資料の実証的調査に基づいた伝記的著作として、田中眞澄『小津安二郎周游』（文藝春秋、二〇〇三年）、千葉伸夫『小津安二郎と20世紀』（国書刊行会、二〇〇三年）。田中眞澄編『小津安二郎全発言　1933–1945』（泰流社、一九八七年）、田中眞澄編『小津安二郎戦後語録集成』（フィルムアート社、一九八九年）、井上和男編『小津安二郎全集』上下巻（新書館、二〇〇三年）をはじめとする、小津の発言集や脚本集に収録された編者による注解も有益な情報を与えてくれる。戦前の日本映画にたいする外国映画の影響を辿った先駆的研究として、小津作品に関しては主題上の影響を論じるにとどまっているが、山本喜久男『日本映画における外国映画の影響――比較映画史研究』（早稲田大学出版部、一九八三年）も参照。本書の目的は、こうした文脈研究を十分に考慮に入れながら、小津作品そのものとその特異な映画スタイルを詳細に論じることにある。

（10）フランスにおける理論と実践に関して英語で読める文献として、Richard Abel, ed., *French Film Theory and Criticism, 1907–1939*, vol.1 (Princeton, N. J.: Princeton University Press, 1988). このアンソロジーに収められたエッセイのなかで〈動き〉の美学という観点からとりわけ重要な論考として、Ricciotto Canudo, "The Birth of a Sixth Art," trans. Ben Gibson, Don Ranvaud, Sergio Sokota, and Deborah Young, pp. 58–66; Abel Gance, "A Sixth Art," trans. Richard Abel, pp. 66–67; Louis Delluc, "Cadence," trans. Richard Abel, pp. 228–229; Fernand Léger, "*Le Roue*: It Plastic Quality," trans. Alexandra Anderson, pp. 271–274; Léon Moussinac, "On Cinegraphic Rhythm," trans. Richard Abel, pp. 280–283; René Clair, "Rhythm," trans. Richard Abel, pp. 368–370. ソヴィエト・モンタージュ派の著作として、Sergei M. Eisenstein, *Selected Works*, vol. 1, *Writings, 1922–1934*, ed. and trans. Richard Taylor (London: BFI; Bloomington and Indianapolis: Indiana University Press, 1988); Dziga Vertov, *Kino-Eye: The Writings of Dziga Vertov*, ed. Annette Michelson, trans. Kevin O'Brien (Berkeley and Los Angeles: University of California Press, 1984); Yuri Tsivian, ed., *Lines of Resistance: Dziga Vertov and the Twenties* (Pordenone: Le

Giornate del Cinema Muto, 2004); Vsevolod Illarionovich Pudovkin, *Film Technique and Film Acting*, ed. and trans. Ivor Montagu (London: Vision Press, 1958). 日本語で読める文献として、セルゲイ・M・エイゼンシュテイン『エイゼンシュテイン全集』全九巻（キネマ旬報社、一九七三—一九九三年）にくわえ、ジガ・ヴェルトフやフセヴォロド・プドフキンについては、大石雅彦・田中陽編『ロシア・アヴァンギャルド③ キノ——映像言語の創造』（国書刊行会、一九九四年）所収の論考を参照。

(11) Jean Epstein, *Écrits sur le cinéma, 1921–1953*, vol.1 (Paris: Seghers, 1974); Siegfried Kracauer, *Theory of Film: The Redemption of Physical Reality* (1960; New Jersey: Princeton University Press, 1997); Siegfried Kracauer, *The Mass Ornament: Weimar Essays*, ed. and trans. Thomas Y. Levin (Cambridge: Harvard University Press, 1995)〔ジークフリート・クラカウアー『大衆の装飾』船戸満之・野村美紀子訳、法政大学出版局、一九九六年〕。エプスタインの論考は、Abel, ed. *French Film Theory and Criticism, 1907–1939*, vol.1 に英訳が収められている。とりわけ、"Magnification," trans. Stuart Liebman, pp. 235–241; "The Senses 1 (b)," trans. Tom Milne, pp. 241–246; "On Certain Characteristics of *Photogénie*," trans. Tom Milne, pp. 314–318 を参照。

(12) 本書はローカルな映画（受容を含めて）をグローバルな地平のなかで捉えるという視点を、Nataša Ďurovičová and Kathleen Newman, eds., *World Cinemas, Transnational Perspectives* (New York: Routledge, 2010) 所収の論文、とりわけ Miriam Hansen, "Vernacular Modernism: Tracking Cinema on a Global Scale," pp. 287–31 および Dudley Andrew, "Time Zones and Jetlag: The Flows and Phases of World Cinema," pp. 59–89に負っている。

(13) 岩崎昶『映画芸術概論』成美堂、一九三七年、三六—三七頁。岩崎は一九二〇年代から一九三〇年代中盤にかけて、映画史および映画理論に関する自身の探究を粘り強く練り上げていた。啓蒙的でありながらエッセイ風に読むことのできる『映画芸術概論』は、こうした試みの成果のひとつである。

(14) 同右、四一頁。

(15) ただし日本においても、連続活劇やスラプスティック・コメディーは大きな人気を博しており、とりわけ身体的アクションを見せ場とする時代劇に影響を与えていた。David Bordwell, "Visual Style in Japanese Cinema, 1925–1945," *Film History* 7.1 (Spring 1995): 5–31.

(16) Tom Gunning, "The Cinema of Attractions: Early Film, Its Spectator and the Avant-Garde," in Thomas Elsaesser, ed., *Early Cinema: Space, Frame, Narrative* (London: BFI, 1990), pp. 56–62〔トム・ガニング「アトラクションの映画——初期映画とその観客、そしてアヴァンギャルド」中村秀之訳、長谷正人・中村秀之編『アンチ・スペクタクル——沸騰する映像文化の考古学《アルケオロジー》』東京大学出版会、二〇〇三年、三〇三—三一五頁〕。

(17) たとえば、Ben Singer, *Melodrama and Modernity: Early Sensational Cinema and Its Contexts* (New York: Columbia University Press, 2001) や、二〇〇〇年代に広く読まれた論集 Jennifer M. Bean

and Diane Negra, eds., *A Feminist Reader in Early Cinema* (Durham: Duke University Press, 2002) 所収の論文、とりわけ Jennifer M. Bean, “Technologies of Early Stardom and the Extraordinary Body,” pp. 404-443 および Lori Landay, “The Flapper Film: Comedy, Dance, and Jazz Age Kinaesthetics,” pp. 221-248 を参照。チャン・チェンはガニングの概念を敷衍して、世紀末から第二次世界大戦にかけての上海における大衆モダン文化は「アトラクション」の性質によって特徴づけられていたと主張している。Zhang Zhen, *An Amorous History of the Silver Screen: Shanghai Cinema, 1896–1937* (Chicago: University of Chicago Press, 2005).

(18) この〈明るさ〉の感覚は、ひとりの映画作家に帰すことはできないにせよ、とりわけルビッチによってハリウッドにもたらされた。ルビッチ映画の「ソフィスティケーション」という感覚はアメリカにおいて、ヨーロッパ的趣味を示していると感じられたのにたいし、それは日本においては――ほかのより直接的に〈明るい〉ハリウッド映画とともに――アメリカ的〈明るさ〉を表現していると見なされた(ただし日本においても、ルビッチ作品は高尚なヨーロッパ趣味を示していると指摘された)。ヨーロッパにおけるルビッチ作品の受容という論点は、それがアメリカではヨーロッパ的であると認識されたかぎりで、興味深い問題だろう。またアメリカや日本におけるルビッチ受容は、日本以外の東アジアやインド、南アメリカにおける受容とも比較される必要がある。こうした問いは開かれたままだが、すくなくとも一九二〇年代後半の日本では、その地政学的位置と歴史的経緯のために、ルビッチ映画は〈明るさの映画〉の特徴ゆえに注目を浴びたという点は強調したい。一九二〇年代のハリウッド・ソフィスティケイテッド・コメディーに関しては、Lea Jacobs, *The Decline of Sentiment: American Film in the 1920s* (Berkeley and Los Angeles: University of California Press, 2008) も参照。

(19) ミリアム・ブラトゥ・ハンセンは、「ヴァナキュラー・モダニズム」に関して三本の論文を発表している。Miriam Bratu Hansen, “The Mass Production of the Senses: Classical Cinema as Vernacular Modernism,” in Gledhill and Williams, eds., *Reinventing Film Studies* (London: Arnold, 2000), pp. 332-350 [ミリアム・ブラトゥ・ハンセン「感覚の大量生産――ヴァナキュラー・モダニズムとしての古典的映画」滝浪佑紀訳、『SITE ZERO/ZERO SITE』三号、二〇一〇年、一〇六―一四〇頁]; Miriam Bratu Hansen, “Fallen Women, Rising Star, New Horizons: Shanghai Silent Film as Vernacular Modernism,” *Film Quarterly* 54. 1 (2000): 10-22; Miriam Hansen, “Vernacular Modernism.”

(20) David Bordwell, Janet Staiger, and Kristin Thompson, *The Classical Hollywood Cinema: Film Style and Mode of Production to 1960* (New York: Columbia University Press, 1985).

(21) 本書はこうした問題意識を、「感性的なものの分割=共有」をめぐるジャック・ランシエールの議論やブライアン・マッスミの「情動(affect)」論から得た。とりわけ、Jacques Rancière, *The Politics of Aesthetics: The Distribution of the Sensible*, trans. Gabriel

Rockhill (London and New York: Continuum International Publishing Group, 2006)〔ジャック・ランシエール『感性的なもののパルタージュ——美学と政治』梶田裕訳、法政大学出版局、二〇〇九年〕; Brian Massumi, *Semblance and Event: Activist Philosophy and the Occurrent Arts* (Cambridge and London: MIT Press, 2011) を参照。

第一章

（1）小津安二郎、野田高梧、北川冬彦、水町青磁、飯田心美「春宵放談」、田中眞澄編『小津安二郎戦後語録集成』フィルムアート社、一九八九年、八〇頁。なお初出は、『キネマ旬報』一九五〇年四月上旬号。

（2）こうした小津研究を例証する著作として、Donald Richie, *Ozu* (Berkeley: University of California Press, 1974)〔ドナルド・リチー『小津安二郎の美学——映画のなかの日本』山本喜久男訳、フィルムアート社、一九七八年〕; Paul Schrader, *Transcendental Style in Film: Ozu, Bresson, Dreyer* (Berkeley: University of California Press, 1972)〔ポール・シュレイダー『聖なる映画——小津／ブレッソン／ドライヤー』山本喜久男訳、フィルムアート社、一九八一年〕を参照。

（3）Noël Burch, *To the Distant Observer: Form and Meaning in the Japanese Cinema* (Berkeley: University of California Press, 1979)〔抄訳、ノエル・バーチ「小津安二郎論——戦前作品にみるそのシステムとコード」西嶋憲生・杉山昭夫訳、『ユリイカ』一九八一年六月号、七七—一〇三頁〕、David Bordwell, *Ozu and the Poetics of Cinema* (London: BFI, 1988)〔デヴィッド・ボードウェル『小津安二郎——映画の詩学』新装版、杉山昭夫訳、青土社、二〇〇三年〕。小津作品にたいして形式主義的アプローチをとった研究として、Kristin Thompson and David Bordwell, "Space and Narrative in the Films of Ozu," *Screen* 17. 2 (Summer 1976): 41–73〔クリスティン・トンプソン＋デイヴィッド・ボードウェル「小津作品における空間と説話」出口丈人訳、『ユリイカ』一九八一年六月号、一四〇—一五三頁、『ユリイカ』一九八一年八月号、一七二—一八二頁、『ユリイカ』一九八一年九月号、一五八—一六五頁〕; Edward Branigan, "The Space of *Equinox Flower*," *Screen* 17. 2 (Summer 1976): 74–105; Kristin Thompson, *Breaking the Glass Armor: Neoformalist Film Analysis* (Princeton: Princeton University Press, 1988), ch. 12 "*Late Spring* and Ozu's Unreasonable Style" も参照。

（4）たとえば、フランスの映画誌『カイエ・デュ・シネマ』一九六八年二月号のルビッチ特集を参照。アメリカにおける作家主義的研究として、Herman G. Weinberg, The *Lubitsch Touch: A Critical Study* (New York Dutton, 1968)〔ハーマン・G・ワインバーグ『ルビッチ・タッチ』宮本高晴訳、国書刊行会、二〇一五年〕; Andrew Sarris, "Ernst Lubitsch: American Period," in Richard Roud, ed. *Cinema: A Critical Dictionary: The Major Film-Makers*, vol. 2 (New York: Viking Press, 1980). また近年の映画学における成果として、Sabine Hake, *Passions and Deceptions: The Early Films of Ernst Lubitsch* (Princeton, N. J.: Princeton University Press, 1992); Barbara Bowman, *Master Space: Film Images of Capra,*

Lubitsch, Sternberg, and Wyler (New York: Greenwood Press, 1992).

(5) Kristin Thompson, *Herr Lubitsch Goes to Hollywood: German and American Film After World War I* (Amsterdam: Amsterdam University Press, 2005), p. 14.

(6) David Bordwell, Janet Staiger, and Kristin Thompson, *The Classical Hollywood Cinema: Film Style and Mode of Production to 1960* (New York: Columbia University Press, 1985).

(7) 清水俊二「所謂「ルビッチュ式配列」」、『映画評論』一九二七年五月号、二六〇頁、佐々木能理男「エルンスト・ルビッチェ抄論」二四八頁。一九二七年春にルビッチに関する多くの記事が書かれたのは、この年の三月に『陽気な巴里っ子（*So This is Paris*）』（一九二六年）が封切られたことによる。

(8) 筈見恒夫「才人時代」、『映画往来』一九二七年二月号、四七―四八頁。

(9) 一九二〇年代のハリウッド・ソフィスティケイテッド・コメディーについては、Lea Jacobs, *The Decline of Sentiment: American Film in the 1920s* (Berkeley and Los Angeles: University of California Press, 2008) を参照。本書は、「趣味（taste）」という術語が一九二〇年代のハリウッド映画にとって決定的に重要だったという視点をこの研究に負っている。一九二〇年代のハリウッド映画については、Richard Koszarski, *An Evening's Entertainment: The Age of the Silent Feature Picture, 1915–1928* (Berkeley and Los Angeles: University of California Press, 1994) も参照。

(10) 一九二〇年代の日本映画と大衆モダン文化については、藤木秀朗『増殖するペルソナ――映画スターダムの成立と日本近代』名古屋大学出版会、二〇〇七年。

(11) これらの三誌は、一九二〇年代後半日本を代表する映画雑誌である。『キネマ旬報』は一九一九年に創刊されたが、『映画評論』と『映画往来』はともに一九二五年に創刊された（『キネマ旬報』もこの時期、大幅な紙幅の充実をはたし、『映画往来』はより理論や批評に重点を置くことを主眼に、『キネマ旬報』の別巻として創刊された）。これは、一九二〇年代半ば、映画ジャーナリズムが急激に成長したということを意味している。本書が参照する多くの映画批評家たちは、一九〇〇年代初頭に生まれ、こうしたマスメディアとしての映画ジャーナリズムの第一世代に属する（飯島正［一九〇二年生］、岸松雄［一九〇六年生］、岩崎昶［一九〇三年生］、筈見恒夫［一九〇八年生］、なお小津は一九〇三年生）。また『結婚哲学』の日本公開は一九二四年だが、本書が一九二〇年代後半の言説を主として参照する理由のひとつは、以上のような当時における映画批評の隆盛にある。

(12) 白石生「アメリカニズムの根拠――経済的立場から」、『映画往来』一九二八年一月号、六三頁。確証はないが、論旨や文体から推測するかぎり、白石生は岩崎昶の筆名であるように思われる。岩崎はこの時期、『映画往来』と論争状態にあり、表立っては寄稿できなかった。

(13) 近年の映画学における受容研究として、Janet Staiger, *Interpreting Films: Studies in the Historical Reception of American Cinema*

(Princeton, N. J.: Princeton University Press, 1992) などを参照。なお本書は、コンテクストを強調しつつ、戦間期アジアにおける映画を近代と関連づけて論じた最近の研究から大きな示唆を得た。とりわけ Miriam Bratu Hansen, "Fallen Women, Rising Star, New Horizons: Shanghai Silent Film as Vernacular Modernism," *Film Quarterly* 54.1 (2000): 10–22; Zhang Zhen, *An Amorous History of the Silver Screen: Shanghai Cinema, 1896–1937* (Chicago: University of Chicago Press, 2005).

（14）佐藤信行「ロイド映画考」、『映画評論』一九二七年九月号、一四九―一五〇頁。

（15）飯島正『シネマのABC』厚生閣書店、一九二八年、六二頁。

（16）なお飯島（大学での専門は仏文学）は、カメラと被写体の動きの相互作用という観点から映画の〈動き〉を概念化しようと試みた、ルネ・クレールやレオン・ムーシナックなどによる一九二〇年代フランスのリズム論の紹介者でもあった。

（17）戦間期日本におけるハリウッド映画受容については、Michael Raine, "Adaptation as 'Transcultural Mimesis' in Japanese Cinema," in Daisuke Miyao, ed., *The Oxford Handbook of Japanese Cinema* (Oxford and New York: Oxford University Press, 2014), pp. 108–110; 北村洋『敗戦とハリウッド――占領下日本の文化再建』名古屋大学出版会、二〇一四年、二九―三〇頁。また本書で中心的に扱うルビッチやスタンバーグは、ハリウッドで映画製作をおこないながらも、ヨーロッパに出自を持つ「ヨーロッパ的」映画監督であると言うこともできる。ただし本書は、ルビッチやスタンバーグを〈動き〉と〈明るさ〉の美学という観点から考えるのであり、この点に関して言えば、両者はハリウッド映画の美学を例証している。なお付言すれば、『キネマ旬報』や『映画評論』といった映画批評誌に寄稿された多くの記事はハリウッド映画を含めて、作品の特徴を映画監督の作家性に帰す批評を展開していた。こうしたハリウッド映画に関する言説は、たんに多くの人に見られたという意味での大衆文化というより、都市部におけるハイカルチャーに属していると考えることもできる。小津もまたハリウッド映画を映画監督の作家性に注目して見ていた。田中眞澄編『小津安二郎全発言 1933–1945』（泰流社、一九八七年）所収の発言を参照。

（18）Jim Tully, "Ernst Lubitsch," *Vanity Fair* 27, no. 4 (December 1926): 82; ジム・タリー「エルンスト・ルビッチュ」石山準訳、『映画往来』一九二七年三月号、三二頁。

（19）同右。なお原文は、"Not a profound man, he skims the surface of life, and, like his type the world over, he seems assured that the surface is the entire depth."

（20）筈見恒夫『現代映画論』ゆまに書房、二〇〇四年（原著は一九三五年）、一三頁、傍点原文。

（21）"The Marriage Circle," in *New York Times* (February 4, 1924): 62.

（22）小津安二郎、筈見恒夫、滋野辰彦、岸松雄、友田純一郎、北川冬彦、飯田心美「小津安二郎座談会」、田中編『小津安二郎全発言 1933–1945』五一頁。

（23）Walter Benjamin, "Little History of Photography," in *Selected Writings, 1927–1934*, vol. 2, eds. Michael

William Jennings, Howard Eiland, ans Gary Smith, pp. 519–520 (Cambridge and London: Harvard University Press, 1999)〔ヴァルター・ベンヤミン「写真小史」久保哲司訳、『ベンヤミン・コレクション① 近代の意味』浅井健二郎編訳・久保哲司訳、ちくま学芸文庫、一九九五年、五七一―五七四頁〕; Vsevolod Meyerhold, *Meyerhold on Theatre*, ed. and trans. Edward Braun (London: Methuen and New York: Hill and Wang, 1969)〔『メイエルホリド・ベストセレクション』諫早勇一・岩田貴・浦雅春・大島幹雄・亀山郁夫・桑野隆・楯岡求美・淵上克司訳、作品社、二〇〇一年〕。

(24) Wim Wenders, *Emotion Pictures: Reflections on Cinema* (London: Faber and Faber, 1989)〔ヴィム・ヴェンダース『エモーション・ピクチャーズ』松浦寿輝訳、河出書房新社、一九九二年〕。

(25) 乙雀「鶏肋戯語――Boxing のお話」、『映画往来』一九二七年二月号、四四―四六頁。この短編小説に関しては、田中眞澄による詳細な注解も参照（『小津安二郎周游』文藝春秋、二〇〇三年、第一章「ボクシングのお話」）。

(26) 乙雀「鶏肋戯語」四六頁。

(27)『懺悔の刃』は小津作品のなかで唯一の時代劇であるが、ジョージ・フィッツモーリスのハリウッド作品『キック・イン (*Kick In*)』（一九二二年）を翻案としている。

(28) 一九二〇年代の小津作品は大半が失われているが、脚本が現存しているものに関しては、井上和男編『小津安二郎全集』上巻（新書館、二〇〇三年）を参照。

(29) 福井桂一「小津安二郎と其の作品」、『映画評論』一九三〇年七月号、二八頁。『映画評論』のこの号は、小津についての小特集を組んでおり、これは小津が映画作家として認知された「最初の瞬間」だと見なすことができる。同号所収のほかの論考については、第五章で考察する。

(30) 小津自身は戦後のインタビューで、一九二八年一二月の『肉体美』あたりから、カメラ位置を低くし始め、それは床にひしめくライト用の電気コードを映さないようにするためだったと述懐している。小津安二郎「小津安二郎芸談」、田中編『小津安二郎戦後語録集成』一六一頁。

(31) より正確に言えば、小津はこのシーンで、『あれ』のみならず、ジョージ・バンクロフト扮する機関工が夜の海に飛び込む『紐育の波止場 (*The Docks of New York*)』（一九二八年）の最後のシーンも参照している。『出来ごころ』のラストシーンについては、小津にたいするジョセフ・フォン・スタンバーグの影響を論じた第四章でふたたび論じる。

(32) Dai Vaughan, “Let There be Lumière,” in Thomas Elsaesser, ed., *Early Cinema: Space, Frame, Narrative* (London: BFI, 1990), pp. 63–67〔ダイ・ヴォーン「光《リュミエール》あれ――リュミエール映画と自生性」長谷正人訳、長谷正人・中村秀之編『アンチ・スペクタクル――沸騰する映像文化の考古学《アルケーロジー》』東京大学出版会、二〇〇三年、三三―四〇頁〕。

(33) Ibid., p. 65〔三八頁〕。

(34) Burch, *To the Distant Observer*, p. 157〔八〇頁〕。

(35)『結婚哲学』の冒頭シーンで、ストック教授はたびたびタオルや衣類（それは基本的にミッチーにたいする呆れの感情を表現している）を投げており、小津作品における「投げること」の身振りの起源は、この冒頭シーンにあると考えることができる。戦後を含めた小津作品における「投げること」については、蓮實重彦『監督　小津安二郎』増補決定版、筑摩書房、二〇〇三年、一七九―一九九頁。

(36) こうした観点からバーチやボードウェルに言及した研究として、Mitsuhiro Yoshimoto, "Japanese Cinema in Search of a Discipline," in *Kurosawa*; Mitsuyo Wada-Marciano, *Nippon Modern: Japanese Cinema of the 1920s and 1930s* (Honolulu: University of Hawaii Press, 2008)〔ミツヨ・ワダ・マルシアーノ『ニッポン・モダン――日本映画1920・30年代』名古屋大学出版会、二〇〇九年〕; Aaron Gerow, *Visions of Japanese Modernity: Articulations of Cinema, Nation and Spectatorship, 1895–1925* (Berkeley, Los Angeles, London: University of California Press, 2010).

(37) バーチとボードウェルの研究にくわえ、小津に関する重要な先行研究として、蓮實重彦『監督　小津安二郎』（初版、一九八三年、増補決定版、二〇〇三年）がある。本書はこの著作に導かれて、可能なかぎり小津サイレント作品の「画面を見ること」を目指した。ただし『監督　小津安二郎』の問題点として、サイレント作品から戦後の巨匠的作品まで主題およびスタイルの水準で大きな変化を経験した小津映画の差異が十分に考慮されないまま、異なった時代に製作された作品が並列的に論じられている点が挙げられる。たいして本書はハリウッド映画の影響という観点から歴史性を導入し、サイレント作品を中心に、小津がいかなる経路を辿って自身の美学を探究したのかを考察する。さらにこうした検証から、小津映画が「画面を見ること」を要請するならば、それは小津自身がハリウッド映画の画面を見ており、こうした経験に基づいて自身の美学を発展させたためであると主張する。本書で見ていくように、「投げること（憤ること）」や「階段」など、蓮實が小津作品を横断して「画面を見る」ために注目した主題のいくつかはハリウッド映画に由来している。

(38) Burch, *To the Distant Observer*, p. 11. ハリウッド映画に具現化される「制度的表象モード（the institutional mode of representation; IMR）」をそれ以前の「原始的表象モード（the primitive mode of representation; PMR）」によって相対化しようとした、バーチの初期映画論 *Life to Those Shadows*, trans. and ed. Ben Brewster (Berkeley: University of California Press, 1990) も参照。バーチが言及している日本映画史に関する著作として、田中純一郎『日本映画発達史』全四巻（中央公論社、一九五七―六八年）; Donald Richie and Joseph L. Anderson, *The Japanese Film: Art and Industry* (Princeton, N. J.: Princeton University Press, 1982); Max Tessier, *Le Cinéma japonais au présent: 1959–1984* (Paris: Lherminier, 1984).

(39) D. N. Rodowick, *The Crisis of Political Modernism: Criticism and Ideology in Contemporary Film Theory* (Urbana: University of Illinois Press, 1988).

(40) Burch, *To the Distant Observer*, p. 159〔八二頁〕。

(41) Ibid., p. 169, p. 175〔八二―八三頁、九四頁〕。

(42) Bordwell, *Ozu and the Poetics of Cinema*, p. 92〔一六七頁〕。

(43) Burch, *To the Distant Observer*, p. 159〔八一頁〕。

(44) トンプソンとボードウェルはこの論文の主要な命題を、「小津作品の現代性《モダニティ》は物語的因果関係の優越性に挑戦する特殊な空間的装置を使用することに関わっている」と要約している。この「現代性」という語の使用法は、この論文が「政治的モダニズム」の文脈のなかで書かれていることを示唆している。Thompson and Bordwell, "Space and Narrative in the Films of Ozu," p. 42〔トンプソン＋ボードウェル「小津作品における空間と説話」、『ユリイカ』一九八一年六月号、一四〇―一四一頁〕。

(45) ボードウェルは一九八〇年代中盤、大著『小津安二郎――映画の詩学』に先立ち、一九七〇年代から一九八〇年代前半にかけて『Screen』や『Wide Angle』といった批評誌を中心に展開されていた映画論（精神分析や構造主義に基づく映画装置論）を批判しながら、「語り《ナレーション》」に関する独自の理論を練り上げていた。とりわけ、David Bordwell, *Narration in the Fiction Film* (Madison: University of Wisconsin Press, 1985); *Making Meaning: Inference and Rhetoric in the Interpretation of Cinema* (Cambridge: Harvard University Press, 1989）を参照。大著となる小津論はこうした研究の成果である。

(46) Bordwell, *Ozu and the Poetics of Cinema*, pp. 89-90〔一六一―一六二頁〕。

(47) Ibid., pp. 92-93〔一六七―一六八頁〕。

(48) Ibid., pp. 93-95〔一六八―一七二頁〕。

(49) Ibid., p. 98〔一七六頁〕。

(50) Ibid., p. 108〔一九三―一九四頁〕。

(51) 小津映画の「過剰な」側面に注目した重要な研究として、前述したバーチと蓮實の小津論にくわえ、前田英樹『小津安二郎の家――持続と浸透』（書肆山田、一九九三年）、吉田喜重『小津安二郎の反映画』（岩波現代文庫、二〇一一年、初版は一九九八年）の二冊を挙げたい。

(52) Bordwell, *Ozu and the Poetics of Cinema*, pp. 120-130〔二一四―二三六頁〕。

(53) 以下の章において、本書は〈視線の一致しない切り返し〉と事物の使用（「空のショット」）というふたつの特異なスタイルに注目をするが、正確に言えば、ボードウェルは〈視線の一致しない切り返し〉の成立過程について、小津は一九三四年一一月公開の『浮草物語』までにこの映画スタイルを完成させたと指摘している（Ibid., p. 96〔一七二頁〕）。また小津作品すべてについて詳細な注解をつけた第二部も多くの有益な指摘を含んでいる。本書はこうした指摘を参照しつつ、小津が自身の特異なスタイルをどのように発展させたのかについて、より詳細に辿ることを試みる。

(54) Ibid., pp. 157-158〔二八六―二八七頁〕。

第二章

(1) Mitsuyo Wada-Marciano, *Nippon Modern: Japanese Cinema of the 1920s and 1930s* (Honolulu: University of Hawaii Press, 2008).この著作は、ミツヨ・ワダ・マルシアーノ『ニッポン・モダン――日本映画１９２０・３０年代』（名古屋大学出版会、

二〇〇九年）として日本語版でも出版されている。英語版と日本語版はかならずしも完全に一致しているわけではないが、亀甲括弧内に日本語版頁数を示した。なお用語法に曖昧さを残す「近代」およびその関連語については、一九世紀および二〇世紀に世界各地の都市部を中心として、人間の知覚と経験ならびに社会的関係性に変化をもたらした様態としての「modernity」を指す場合は「近代」という語を、戦間期日本における特定の生活様式や文化を指す場合は「モダン」という語を（「モダン文化」など）、近代にたいして再帰的ないし折衝的な（文化的）介入／態度を指す場合は「モダニズム」という語を使用した。思想や文化論の領域でしばしば使われる「モダニティ」のかわりに「近代」を採用した理由は、映画学においてはこの語が使用される頻度が高いことにくわえ、本書にとって重要な参照点である「近代の超克」の議論を念頭に置いているためである。

（2）戦間期日本における大衆文化に関する最近の研究として、Miriam Silverberg, *Erotic Grotesque Nonsense: The Mass Culture of Japanese Modern Times* (Berkeley: University of California Press, 2006). ジェンダーの問題に引きつけて、戦間期日本の大衆文化を論じた論考として、Barbara Sato, *The New Japanese Woman: Modernity, Media, and Women in Interwar Japan* (Durham, N. C.: Duke University Press, 2003）を参照。また最近のカルチュラル・スタディーズの成果として、バーバラ・佐藤編『日常生活の誕生――戦間期日本の文化変容』（柏書房、二〇〇七年）、より映画に引きつけた論集として、岩本憲児編『日本映画とモダニズム1920-1930』（リブロポート、一九九一年）、一九三〇年代後半までを視野に収めつつ松竹映画のイデオロギー的側面を批判的に論じた著作として、御園生涼子『映画と国民国家――1930年代松竹メロドラマ映画』（東京大学出版会、二〇一二年）も参照。

（3）ワダ・マルシアーノは日本語版『ニッポン・モダン』で、英語版 *Nippon Modern* における「mastering modernity」に、「近代の征服」と「近代の体得」というふたつの訳語を当てているが、本書では、より頻繁に使用されている「近代の征服」を採用した（一三五頁）。

（4）Harry Harootunian, *Overcome by Modernity: History, Culture, and Community in Interwar Japan* (New Jersey: Princeton University Press, 2000)〔ハリー・ハルトゥーニアン『近代による超克――戦間期日本の歴史・文化・共同体』上下巻、梅森直之訳、岩波書店、二〇〇七年〕。

（5）松竹キネマ研究所と純映画劇運動については、Joanne Bernardi, *Writing in Light: The Silent Scenario and the Japanese Pure Film Movement* (Detroit: Wayne State University Press, 2001); Aaron Gerow, *Visions of Japanese Modernity: Articulations of Cinema, Nation, and Spectatorship, 1895–1925* (Berkeley, Los Angeles, London; University of California Press, 2010) を参照。創設期の蒲田撮影所については、永山武臣監修『松竹百十年史』松竹、二〇〇六年。また野村の新派メロドラマは、一九三四年の彼の突然の死まで、商業的に成功しつづけた。野村芳亭に関する数少ない研究として、佐藤忠男『日本映画史』第一巻、岩波書店、

一九九五年、二四一—二四三頁。

(6) Miriam Bratu Hansen, "The Mass Production of the Senses: Classical Cinema as Vernacular Modernism," in Gledhill and Williams, eds., *Reinventing Film Studies* (London: Arnold, 2000), pp. 333-334〔ミリアム・ブラトゥ・ハンセン「感覚の大量生産——ヴァナキュラー・モダニズムとしての古典的映画」滝浪佑紀訳、『SITE ZERO/ZERO SITE』三号、二〇九—二一一頁〕; Yuri Tsivian, "Between the Old and the New: Soviet Film Culture in 1918-1924," *Griffithiana* 55/56 (1996): 15-63.

(7) たとえば、一九二〇年代初頭に松竹で製作された新派メロドラマ映画のうちで現存する数少ない作品『ほとゝぎす』(池田義信、一九二二年)は、クロースアップや切り返し、視点ショット、並行編集といったハリウッドの技法を使いこなしている。この意味でより正確には、新派メロドラマの復活にもかかわらず、ハリウッド的話法の日本映画への導入という純映画劇運動の当初の目的は達成されたと言えるだろう。また、帰山教正や牛原虚彦をはじめとする純映画劇運動の推進者にたいして影響を与えたハリウッド映画はそもそも、女優のクロースアップを感傷的に使用した「ブルーバード映画」であり、この点においても、純映画劇映画は新派メロドラマと親和性を持っていた。

(8) 城戸四郎『日本映画伝——映画製作者の記録』文藝春秋新社、一九五六年、三九—四〇頁。

(9) 映画学におけるメロドラマをめぐる論争については、Christine Gledhill, ed., *Home is Where the Heart Is: Studies in Melodrama and the Woman's Film* (London: BFI, 1987) 所収の論文を参照。社会的リアリズムという観点からメロドラマを論じた重要な論考として、この論集に収められた Geoffrey Nowell-Smith, "Minnelli and Melodrama," pp. 70-74を参照。ただし学問としての映画学において理論的に構築され、しばしば西洋中心的である「メロドラマ」という概念を、世界各地において多様な仕方で発展させられたジャンルとしての「メロドラマ」に適用するにあたって、とりわけ後者が非西洋の映画である場合、注意が必要である。とはいえ、城戸はこの箇所でメロドラマに関する理論的定義を共有しており、この意味で、近年の映画学におけるメロドラマをめぐる議論を参照することは無益でない(本書は第五章で、傾向映画に関する言説を参照するが、これらの批評も、今日の映画学における社会的リアリズムという「メロドラマ」の概念を共有している)。また日本におけるメロドラマの意味を考えるひとつの方途は、映画という枠組みを超えて、明治期の近代化の文脈において新派劇を辿ることだろう。そうした試みとして次の文献を参照。M. Cody Poulton, *Spirits of Another Sort: The Plays of Izumi Kyoka* (Ann Arbor: Center for Japanese Studies, the University of Michigan, 2001), esp. ch. 1, "Meiji Melodrama: Kyoka and the *Shinpa* Theater."

(10) 城戸『日本映画伝』四〇頁。

(11) 同右、五二—五四頁。城戸はここで、戦間期蒲田映画の主な観客は女性であったと書いているが、この発言については留保が必要である。なぜなら蒲田映画とは一般的に、今日の映画学においても、同時代の言説においても、小市民の日常生活を捉えた「蒲田調」作品を指しているが、蒲田撮影所はその歴史を通して、新派メロドラマを撮りつづけたためである。そのため、城戸がここでいかなる意味で「蒲田映画」と言っているのか明確でない。また『日本映画伝』は、木下惠介の『二十四の瞳』(一九五四年)をはじめとする松竹ファミリー・メロドラマの全盛期にあたる一九五〇年代半ばに書かれており、城戸は戦間期の蒲田映画とこうした戦後メロドラマの観客を混同していた可能性もある。一般的に「蒲田映画」と言ったとき、それは男性サラリーマンを主人公とした小市民映画を指す場合が多く、こうした映画の観客の多くは都市部男性ホワイトカラー労働者から構成されていたと推測できる。

(12) 同右、四二—四三頁。

(13) 同右、四一頁。「才人」の意味については第一章で、筈見恒夫の論考「才人時代」を注解しながら詳述した。なお城戸は、蒲田調作品の最初の作品として後述の『村の花嫁』と『からくり娘』(一九二七年)を挙げている。

(14) M. N.「村の花嫁」、『映画時代』一九二八年四月号、二七頁。

(15) 城戸『日本映画伝』四三—四四頁。

(16) 永山監修『松竹百十年史』五七一頁。ディレクター・システムとスター・システムの対立については、城戸『日本映画伝』三一—三七頁も参照。

(17) Wada-Marciano, *Nippon Modern*, p. 78〔一二〇頁〕。

(18) Ibid., p. 85〔一三〇頁〕。

(19) Ibid., p. 108〔一六四頁〕。『マダムと女房』のマダムははじめから無害化されているという、アーサー・ノレッティ・ジュニアの議論も参照。Arthur Nolletti, Jr., *The Cinema of Gosho Heinosuke: Laughter through Tears* (Bloomington: Indiana University Press, 2005), p. 19.

(20) ワダ・マルシアーノは、松竹における牛原の最後の作品『若者よなぜ泣くか』(一九三〇年一一月)を論じて、牛原作品はナショナルな要請にかなった「理想的身体」を提示していると指摘している。本書は、牛原作品に含意されるイデオロギーに関するワダ・マルシアーノの分析に同意するが、彼女は一九二〇年代の牛原映画と一九三〇年代の蒲田調映画の違いに十分な注意を払っていない。本書はこの差異を、イデオロギー、主題、映画スタイルといった観点から明らかにする。Wada-Marciano, *Nippon Modern*, ch. 3. “Embodying the Modern”〔第三章「近代性、映画、そして「ナショナル・ボディー」の構築」〕。

(21) 一九八四年のインタビューで、牛原は自身の松竹時代を回顧しながら、城戸が彼をライバル視したため、松竹を去らなければならなかったとほのめかしている。牛原は城戸の嫉妬の原因を、ふたりは同じ大学を卒業していることに求めている(しかも城戸〔一八九四年生〕のほうが牛原〔一八九七年生〕に比べ年長であるにもかかわらず、松竹に入社したのは、牛原の方が城戸よりも二年早い)。岩本憲児、佐伯知紀『聞書き　キネマの青春』リブロポート、一九八八年、第四章「蒲田モダニズムの群像——牛原虚彦」。また松竹時代の牛原の仕事については、牛原の自伝『虚彦映画譜50年』(鏡浦書房、一九六八年)も参照。

（22）イゾルデ・スタンディッシュは『進軍』を、近代化の過程とそれにともなう都市‐田舎という対立のコンテクストのなかで読み解いている。Isolde Standish, *A New History of Japanese Cinema: A Century of Narrative Film* (London: Continuum, 2005), pp. 39–42.

（23）牛原虚彦「一九二九年の私たち」、『蒲田』一九二九年二月号、九九頁。

（24）エッセー「一九二九年の私たち」で、牛原は「健康さ、朗らかさ、清新さ」に、いくらかの「快い哀愁」をくわえることが重要であるとも書いている。蒲田調とはもっとも基本的には、その〈明るさ〉の性質によって定義されるが、それはしばしば、〈明るさ〉に付加された「哀愁」によっても特徴づけられる。松竹映画の基本的原則（蒲田調および後続する大船調）は、すくなくとも語彙の水準では、一九二〇年代後半に『蒲田』に掲載された牛原作品に関する記事を通じて確立されたのである。牛原虚彦「傳ちやんと私」、『蒲田』一九二七年二月号、五六―五七頁、牛原虚彦「「感激時代」」、『蒲田』一九二八年四月号、四四―四五頁、飯島正「最近の牛原虚彦氏」、『蒲田』一九二九年四月号、六〇―六二頁、永富映二郎「『大都会　労働編』撮影に就て」、『蒲田』一九二九年四月号、六五―六六頁も参照。

（25）日本映画にたいするハリウッドのスポーツ映画の影響に関する包括的研究として、山本喜久男『日本映画における外国映画の影響――比較映画史研究』早稲田大学出版部、一九八三年、二五八―二七八頁。『進軍』に関して言えば、この作品は『ビッグ・パレード（*The Big Parade*）』（キング・ヴィダー、一九二五年）と『つばさ（*Wings*）』（ウィリアム・ウェルマン、一九二七年）をモデルとして作られている。

（26）鈴木重三郎「感激時代」、『キネマ旬報』一九二八年三月二一日号、六七頁。

（27）岩崎昶「映画月旦」、『映画往来』一九三〇年五月号、二五頁。

（28）岸松雄「映画月旦」、『映画往来』一九二九年七月号、五〇頁。

（29）一九三七年に出版された『日本映画様式考』で、岸はこの「スケッチ」という考え方を発展させながら、リアリズム論を展開しているが（第六章を参照）、岸はそこで、「ドラマ」のモードをメロドラマに結びつけて批判している。岸松雄『日本映画様式考』河出書房、一九三七年、七九―一〇〇頁。

（30）岸松雄『日本映画論』ゆまに書房、二〇〇四年（原著は一九三六年）、一八六頁。

（31）岸のショット毎分析については、とりわけ山中貞雄作品を評したレビューを参照。岸『日本映画論』八〇―九七頁、一〇五―一一一頁。

（32）Wada-Marciano, *Nippon Modern*, p. 122〔一九四頁〕。

（33）Ibid., p. 117〔一八四頁〕。

（34）Ibid., pp. 120–122〔一八八―一九二頁〕。

（35）Ibid., p. 123〔一九四―一九五頁〕。

（36）Ibid., p. 118〔一八五頁〕。

（37）Ibid., p. 124〔一九七頁〕。

（38）城戸は小津を、「小市民」の生活を好意的に描く「蒲田調」

の映画監督であると言っている。ただし城戸は、小津作品は「明るく」ないとも書いている。また城戸は、低いカメラ位置をはじめとする特異な映画スタイルにも触れており、こうしたスタイルのために小津のセットには天井をつけなければならなかったと書いている。城戸『日本映画伝』七四―七七頁。

(39) Wada-Marciano, *Nippon Modern*, pp. 88–89〔一三六―一三八頁〕。

(40) ノエル・バーチとデイヴィッド・ボードウェルもこの点を指摘している。Noël Burch, *To the Distant Observer: Form and Meaning in the Japanese Cinema* (Berkeley: University of California Press, 1979), p. 184〔抄訳、ノエル・バーチ「小津安二郎論――戦前作品にみるそのシステムとコード」西嶋憲生・杉山昭夫訳、『ユリイカ』一九八一年六月号、一〇一頁〕; David Bordwell, *Ozu and the Poetics of Cinema* (London: BFI, 1988), p. 241〔デヴィッド・ボードウェル『小津安二郎――映画の詩学』新装版、杉山昭夫訳、青土社、二〇〇三年、四〇三頁〕。

(41) Wada-Marciano, *Nippon Modern*, p. 95〔一四七頁〕。ただしこの箇所は、英語版と日本語版において異なっているため、先に出版された英語版から引用者が翻訳した。

(42) Harootunian, *Overcome by Modernity*, p. 101〔上巻、一八六頁〕。

(43) この三人の「近代の超克」の論者については、ハルトゥーニアン『近代による超克』第四章「文化的記憶の持続」を参照。ハルトゥーニアンは第二章「近代の超克」で、一九四二年のシンポジウム「近代の超克」における議論を検証している。ただし、ここで挙げた三人の論者はいずれも、シンポジウムには出席しておらず、日本的価値による「近代の超克」を喧伝する以上に、「日本的なもの」に関する複雑な議論を展開していた。柳田、和辻、九鬼の著作は、『定本　柳田國男集』（筑摩書房、一九六二―一九六四年）、『和辻哲郎全集』（増補版、岩波書店、一九八九―一九九二年）、『九鬼周造全集』（岩波書店、一九八〇―一九八二年）にまとめられている。ワダ・マルシアーノは「近代の征服」という語句を、ハルトゥーニアンが「近代の超克」によって意味しようとしている思想の傾向というより、一九四二年のシンポジウムにおけるスローガンだった「西洋の近代にたいして支配的立場をとる」という意味で使っている。

(44) ハルトゥーニアン『近代による超克』第三章「現在を知覚する」を参照。ハルトゥーニアンはべつの著作で、ここに挙げた日本の思想家と、ゲオルク・ジンメル、ジークフリート・クラカウアー、ヴァルター・ベンヤミン、マルティン・ハイデガーなどの一九二〇年代ドイツにおける思想家を比較しながら、より広い視野から「日常性」に関する考察を練り上げている。Harry Harootunian, *History's Disquiet: Modernity, Cultural Practice, and the Question of Everyday Life* (New York: Columbia University Press, 2000)〔ハリー・ハルトゥーニアン『歴史の不穏――近代、文化的実践、日常生活という問題』樹本健訳、こぶし書房、二〇一一年〕。村山、今、戸坂の著作として、村山知義『構成派研究』（本の泉社、二〇〇二年）、『今和次郎集』（ドメス出版、一九七一―一九七三年）、『戸坂潤全集』（勁草書房、一九六六―一九七九年）を参照。

(45) 滋野辰彦「たわごと」、『キネマ旬報』一九三三年二月二一日号、五四頁、東海林透「小津安二郎への一結論——『東京の女』から」、『キネマ旬報』一九三三年三月一日号、六四—六五頁、森川繁夫「「東京の女」に就いて」、『キネマ旬報』一九三三年三月一日号、六五頁、海南基忠「主題と演出を巡って」、『映画評論』一九三三年三月号、一〇一—一〇四頁、松井寿夫「総体性と特殊性——小津安二郎と『東京の女』」、『映画評論』一九三三年三月号、一〇五—一一〇頁、渡辺敏彦「繊細なる神経」、『映画評論』一九三三年三月号、一一一—一一三頁。このうち、海南と渡辺の論考がルビッチ作品の引用を社会批判という観点から解釈している。

(46) 北川冬彦「東京の女」、『キネマ旬報』一九三三年二月二一日号、七六頁。

第三章

(1) 英語で読める文献として、Richard Abel, ed., *French Film Theory and Criticism, 1907–1939*, vol.1 (Princeton, N. J.: Princeton University Press, 1988); Sergei M. Eisenstein, *Selected Works*, vol. 1, *Writings, 1922–1934*, ed. and trans. Richard Taylor (London: BFI; Bloomington and Indianapolis: Indiana University Press, 1988); Dziga Vertov, *Kino-Eye: The Writings of Dziga Vertov* ed. Annette Michelson, trans. Kevin O'Brien (Berkeley and Los Angeles: University of California Press, 1984); Yuri Tsivian, ed., *Lines of Resistance: Dziga Vertov and the Twenties* (Pordenone: Le Giornate del Cinema Muto, 2004); Vsevolod Illarionovich Pudovkin, *Film Technique and Film Acting*, ed. and trans. Ivor Montagu (London: Vision Press, 1958). エイゼンシュテイン、ヴェルトフ、プドフキンなどのソヴィエト・モンタージュ派の映画作家の著作については、セルゲイ・M・エイゼンシュテイン『エイゼンシュテイン全集』全九巻、キネマ旬報社、一九七三—一九九三年、大石雅彦・田中陽編『ロシア・アバンギャルド③ キノ——映像言語の創造』国書刊行会、一九九四年。

(2) ただし本書は、エプスタインが小津に影響を与えたと主張するのでも、フォトジェニーという概念によって小津映画を説明するのでもない。とはいえ確認しておきたいのは、エプスタインのフォトジェニー論は同時代の日本において広く知られていたということである(小津は同時代の映画に関する言説に敏感であり、おそらくエプスタインを知っていた)。日本におけるエプスタイン受容に関しては、岡田真吉による『エトナ山で映画を見る(*Le cinématographe vu de l'Etna*)』(一九二六年)所収のエッセイの翻訳「映画能的要素」、『映画往来』一九二六年一二月号、三四—三七頁、岡田によるエプスタインの紹介記事(岡田真吉「ジャン・エプスタン(一)」、『映画評論』一九二九年二月号、一八九—一九四頁、「ジャン・エプスタン(二)」、『映画評論』一九二九年三月号、二七〇—二七四頁、「『アッシャー家の末裔』」、『映画評論』一九二九年四月号、三八六—三九一頁)を参照。岡田はこれらの紹介記事で、エプスタインのフォトジェニー論を、映画の〈動き〉に関する祝言的言説、〈カメラ眼〉を通じたアニミズム的様相の暴露という観点から注解している。やや遅れるが、岡田はエプスタインの“De

"quelques conditions de la photogénie" を「映画能諸数条件に就いて」として訳している（『映画文献史』大日本映画協会、一九四三年）。また一九三〇年代前半まで小津とエプスタインを並列して論じた批評家はいなかったが、杉山平一は『映画評論集』（ゆまに書房、二〇〇三年、原著は一九四一年）で、「ゆるゆる崩れおちる書物」という事物の使用をめぐって、小津とエプスタインを比較し（一四九頁）、一九四八年に発表された論考「映画的意志」で、フォトジェニー的想像力を展開しながら、日本映画における事物の使用を論じている。後者の論考は「映画の意志」として、杉山平一『映画の文体――テクニックの伝承』（行路社、二〇〇三年、五一―一〇頁）に所収。

（3）Jean Epstein, "Grossissement," in *Écrits sur le cinéma, 1921–1953* (Paris: Seghers, 1974), vol. 1, p. 93. 以下、エプスタインからの訳出は拙訳による。訳にあたって、Abel, ed., *French Film Theory and Criticism* 所収の英訳も参照した。"Magnification," trans. Stuart Liebman, p. 235.

（4）より正確に言えば、「フォトジェニー」という語を最初に提唱したのは、エプスタインの友人でもあったルイ・デリュックである。Louis Delluc, "Beauty in the Cinema" (1917), trans. Richard Abel, pp.137–139 をはじめとする Abel, ed., *French Film Theory and Criticism, 1907–1939*, vol. 1. 所収の論考を参照。このアンソロジーに収められた Abel による解説も参照（pp.107–111）。

（5）長いあいだ、エプスタインのフォトジェニー論は神秘主義的概念であると見なされてきたが、近年の映画学では、サイレント映画後期におけるフランスやヨーロッパにおける映画に関する想像力、フランスにおけるロマン主義の言説、近代や時間に関する哲学的言説を考慮に入れた再評価が試みられている。Sarah Keller and Jason N. Paul, eds., *Jean Epstein: Critical Essays and New Translations* (Amsterdam: Amsterdam University Press, 2012); Malcolm Turvey, *Doubting Vision: Film and the Revelationist Tradition* (New York: Oxford University Press, 2008); Stuart Liebman, "Visitings of Awful Promise: The Cinema Seen from Etna," in Richard Allen and Malcolm Turvey, eds., *Camera Obscura, Camera Lucida: Essays in Honor of Annette Michelson* (Amsterdam: Amsterdam University Press, 2003), pp. 91–108; Ian Aitken, *European Film Theory and Cinema: A Critical Introduction* (Bloomington: Indiana University Press, 2001); Nina Lara Rosenblatt, "Photogenic Neurasthenia: On Mass and Medium in the 1920s," *October* 86 (Autumn 1998): 47–62; Leo Charney, *Empty Moments: Cinema, Modernity, and Drift* (Durham: Duke University Press, 1998) を参照。

（6）一九三二年末から一九三三年初頭にかけて、数人の批評家たちは、小津がいまだトーキーを撮っていないことを遺憾に思っている。上野一郎「日本映画回顧」、『映画評論』一九三二年一二月号、七五頁、岩崎昶「トーキー的随感」、『キネマ旬報』一九三三年一月二一日号、五四―五五頁。

（7）岸松雄『日本映画論』ゆまに書房、二〇〇四年（原著は一九三五年）、二五一―二五二頁。初出は、和田山滋「小津安二郎との一問一答」、『キネマ旬報』一九三三年一月一一日号、四六―四七頁（和田山滋は岸の筆名）。

（8）同右、二五一頁。

（9）たとえば、『キネマ旬報』一九三二年五月一日号、八六頁に掲載された『小判しぐれ』（山中貞雄、一九三二年四月）のレビューを参照。なおこの記事は、『日本映画論』八〇―八七頁に収められている。

（10）伏見の脚本にたいする小津の修正については、佐藤忠男『完本　小津安二郎の芸術』朝日文庫、二〇〇〇年（初版は一九七一年）、二七九―二八一頁。小津のコラボレーターとしては、野田がもっとも有名だが、小津は戦後にいたるまで、池田とも脚本を共同執筆した。池田は後年、「ぼくが下書きしてオッチャン〔小津の愛称〕が直す場合が多かったが、オッチャンは書きながらコンティニュイティー考えてるから、どういう写真になるか大体見当つきましたね」と回想している。「実録日本映画史」第一二九回『読売新聞』一九六四年五月二一日付夕刊。田中眞澄編『小津安二郎全発言　1933-1945』泰流社、一九八七年、二六一頁。ただし野田や池田との脚本共同執筆は、小津のデビュー作『懺悔の刃』からはじまっている。

（11）たとえば、小津は「コンティニュイティ」という語を一九三〇年の記事で使用している。小津安二郎「僕のコンティニュイティの実際」、『キネマ旬報』一九三〇年一〇月一一日号、四三頁。今日の映画学で「コンティニュイティー」という語は、古典的ハリウッド映画の〈連続性のシステム（continuity system）〉を意味する場合が多く、小津映画はしばしば、不連続性を含意したものとしてハリウッド映画に対置されるため、本書はこの意味を指すために「デクパージュ（decoupage）」という語を採用した。ハリウッド映画の〈連続性のシステム〉については、David Bordwell, Janet Staiger, and Kristin Thompson, *The Classical Hollywood Cinema: Film Style and Mode of Production to 1960* (New York: Columbia University Press, 1985), pp. 55-59.またフランス語で「デクパージュ（découpage）」は、撮影台本および完成したフィルムのショット構成の両方を指しており、ノエル・バーチはこの語を、モダニスト映画を含めた「ショットによる空間‐時間的組織化」を指す語として使うことを提唱している。Noël Burch, *Theory of Film Practice*, trans. Helen R. Lane (New York: Praeger, 1973), p. 11. フランス映画批評で「デクパージュ」という語が持っていた含意については、André Bazin, *What is Cinema?*, trans. Timothy Barnard (Montreal: Caboose, 2009) の訳者序文も参照。

（12）『東京の女』製作の経緯については、一九三三年一月二四日から二月七日までの小津の日記を参照。田中眞澄編『全日記　小津安二郎』フィルムアート社、一九九三年、三一―三二頁。

（13）山本喜久男によれば、五所平之助は『結婚哲学』を二〇回以上見たという。山本喜久男『日本映画における外国映画の影響――比較映画史研究』早稲田大学出版部、一九八三年、三七九頁。また一九三三年二月二四日の日記に、小津は『非常線の女』の撮影に先立って、ウィリアム・ウェルマンの『暗黒街の女（*Ladies of the Mob*）』（一九二八年）を試写室で見たと書いている。田中編『全日記　小津安二郎』三五頁。この記述から推測すれば、小津はこの時期、決定的な時点で『結婚哲学』をたびたび見ることができたと考えられる。

(14) 岸松雄『日本映画論』二五一頁。

(15) 西洋人の身体にたいして日本人が感じた劣等感については、出口丈人「何が白人コンプレックスを生みだしたか」、岩本憲児編『日本映画とモダニズム1920-1930』リブロポート、一九九一年、一〇四―一一三頁; Mitsuyo Wada-Marciano, *Nippon Modern: Japanese Cinema of the 1920s and 1930s* (Honolulu: University of Hawaii Press, 2008), pp. 82-83〔ミツヨ・ワダ・マルシアーノ『ニッポン・モダン――日本映画1920・30年代』名古屋大学出版会、二〇〇九年、一二五―一二七頁〕。一九三四年に出版された『陰翳礼讃』(中公文庫、一九九五年)で、谷崎潤一郎は映画における明るい照明を、彫りの浅い日本人の顔に適していないものとして考えている。谷崎の映画論に関しては、Thomas LaMarre, *Shadows on the Screen: Tanizaki Jun'ichiro on Cinema and "Oriental" Aesthetics* (Ann Arbor: Center for Japanese Studies, University of Michigan, 2005).

(16) 小津は戦後作品において、カメラ位置を注意深く選別することによって、玄関という場を視界から隠した。登場人物の出入りはしばしば、玄関が開く(ないし吊り下げられた鈴が鳴る)音によって知らされる。

(17) 異なった視点からトム・ガニングは、初期の追いかけ映画では、追う者と追われる者のショットが連続させられるために、空間的には不連続なショットが連続させられているように見えるという論理を指摘した。Tom Gunning, "Non-Continuity, Continuity, Discontinuity: A Theory of Genres in Early Films," in Thomas Elsaesser, ed., *Early Cinema: Space, Frame, Narrative*, (London: BFI, 1990), pp. 91-92.

(18) 佐藤忠男は自身の先駆的小津論で、登場人物の左右への移動が繰り返されるために、『結婚哲学』の冒頭シーンは「わずらわしい」印象を与えると述べ、登場人物によってフレームインとフレームオフを繰り返すために、空間の方向性が混乱させられる小津後期作品の室内シーンとの関連性を指摘している。本書の議論は佐藤のこの指摘に多くを負っているが、この「わずらわしさ」を否定的に捉え、小津はフレーム内の左右に襖や障子を置くことで、フレームインとフレームオフから生じる目まぐるしさの感覚を減じようとしたという見解には同意できない。佐藤『完本　小津安二郎の芸術』二四四―二五〇頁。

(19) たとえば、ワイルダーやワインバーグの次のような評言を参照。「ジョークがあって、それにあなたは満足しているでしょう、そこにもうひとつ大きなジョークがくわえられるのです」(Cameron Crowe, *Conversations with Wilder*, New York: Alfred A. Knopf, 1999, p. 32)、「[ルビッチは]いたずらな評釈をつけながら、彼の扱っている主題を突如として圧縮することで比喩の力を最大限に活用する」(Herman G. Weinberg, *The Lubitsch Touch: A Critical Study*, New York: E. P. Dutton & Co., 1968, p. 25〔ハーマン・G・ワインバーグ『ルビッチ・タッチ』宮本高晴訳、国書刊行会、二〇一五年、二二頁〕)。ここに引用した一節は、Kristine Thompson, *Herr Lubitsch Goes to Hollywood* (Amsterdam: Amsterdam University Press, 2005), p. 127 に引かれている。

（20）Peter Bogdanovich, *Who the Devil Made It: Conversations with Legendary Film Directors* (New York: Alfred A. Knopf, 1997), p. 31.

（21）こうした映画予算の大規模化は、検閲や製作者の免許制を定めたばかりでなく、映画製作の中央集権化を促進させた「映画法」（一九三九年施行）によって可能になったと考えることができる。次の回想における「スター陣」のキャスティングは、この中央集権化を示唆しており、さらに言えば、国民的映画監督としての小津のイメージは、すくなくともある程度はこの映画法以降の体制を条件としている。「佐分利、高峰（三枝子）もはじめてでね、当時としては絢爛たるスター陣だった。そのせいかな、今まで小津作品は当らんという定評を破って、まあ大入りだったんだね」（小津安二郎「自作を語る」、田中眞澄編『小津安二郎戦後語録集成』フィルムアート社、一九八九年、一三〇頁）。映画製作本数の制限と「質的向上」の施策については、加藤厚子『総動員体制と映画』新曜社、二〇〇三年、七三―八二頁。

（22）小津戦後作品における振り返るという身振りについては、中山昭彦「身を翻す女たち／端座する二つの影――小津安二郎とアクション」、『早稲田文学』二〇〇四年一月号、一一〇―一二七頁。

（23）テクスチャーの水準における「影響」に関しては、小津が侯孝賢や是枝裕和といった後年の映画監督に与えた影響を論じた、Jinhee Choi, "Ozuesque as a Sensibility: Or, on the Notion of Influence," in Jinhee Choi, ed., *Reorienting Ozu: A Master and His Influence* (New York: Oxford University Press, 2018), pp. 77–97 も参照。

（24）「（理由のない）規範のダイナミズム」に関する説明については、David Bordwell, *Ozu and the Poetics of Cinema* (London: BFI, 1988), pp. 107–108〔デヴィッド・ボードウェル『小津安二郎――映画の詩学』新装版、杉山昭夫訳、青土社、二〇〇三年、一九二―一九四頁〕。

（25）Burch, *To the Distant Observer: Form and Meaning in the Japanese Cinema* (Berkeley: University of California Press, 1979), p. 159〔抄訳、ノエル・バーチ「小津安二郎論――戦前作品にみるそのシステムとコード」西嶋憲生・杉山昭夫訳、『ユリイカ』一九八一年六月号、八一頁〕。バーチは「つねに（invariably）」と書いているが、小津は『東京の女』やそれ以降の作品においても、時折、視線の一致した「正しい」切り返しを使用している。ただし、小津はこの一九三三年の作品で、〈視線の一致しない切り返し〉を「体系的に（systemically）」使用している。

（26）Jean Epstein, *Bonjour, cinéma* (Paris: La Sirène, 1921). この著作には、英訳もある重要な論考 "Le sens 1 bis" と冒頭で引用した "Grossissement" も収められている。

（27）この意味で、今日広く読まれている英訳版のタイトル「フォトジェニーのいくつかの特性について（On Certain Characteristics of Photogénie）」は、ミスリーディングであると言えるだろう。Jean Epstein, "De quelques conditions de la photogénie," in *Écrits sur le cinéma, 1921–1953*, vol. 1, pp. 137–142; "On Certain Characteristics of *Photogénie*," trans. Tom Milne, in Abel, ed., *French Film Theory and Criticism, 1907–1939*, vol.1, pp. 314–318. 以下、エプスタインの論考からの引用は全集の頁数を記し、角括弧内にもっとも広く読まれていると思われる英訳版の頁数を示した。

（28）Ibid., p. 137 [p. 314].

（29）Ibid., p. 138 [p. 315].

（30）Ibid., pp. 138–139 [pp. 315–316].

（31）Ibid., p. 139 [p. 316].

（32）フォトジェニーはしばしば理念的で神秘的な概念だと考えられてきたが、ジャック・ランシエールはこの概念の下層に潜む「脱形象化（de-figuration）」の契機に注目している。Jacques Rancière, *Film Fables*, trans. Emiliano Battista (Oxford, New York: Berg, 2006), pp. 4–5. ランシエールが「脱形象化」によって意味しようとしたのは、アリストテレス的リニアな物語（muthos）の転覆および彼が「美学的体制」と呼ぶ近代以降のモードの出現の契機であり、映画ミディアムに関するものではないが、本書はフォトジェニーの条件に注意を向けるという着想をランシエールの論考から得た。本書は以下で Epstein, "Le sens 1 bis" から、ランシエールが *Film Fables* の冒頭で引用している一節を引用する。ランシエールの映画論については、Tom Conley, "Cinema and its Discontents: Jacques Rancière and Film Theory," *SubStance* 34.3 (Summer 2005): 96–106 も参照。また次章で、ジークフリート・クラカウアーとミリアム・ブラトゥ・ハンセンを参照しながら、映画の〈動き〉に内在する「脱形象化」の含意について異なった視点から論じる。

（33）エプスタインは結局のところ「空間と時間の交差」によって、なにを意味しているのかについて説明しておらず、そのため、彼が主張する「空間と時間に同時にある動き」としての〈フォトジェニー的動き〉は曖昧なままにとどまっている。ただしアインシュタインへの言及からもわかるように、エプスタインがこの表現に関するインスピレーションを相対性理論から得たことは間違いない。"Le sens 1 bis" in *Écrits sur le cinéma, 1921–1953*, vol.1, p. 85; "The Senses 1 (b)," trans. Tom Milne, in Abel, ed., *French Film Theory and Criticism, 1907–1939*, vol.1, p. 240.

（34）Jean Epstein, "Grossissement," p. 93 [p. 236].

（35）Ricciotto Canudo, "A Sixth Art," trans. Ben Gibson, Don Ranvaud, Sergio Sokota, and Deborah Young, in Abel, ed., *French Film Theory and Criticism, 1907–1939*, vol.1, pp. 58–66; Léon Moussinac, "On Cinegraphic Rhythm," trans. Richard Abel, pp. 280–283; Réne Clair, "Rhythm," trans. Richard Abel, pp. 368–370. フランスのリズム論とエプスタインの関係については、Aitken, *European Film Theory and Cinema*, pp. 69–90; Liebman, "Visitings of Awful Promise," in Allen and Turvey, eds., *Camera Obscura, Camera Lucida*, pp. 91–108 を参照。

（36）ただしエプスタインは『アッシャー家の末裔（*La chute de la maison Usher*）』（一九二八年）や『大地の果て（*Finis terrae*）』（一九二九年）といった自身の監督作品で、むしろこうした静かで宙吊りの状態にある〈動き〉を前景化している。とはいえ、こうした宙吊りにある〈動き〉は、自然をめぐるロマン主義的でアニミズム的想像力に結びつけられている。『アッシャー家の末裔』に関する分析として、Turvey, *Doubting Vision*, pp. 26–30も参照。

(37) こうした映画の〈動き〉の宙吊りに基づく小津の実践は、エプスタインの理論家としての性向にたいする小津の実践者としての気質に帰すことができる。小津は自身のことを「職人」と呼んでいる。小津安二郎「例えば豆腐の如く」、田中編『小津安二郎戦後語録集成』二〇二―二〇三頁。

(38) Epstein, "De quelques conditions de la photogénie," p. 140 [p. 316].

(39) Epstein, "Le sens 1 bis," p. 86 [p. 242].

(40) Jean Epstein, "Grossissement," p. 93 [p. 236].

(41) Ibid., p. 97; p. 98 [p. 238; p. 239].

(42) Bordwell, *Ozu and Poetics of the Cinema*, pp. 95–99〔一七〇―一七七頁〕。

(43) ボードウェルは、小津はこの作品で、より自由に〈視線の一致しない切り返し〉を使うようになったと主張しているが、切り返しに関するかぎり、『その夜の妻』は保守的である。Ibid., p. 207〔三五四頁〕。

(44) ボードウェルは、このシーンにおけるカメラのロー・ポジションについて指摘しているが、アクション軸の侵犯には言及していない。Ibid., p. 234〔三九四頁〕。

(45)『朗かに歩め』(一九三〇年三月)と『その夜の妻』(一九三〇年七月)で、小津は同じアパートのセットを使用している。またこの事実と脚本を併せ考えれば、後述する一九三二年一一月公開の失われた『また逢ふ日まで』における岡田嘉子の居室のシーンで、『青春の夢いまいづこ』および『東京の女』と同じアパートのセットが使用されたと推測することができる。『また逢ふ日まで』の脚本については、井上和男編『小津安二郎全集』上巻、新書館、二〇〇三年、三八五―四〇一頁。

(46) 小津はつづいて、父親に平手打ちをする富坊と喜八のショットを、明確にアクション軸を侵犯した〈視線の一致しない切り返し〉でつないでいる。一九五二年になって、小津はこのシーンを次のように回想している。「この写真の中で唯一箇所、親父が女に入りびたっているというので子供が学校で笑われて帰って来る、腹が立って親父の盆栽の葉をムシッちゃうんだ。いい気分で女の処から帰って来た親父が子供を張り飛ばすと、子供は親父を殴り返すんだがね、そのうち親父が急にシュンとなるんだな、それをみると子供の方も親父を打つのをやめて泣き出す……という所があってね、あすこだけはプリントがあればもう一度観てもいいような気がするな」(小津「自作を語る」、田中編『小津安二郎戦後語録集成』一二七頁)。この驚くべき記憶力に基づいた肯定的回想からも、小津がこの時期、急速に〈視線の一致しない切り返し〉を安定化させていく過程にあったことが示唆されている。小津による『陽気な巴里っ子』への言及は、一九三〇年の『落第はしたけれど』で、大学生たちが窓越しに影絵で「パン」の文字を作って、向かいのパン屋の娘(田中絹代)にパンを注文するシーンにも認めることができる。この場面は、『陽気な巴里っ子』冒頭近く、窓越しに揺れ動くジョージ・ベランジャーの影を見て、パッシー・ルス・ミラーが妄想を膨らませるシーンを翻案している。

(47)『出来ごころ』の物語構造の分析については、Yuki Takinami, "The Moment of Instability: The Textual and Intertextual Analysis of Ozu Yasujiro's *Passing Fancy*," *Josai International University Bulletin. Faculty of Media Studies* 24-5 (2016): 1-18.

(48)より正確に言えば、『また逢ふ日まで』は一九三二年秋に撮影が開始されたが、製作費が不足したため、小津は『青春の夢いまいづこ』を低予算で完成させることで、余った予算を『また逢ふ日まで』にまわそうとしたのだった。この意味で、『また逢ふ日まで』を『青春の夢いまいづこ』に後続する作品と考えることは正しくない。製作の過程におけるこれらふたつの作品の関係については、田中編『小津安二郎戦後語録集成』四四一頁も参照。

(49)中川信夫「「また逢ふ日まで」の小津安二郎に就いて」、『キネマ旬報』一九三三年一月一日号、一一四頁。

第四章

(1) Jean Epstein, "Le sens 1 bis" in *Écrits sur le cinéma, 1921–1953*, vol. 1 (Paris: Seghers, 1974), p. 84; "The Senses 1 (b)," trans. Tom Milne, in Richard Abel, ed., *French Film Theory and Criticism, 1907–1939*, vol.1 (Princeton, N. J.: Princeton University Press, 1988), p. 242.

(2) Siegfried Kracauer, *Theory of Film: The Redemption of Physical Reality* (1960; Princeton, N. J.: Princeton University Press, 1997).

(3) この点については、Miriam Bratu Hansen, *Cinema and Experience: Siegfried Kracauer, Walter Benjamin, and Theodor W. Adorno* (Berkeley, Los Angeles, London: University of California Press, 2012), p. 253〔ミリアム・ブラトゥ・ハンセン『映画と経験――クラカウアー、ベンヤミン、アドルノ』竹峰義和・滝浪佑紀訳、法政大学出版局、二〇一七年、四九一頁〕; Janet Harbord, "Contingency's Work: Kracauer's *Theory of Film* and the Trope of the Accidental," *New Formations* 61 (Summer 2007): 90-103.

(4) Kracauer, *Theory of Film*, pp.41-45; pp. 45-46.

(5) Ibid., p. 158.

(6) Ibid., p. 17.

(7) Miriam Bratu Hansen, "Introduction," in Kracauer, *Theory of Film*, p. xxv. ハンセンが「素朴なリアリズム(naïve realism)」と呼んだ理論とは、「写真的記号のイコン性、とりわけ自己同一的な事物との文字通りの類似性ないしアナロジー」に基づいたリアリズムである(アンドレ・バザンの通俗的な理解)。映画装置を通じて肉眼では見ることのできない現実の諸相が暴露されるという〈カメラ眼〉の考え方は、こうした素朴なリアリズムより複雑だが、ハンセンは、クラカウアーのリアリズム論は「イメージとその指示対象を結びつけるインデックス的で光化学的紐帯」(映画ないし写真と被写体とのあいだの肯定的な関係)とも関係がないと主張している。そのかぎりでクラカウアーの主張する「自己疎外」は、〈カメラ眼〉の考え方に基づくリアリズムとも異なっている。ただし、『映画の理論』は

〈カメラ眼〉による暴露という意味におけるリアリズムの書という側面も持っている。この点に注目した研究として、Malcolm Turvey, *Doubting Vision: Film and the Revelationist Tradition* (New York: Oxford University Press, 2008). くわえてアドルノによる同時代的批判として、テオドール・W・アドルノ「風変わりなリアリスト――ジークフリート・クラカウアーについて」竹峰義和訳、『アドルノ　文学ノート2』三光長治・高木昌史・圓子修平・恒川隆男・竹峰義和・前田良三・杉橋陽一訳、みすず書房、二〇〇九年、八一―一一〇頁。アドルノによるクラカウアーへの批判の注解として、Hansen, *Cinema and Experience*, pp. 220-221〔四三三―四三四頁〕を参照。なお本書はクラカウアーの『映画の理論』に関して、ハンセンの遺著『映画と経験』以上に、『映画の理論』の再版に付された序文を積極的に参照するが、それはこの序文において、ヴァイマル期と戦後のクラカウアーの関連性がより明確に論じられているためである（『映画と経験』では、ふたつの時期のクラカウアーは異なる章に分割されている）。クラカウアーの写真論に関するハンセンの論考として、Miriam Bratu Hansen, "Kracauer's Photography Essay: Dot Matrix—General (An-) Archive—Film," in Gerd Gemünden and Johannes von Moltke, eds. *Culture in the Anteroom: The Legacies of Siegfried Kracauer* (Ann Arbor: The University of Michigan Press, 2012), pp. 93-110 も参照。クラカウアーの映画論の明快な注解として、Tara Forrest, *The Politics of Imagination: Benjamin, Kracauer, Kluge* (Bielefeld: Transcript Verlag, 2007).

（8）Ibid., p. xxviii.「超領土性」については、Siegfried Kracauer, *History: The Last Things Before the Last* (1969; Princeton: M. Wiener, 1995)〔ジークフリート・クラカウアー『歴史――永遠のユダヤ人の鏡像』平井正訳、せりか書房、一九七七年〕。

（9）アジェの写真は一九三一年に東京で開催された「獨逸国際移動写真展」で、はじめて日本に紹介された。小津もライカの愛好家であり（一九三一年購入）、こうした状況から推測すれば、彼もアジェの写真を知っていた可能性が高い。日本におけるアジェの写真の受容については、深川雅文『光のプロジェクト――写真、モダニズムを超えて』青弓社、二〇〇七年、一四五―一四七頁。そのコンテクストとしての「新興写真」運動や雑誌『光画』については、飯沢耕太郎『写真に帰れ――『光画』の時代』平凡社、一九八八年、飯沢耕太郎『都市の視線――日本の写真1920―30年代』創元社、一九八九年。小津自身の写真の趣味については、田中眞澄『小津安二郎周游』文藝春秋、二〇〇三年、二〇八―二〇九頁、田中眞澄『小津安二郎と戦争』みすず書房、二〇〇五年、八―二〇頁。一九三〇年代における写真と映画の関係についての十分な研究はないが、構成主義的写真は当時の日本で広く知られていた。たとえば『非常線の女』には、かすかに開いた窓から外の汽船が見えるという堀野正雄の『カメラ・眼×鉄・構成』（国書刊行会、二〇〇五年、原著は一九三二年）に掲載された写真に似たショットを見ることができる。

（10）Miriam Hansen, "Vernacular Modernism: Tracking Cinema on a Global Scale," in Nataša Ďurovičová and Kathleen

Newman, eds. *World Cinemas, Transnational Perspectives* (New York: Routledge, 2009), pp. 287–314.

(11) Miriam Bratu Hansen, "The Mass Production of the Senses: Classical Cinema as Vernacular Modernism," in Gledhill and Williams, eds., *Reinventing Film Studies* (London: Arnold, 2000), pp. 332–350〔ミリアム・ブラトゥ・ハンセン「感覚の大量生産——ヴァナキュラー・モダニズムとしての古典的映画」滝浪佑紀訳、『SITE ZERO/ZERO SITE』三号、二〇六—二四〇頁〕; David Bordwell, Janet Staiger, and Kristin Thompson, *The Classical Hollywood Cinema: Film Style and Mode of Production to 1960* (New York: Columbia University Press, 1985).

(12) 映画の感覚的経験および地域的受容に焦点をあわせた研究として、Zhang Zhen, *An Amorous History of the Silver Screen: Shanghai Cinema, 1896–1937* (Chicago: University of Chicago Press, 2005), Jennifer M. Bean and Diane Negra, eds., *A Feminist Reader in Early Cinema*, (Durham: Duke University Press, 2002) 所収の論文、*Camera Obscura* 20 (2005) 所収の論文を参照。Catherine Russell によるイントロダクション "New Women of the Silent Screen: China, Japan, Hollywood" にくわえ、*Camera Obscura* 所収の論文はいずれも、ハンセンの「ヴァナキュラー・モダニズム」を参照している。Mitsuyo Wada-Marciano, "Imaging Modern Girls in the Japanese Woman's Film": 15–55（この論文は、*Nippon Modern: Japanese Cinema of the 1920s and 1930s*, Honolulu: University of Hawaii Press, 2008 にも所収）; Catherine Russell, "Naruse Mikio's Silent Films: Gender and the Discourse of Everyday Life in Interwar Japan": 57–89; Chika Kinoshita "In the Twilight of Modernity and the Silent Film: Irie Takako in *The Water Magician*": 91–127; Weihong Bao "From Pearl White to White Rose Woo: Tracing the Vernacular Body of *Nü xia* in Chinese Silent Cinema, 1927–1931": 193–231.

(13) Donald Richie, *Ozu* (Berkeley: University of California Press, 1974), pp. 173–174〔ドナルド・リチー『小津安二郎の美学——映画のなかの日本』山本喜久男訳、フィルムアート社、一九七八年、二四四—二四五頁〕。

(14) Ibid., p. 174〔二四五頁〕。また「壺のショット」については、Paul Schrader, *Transcendental Style in Film: Ozu, Bresson, Dreyer* (Berkeley: University of California Press, 1972), pp. 49–51〔ポール・シュレイダー『聖なる映画——小津／ブレッソン／ドライヤー』山本喜久男訳、フィルムアート社、一九八一年、八六—九二頁〕も参照。

(15) Noël Burch, *To the Distant Observer: Form and Meaning in the Japanese Cinema*, Berkeley: University of California Press, 1979, pp. 171–172〔抄訳、ノエル・バーチ「小津安二郎論——戦前作品にみるそのシステムとコード」西嶋憲生・杉山昭夫訳、『ユリイカ』一九八一年六月、九一—九二頁〕。

(16) Ibid., p. 172〔九二頁〕。

(17) 小津による事物の使用に関しては、David Bordwell, *Ozu and the Poetics of Cinema* (London: BFI, 1988), pp. 109–112〔デ

ヴィッド・ボードウェル『小津安二郎――映画の詩学』新装版、杉山昭夫訳、青土社、二〇〇三年、一九六―二〇四頁〕; Kristin Thompson, *Breaking the Glass Armor: Neoformalist Film Analysis* (Princeton: Princeton University Press, 1988), ch. 12, "*Late Spring* and Ozu's Unreasonable Style" も参照。阿部マーク・ノーネスは『晩春』の「壺のショット」を中心に、先行研究をレヴューしている。Abé Mark Nornes, "The Riddle of the Vase: Ozu Yasujirô's *Late Spring* (1949)," in Alastair Phillips and Julian Stringer, eds. *Japanese Cinema: Texts and Contexts* (London: Routledge, 2007), pp. 78-89.

(18) Miriam Hansen, "Vernacular Modernism," p. 290.

(19) Ibid., p. 290.

(20) なお結城一郎はスキーに行くための旅費を得るために質屋に行くさい、『第七天国』のポスターを指差すが、これは『第《ダイ》七《シチ》』という映画タイトルの一部を「質屋」にかけたギャグとなっている。

(21) 横光利一『上海』講談社文芸文庫、一九九一年、川端康成『浅草紅団・浅草祭』講談社文芸文庫、一九九六年、今和次郎『考現学入門』ちくま文庫、一九八七年。横光や川端の小説にたいする英語圏で書かれた重要な研究として、Seiji M. Lippit, *Topographies of Japanese Modernism* (New York: Columbia University Press, 2002). またよく知られるように、横光と川端は衣笠貞之助の『狂った一頁』(一九二六年)のシナリオ執筆に関わっていた。横光や川端と映画の関係については、衣笠貞之助『わが映画の青春――日本映画史の一側面』(中公新書、一九七七年)および Aaron Gerow, *A Page of Madness: Cinema and Modernity in 1920s Japan* (Ann Arbor: Center for Japanese Studies, University of Michigan, 2008) を参照。

(22) オスカー・シスゴール「九時から九時まで」、『新青年』一九三〇年三月号、二三二―二四七頁。戦間期日本の大衆文化における『新青年』の重要性については、新青年研究会『新青年読本――昭和グラフィティ』(作品社、一九八八年)および Omori Kyoko, "The Art of the Bluff: Youth Migrancy, Interlingualism, and Japanese Vernacular Modernism in *New Youth* Magazine," in Mary Ann Gillies, Helen Sword, and Steven Yao, eds., *Pacific Rim Modernism*, (Toronto: University of Toronto Press, 2009). シスゴールの小説の初出は、Oscar Schisgall, "Nine to Nine," *Detective Story Magazine* 91.5 (April 9, 1927).

(23) 製作直後に書かれた野田自身による記事「『其の夜の妻』――英パン氏のドロボー劇」、『蒲田』一九三〇年七月号を参照。田中『小津安二郎周游』八二―八三頁も参照。

(24) シスゴール「九時から九時まで」二三九頁。

(25) 小津安二郎、野田高梧、北川冬彦、水町青磁、飯田心美「春宵放談」、田中眞澄編『小津安二郎戦後語録集成』フィルムアート社、一九八九年、八一頁。傍点は引用者。この一節への注解として、Michael Raine, "A New Form of Silent Cinema: Intertitles and Interlocution in Ozu Yasujiro's Late Silent Films," in Jinhee Choi, ed., *Reorienting Ozu: A Master and His Influence* (New York: Oxford University Press, 2018), p. 106.

(26) たとえば、ヨーエ・マイの特集を組んだ『映画評論』一九三〇年八月号を参照。

(27) なおボードウェルが指摘するように、『その夜の妻』の字幕数は五四であり（全体のショット数に占める字幕数の割合は八パーセント）、同時期の小津作品（一〇パーセントを超える）に比べても少ない。David Bordwell, *Ozu and the Poetics of Cinema*, p. 377〔五九七頁〕。

(28) 第六章で引用する小津へのインタビューの一節からもわかるとおり、小津自身も事物の修辞的使用にたいして意識的であった。小津安二郎「〝沈黙を棄てる監督〟／小津氏との一問一答」、田中眞澄編『小津安二郎全発言 1933–1945』泰流社、一九八七年、八三頁（初出は「都新聞」一九三六年四月二〇日付夕刊）。

(29) 奥村康夫「生まれては見《ママ》たけれど」、『キネマ旬報』一九三二年六月二一日号、五〇頁。

(30) 渡辺敏彦「繊細なる神経」、『映画評論』一九三三年三月号、一一三頁。

(31) 安田清夫「脚色家野田高梧」、『映画評論』一九三三年六月号、三〇頁。『会社員生活』のフィルムは現存していないが、小津はこの作品でオーバーラップを使用していた。前章で引いた岸松雄による一九三二年のインタビューで、小津はこのシーンに言及しながら、オーバーラップは使いたくないと言っている。岸松雄『日本映画論』ゆまに書房、二〇〇四年（原著は一九三五年）、二四九頁。

(32) 安田清夫「脚色家野田高梧」三一頁。

(33) Lesley Stern, "Paths That Wind through the Thicket of Things," in *Things*, ed. Bill Brown (Chicago: University of Chicago Press, 2004), pp. 393–430. 論文題名にある「やぶ（thicket）」という語は、クラカウアーの『映画の理論』に由来している（*Theory of Film*, p. 309）。興味深いことにデジタル映画の時代、映画は事物（inanimate object）に生き生きとした意味を与えることができるという考え方が復活してきている。たとえば、Vivian Sobchack, *Carnal Thoughts: Embodiment and Moving Image Culture* (Berkeley: University of California Press, 2004); Laura U. Marks, *The Skin of the Film: Intercultural Cinema, Embodiment, and the Senses* (Durham: Duke University Press, 1999) を参照。ミリアム・ハンセンは、こうした近年の映画学の傾向はルートヴィヒ・クラーゲスの「夢イメージ」という考え方と平行関係にあると指摘し、さらにクラーゲスの「夢イメージ」の専有的読解を通じて、ベンヤミンは「アウラ」という概念を発展させたと主張している。Hansen, *Cinema and Experience*, p. 125〔二六〇頁〕。

(34) Hansen, "Vernacular Modernism," p. 291; p. 308, n. 12.

(35) Ibid., p. 292.

(36) Kracauer, *Theory of Film*, pp. 30–37. クラカウアーはこれらふたつの傾向を、リュミエール兄弟のドキュメンタリー作品とメリエスのトリック作品によって例証し、前者の『赤ん坊の食事（*Le repas de bébé*）』（一八九五年）の背景で、そよ風に揺れる草木の動きに驚いた最初の観客に言及することから議論を始めている。

（37）Ibid., pp. 44–45; pp. 48–49; p. 45.

（38）Ibid., p. 71.

（39）Ibid., p. 39.

（40）Ibid., p. 4; p. 6.

（41）Ibid., p. 10.

（42）Ibid., p. 14; p. 16.

（43）Ibid., p. 15.

（44）Ibid., pp. 16–17.

（45）Siegfried Kracauer, “Photography,” in *The Mass Ornament: Weimar Essays*, trans. and ed. Thomas Y. Levin (Cambridge and London: Harvard University Press, 1995), pp. 48–49〔ジークフリート・クラカウアー「写真」、『大衆の装飾』船戸満之・野村美紀子訳、法政大学出版局、一九九六年、一七頁〕。

（46）Hansen, “Introduction,” p. xxvi.

（47）Kracauer, “Photography,” p. 56〔二六頁〕。

（48）クラカウアーの写真論は、ホテルの前に立つ映画女優の写真が、写真の肌理としてのドットへ分解するというエピソードから論が起こされている。「虫眼鏡で見れば、網目スクリーンが見分けられる。数百万の小さな点であって、スター、波、ホテルはこの点でできている」(Ibid., p. 47〔一五頁〕)。写真ミディアムに含意される「分解」のモーメントという論点を、ヴァイマル時代におけるクラカウアーの思考全体に位置づける試みとして、Hansen, *Cinema and Experience*, ch.1 “Film, Medium of Disintegrating World”〔第一章「映画――崩壊していく世界の媒体」〕を参照。

（49）Kracauer, “Photography,” p. 58〔二八頁〕。

（50）Kracauer, *Theory of Film*, p. 72.

（51）『映画の理論』におけるモンタージュ論の可能性については、Hansen, *Cinema and Experience*, pp. 275–277〔五二二―五三六頁〕も参照。

（52）Kracauer, *Theory of Film*, p. 159. ただしクラカウアーがつづけて、同じ女性観客による次のような言明を引用したとき、彼の議論はふたたび直接的経験の称揚と区別がつかなくなる。「映画がその効果を作り出すのは、まさに自己が映像に同一化するためであり、スクリーン上に提示されるもののなかで、多かれ少なかれ、自己を忘却するためである」。

（53）Hansen, “Introduction,” p. xxviii.

（54）Walter Benjamin, “Little History of Photography,” in Walter Benjamin, *Selected Writings, 1927–1934*, vol.2, eds. Michael William Jennings, Howard Eiland, and Gary Smith (Cambridge and London: Harvard University Press, 1999), p. 519〔ヴァルター・ベンヤミン「写真小史」久保哲司訳、『ベンヤミン・コレクション① 近代の意味』浅井健二郎編訳・久保哲司訳、ちくま学芸文庫、一九九五年、五七一頁〕。

（55）Ibid., p. 518〔五六九頁〕。

（56）映画学に大きな影響を持った先駆的研究として、Susan Buck-Morss, “Aesthetics and Anaesthetics: Walter Benjamin’s Artwork Essay Reconsidered,” *October*, 62 (Autumn 1992): 3–41〔スーザン・バック＝モース「美学と非美学――ヴァルター・ベンヤミンの「芸術作品」論再考」吉田正岳訳、マー

ティン・ジェイ編『アメリカ批判理論の現在——ベンヤミン、アドルノ、フロムを超えて』永井務監訳、こうち書房、二〇〇〇年、三八三—四四二頁〕。観者にたいする直接的影響という観点からベンヤミンの「ショック」概念を展開した例証的研究として、Jennifer M. Bean, "Technologies of Early Stardom and the Extraordinary Body," in Bean and Negra, eds., *A Feminist Reader in Early Cinema*, pp. 404-443. しかしベンヤミンの「ショック」概念は、こうした観者にたいする直接的影響という問題に還元できるものではない。たとえば、一九三二年の「プルーストについての短いスピーチ」から「他者との無意志的遭遇」という論点を引き出したハンセンの議論を参照。Hansen, *Cinema and Experience*, pp. 111-112〔一二三—一二四頁〕。ハンセンはまた、ベンヤミンのボードレール論から引き出された「経験(Erfahrung)」と「体験(Erlebnis)」の区別を固辞しながら、ベンヤミンは近代という「体験」(個別化された直接的経験)がますます増殖する時代において、「乗り物で行く、旅行する(fahren)」や「危機(Gefahr)」という含意を持った、記憶と未来にたいする想像力に関わる「経験」の復権を試みていたと主張している(p. xiv〔九—一〇頁〕)。こうした見解を敷衍すれば、これまでの映画論は「ショック」に関わる「体験」の次元しか論じてこなかったと言えるだろう。経験をめぐるベンヤミンの議論については、綱領的エッセイ "Experience and Poverty," in *Selected Writings, 1927-1934*, vol.2, pp. 731-736〔「経験と貧困」浅井健二郎訳、『ベンヤミン・コレクション② エッセイの思想』浅井健二郎編訳・三宅晶子・久保哲司・内村信博・西村龍一訳、ちくま学芸文庫、一九九六年、三七一—三八四頁〕も参照。

(57) Walter Benjamin, "The Work of Art in the Age of Its Technological Reproducibility," in Walter Benjamin, *Selected Writings, 1935-1938*, vol.3, eds. Michael William Jennings and Howard Eiland (Cambridge and London: Harvard University Press, 2002), p. 117〔ヴァルター・ベンヤミン「複製技術時代の芸術作品〔第二稿〕」久保哲司訳、『ベンヤミン・コレクション①』六一九頁〕。

(58) ベンヤミンの映画論における解放のモティーフについては、竹峰義和『〈救済〉のメーディウム——ベンヤミン、アドルノ、クルーゲ』(東京大学出版会、二〇一六年)、とりわけ第二章「解体と再生の遊戯——ベンヤミン「複製技術時代の芸術作品」について」も参照。

(59) こうした小津の時代錯誤な態度は、クラカウアーが映画について本格的に書くようになるまえに執筆された綱領的論考「待つ者」(一九二二年)における「〔近代にたいして〕ためらいながら開かれていること」という「待つ」ことをめぐる姿勢に近いと言える。Siegfried Kracauer, "Those Who Waits," in *The Mass Ornament: Weimar Essays*, p. 137〔「待つ者」、『大衆の装飾』一〇九頁〕。

(60) 中川信夫「「また逢ふ日まで」の小津安二郎に就いて」、『キネマ旬報』一九三三年一月一日号、一一三頁。

(61) なおこのシーンの直前には、ボクサーを目指す宏(三井秀夫)の練習を見た譲二が、宏の階級について「バンタムウェイト」ではなく「フェザー」だと説明を受ける場面がある。

(62) Hansen, "Vernacular Modernism," p. 290. 御園生涼子『映画と国民国家――1930年代松竹メロドラマ映画』(東京大学出版会、二〇一二年) 二一―二五頁も参照。

(63) 小津は『非常線の女』を準備していた時期にあたる一九三三年二月二四日に、『暗黒街の女』を見ている。ただしその感想として、「暗黒街の女を試写する／三年一昔　今見ては何の感銘もない」と書いている。田中眞澄編『全日記　小津安二郎』フィルムアート社、一九九三年、三五頁。

(64) くわえてハロルド・ロイド主演の『ロイドの人気者』(一九二五年)には、ダンスをしながら服がほどけていくシーンがあり、上記の『港の日本娘』の場面との類似性を指摘できる。また小津の『若き日』でも、山本(斎藤達雄)と千恵子(松井潤子)が毛糸の玉を巻くシーンがある。ただし毛糸のモティーフが「解放」の感覚と結びつけられているという点で、『紐育の波止場』のシーンは特筆に値し、本書はここに注目した。

(65) ジョン・バクスターは伝記的研究で、スタンバーグは「一日間か二日間、『あれ』の撮影に関わったことはほとんど確実であり」、「それはパラマウントでの最初の仕事だった」と書いている。John Baxter, *Von Sternberg* (Lexington: University Press of Kentucky, 2010), p. 65. サイレント時代のスタンバーグについては、Herman G. Weinberg, *Josef von Sternberg* (New York: Dutton, 1967); Peter Baxter, *Just Watch!: Sternberg, Paramount and America* (London: BFI, 1993) も参照。

(66) ウクレレではないが、マンドリンが小津や戦間期日本のモダン文化のなかで持っていた意味については、田中眞澄『小津安二郎と戦争』八―二〇頁。

(67)『小津安二郎全集』所収の井上和男による注解を参照。井上和男編『小津安二郎全集』上巻、新書館、二〇〇三年、七一六―七一八頁。『出来ごころ』のオリジナル脚本は、『キネマ旬報――小津安二郎〈人と芸術〉』一九六四年二月増刊号、一〇二―一〇八頁に所収。

(68)「ヴァナキュラー」という語に含意されるトランスナショナルな含意については、Hansen, "Vernacular Modernism," pp. 296–298.

第五章

(1)「小市民映画」については、佐崎順昭「小市民映画」、岩本憲児・高村倉太郎監修『世界映画大事典』日本図書センター、二〇〇八年、四一八頁、佐藤忠男『日本映画史』第一巻、岩波書店、一九九五年、二三二―二三五頁、三五一―三五五頁、川本三郎「小市民映画の「楽しいわが家」」、青木保・川本三郎・筒井清忠・御厨貴・山折哲雄編『近代日本文学論⑦　大衆文化とマスメディア』岩波書店、一九九九年、一―一七頁、Mitsuyo Wada-Marciano, *Nippon Modern: Japanese Cinema of the 1920s and 1930s* (Honolulu: University of Hawaii Press, 2008), pp. 49–51 [ミツヨ・ワダ・マルシアーノ『ニッポン・モダン――日本映画1920・30年代』名古屋大学出版会、二〇〇九年、七五―八〇頁]。

(2) 佐藤忠男『完本　小津安二郎の芸術』朝日文庫、二〇〇〇年（初版は一九七一年）、二五四—二九三頁、Isolde Standish, *A New History of Japanese Cinema: A Century of Narrative Film* (London: Continuum, 2005), pp. 47–52; Alastair Phillips, "The Salaryman's Panic Time: Ozu Yasujiro's *I Was Born, But...* (1932)," in Alastair Phillips and Julian Stringer, eds, *Japanese Cinema: Texts and Contexts* (London: Routledge, 2007), pp. 25–36.

（3）「良妻賢母」については、Barbara Sato, *The New Japanese Woman: Modernity, Media, and Women in Interwar Japan* (Durham, N.C.: Duke University Press, 2003), esp. pp. 40–42. 落合恵美子による先駆的研究『近代家族とフェミニズム』（勁草書房、一九八九年）も参照。

（4）城戸四郎『日本映画伝——映画製作者の記録』文藝春秋新社、一九五六年、四〇頁。

（5）傾向映画については、佐藤『日本映画史』第一巻、二九九—三〇五頁、竹中労『日本映画縦断① 傾向映画の時代』白川書院、一九七四年。

（6）プロレタリア映画運動については、佐藤『日本映画史』第一巻、三〇五—三一三頁、並木晋作『日本プロレタリア映画同盟［プロキノ］全史』合同出版、一九八六年、Abé Mark Nornes, *Japanese Documentary Film: The Meiji Era through Hiroshima* (Minneapolis: University of Minnesota Press, 2003), esp. ch.1-3; Makino Mamoru, "Rethinking the Emergence of the Proletarian Film League of Japan," in Abé Mark Nornes and Aaron Gerow, eds., *In Praise of Film Studies: Essays in Honor to Makino Mamoru* (Victoria: Trafford/ Kinema Club, 2001), pp. 15–45. 日本プロレタリア映画同盟（プロキノ）の前身である日本プロレタリア映画連盟は、機関紙『プロレタリア映画』（一九二八年六月—八月）を発行し、日本プロレタリア映画同盟は、『新興映画』（一九二九年九月—一九三〇年六月）、『プロレタリア映画』（一九三〇年七月—一九三一年三月）、『プロキノ』（一九三二年五月）といった機関紙を断続的に発行した。これら資料の電子ファイルは、ミシガン大学日本研究出版センターのホームページ（http://quod.lib.umich.edu/c/cjfs/prewar-journals.html）で読むことができる（二〇一九年六月二〇日閲覧）。

（7）内田岐三雄「懺悔の刃」、『キネマ旬報』一九二七年一一月二一日号、五九頁。

（8）岡村章「カボチャ」、『キネマ旬報』一九二八年一一月一日号、一〇二頁。

（9）大塚恭一「小津安次郎論——その覚書として」、『映画評論』一九三〇年四月号、四〇—四五頁、関野嘉雄「心境物の破産と小津安二郎の前途」、『映画評論』一九三〇年七月号、二〇—二四頁、筈見恒夫「小津安二郎の小市民性」同、二四—二六頁、大塚恭一「『落第はしたけれど』」同、三〇—三一頁。また『映画評論』一九三〇年七月の特集号には、第一章で引用した福井桂一「小津安二郎と其の作品」と『その夜の妻』までの小津のフィルモグラフィーも収められている。

（10）大塚「小津安次郎論」四一—四二頁。

（11）同右、四二—四三頁。

（12）同右、四四頁。

（13）同右、四五頁。

(14) 大塚「『落第はしたけれど』」三〇頁。
(15) 大塚「『落第はしたけれど』」三一頁。
(16) 関野「心境物の破産と小津安二郎の前途」二〇頁。
(17) 同右、二一頁。
(18) 同右、二二頁。
(19) 同右、二三頁。
(20) 筈見「小津安二郎の小市民性」二四頁。
(21) 同右、二五頁。
(22) 池田寿夫「小市民《プチ・ブル》映画論——明るさ・ユーモア・ペーソスの階級性」、『映画評論』一九三二年四月号、一一八頁。
(23) 同右、一二〇頁。
(24) 上野一郎「日本映画回顧」、『映画評論』一九三二年一二月号、七〇頁。
(25) 飯田心美「東京の合唱」、『キネマ旬報』一九三一年九月一一日号、七八頁。
(26) 奥村康夫「生まれては見《ママ》たけれど」、『キネマ旬報』一九三二年六月二一日、五〇頁。
(27) 一九三〇年代半ばにおける小津映画の受容については、たとえば、『東京の宿』や『大学よいとこ』の作品評を参照。岸松雄「東京の宿」、『キネマ旬報』一九三五年一〇月一一日号、五六頁、北川冬彦「東京の宿」、『キネマ旬報』一九三五年一二月一一日号、一二一—一二二頁、林高一「「大学よいとこ」から」、『キネマ旬報』一九三六年四月一日号、一四一—一四二頁。くわえて、社会批判性の強い小津のトーキー第一作『一人息子』（一九三六年九月）の作品評も参照。大山寛二「一人息子」、『キネマ旬報』一九三六年一〇月一一日号、六七頁、木暮斉「〝一人息子〟偶感」、『キネマ旬報』同号、六七頁、谷晃文「一人息子」、『キネマ旬報』一九三六年一〇月二一日号、七八頁。
(28) 戦間期の日本映画史における岩崎の重要性は十分に認識されているにもかかわらず、彼の一九三〇年代の仕事は今日、ほとんど読まれていない。数少ない研究として、Nornes, *Japanese Documentary Film*, esp. ch. 2. "The Innovation of Prokino" および岩崎昶『映画芸術史』（ゆまに書房、二〇〇四年、初版は一九三〇年）所収の藤木秀朗による解題「制度としての映画の批判——岩崎昶の一貫性と揺らぎ」を参照。
(29) 岩崎昶『映画と資本主義』日本図書センター、二〇一一年（初版は一九三一年）、岩崎昶『映画の芸術』協和書院、一九三六年、岩崎昶『映画論』三笠書房、一九三六年、岩崎昶『映画芸術概論』成美堂、一九三七年。一九三〇年代における岩崎の著作には、『映画と現実』（春陽堂書店、一九三九年）も含まれるが、ドキュメンタリー、文化映画、リアリズムを主題としたこの著作は、相互に密接な関係にある一九三七年までの著作と性質を異としているため、考察の対象から除外した。一九三〇年代半ばまでの岩崎の重要な仕事として、本書が辿る三つのラインにくわえ、『キネマ旬報』や『映画往来』などの雑誌に寄稿された多くのレビューを挙げることができる。作品に含意されるイデオロギーを批判することを目的としたこうした作品評の概要は、『映画論』第三章「映画と社会」で読むことができる。岩崎は一九三五年春の訪問をもとに、上海映画についてもまとまった記事を残している（『映画の芸術』一四四—二〇一頁）。また『映画と資本主義』は魯迅によって抄訳された。岩崎の受容を含めて、戦間期上海映画に関しては、Zhang Zhen, *An Amorous History of the Silver Screen* (Chicago: University of Chicago Press, 2005)；晏妮『戦時日中映画交渉史』岩波書店、二〇一〇年。

（30）岩崎『映画と資本主義』五頁。

（31）岩崎『映画論』四頁。

（32）岩崎『映画と資本主義』一七頁。

（33）同右、二四七頁、二五二頁。

（34）佐々元十「玩具・武器——撮影機」、『戦旗』一九二八年六月号、三三頁。

（35）同右、二九頁。

（36）岩崎『映画と資本主義』二二五頁。

（37）同右、二三〇頁。

（38）岩崎昶『日本映画私史』朝日新聞社、一九七七年、二〇頁。佐々と岩崎の出会いについては、同書、一三—二〇頁を参照。

（39）『日本映画私史』において、岩崎は一九三〇年一一月にはじめての拘留を経験したと書いている（七二頁）。一方、同じ著作で、岩崎は一九三一年一一月に留置されたとも書いている（一五三頁）。この点に関しては、『映画芸術史』復刻版所収の藤木秀朗による解題「制度としての映画の批判——岩崎昶の一貫性と揺らぎ」も参照。いずれにせよ、一九三一年六月の『映画と資本主義』の出版はトラブルの原因になったと推測することができる。

（40）岩崎『映画の芸術』二頁（傍点は原著）。

（41）同右、一二—一三頁。

（42）同右、四四頁。

（43）同右、四四頁、四八頁。

（44）『映画論』一〇二—一〇三頁。ただし、エプスタインは観客にたいする映画の直接的な影響についても考慮に入れていた（本書第三章参照）。ただし岩崎による批判の要点は、フランスの映画理論では、こうした映画の作用の政治的含意が十分に汲み尽くされていないという点にある。

（45）Sergei Eisenstein, "The Fourth Dimension of Cinema," in Sergei M. Eisenstein, *Selected Works*, vol. 1, *Writings, 1922–1934*, ed. and trans. Richard Taylor (London: BFI; Bloomington and Indianapolis: Indiana University Press, 1988), pp. 181–194（「映画における四次元」、『エイゼンシュテイン全集』第六巻、エイゼンシュテイン全集刊行委員会訳、キネマ旬報社、一九八〇年、九二—一一〇頁）。

（46）岩崎『映画論』一一八頁。

（47）同右、一二一頁。

（48）岩崎『映画の芸術』一頁。

（49）岩崎昶「トーキー的随感」、『キネマ旬報』一九三三年一月二一日号、五五頁。

（50）たとえば、佐藤『完本　小津安二郎の芸術』二八三頁を参照。

（51）岩崎「トーキー的随感」五五頁。

（52）岩崎『映画の芸術』五三—五四頁。

（53）岩崎『映画論』八七頁、『映画の芸術』五二頁。

（54）岩崎『映画と資本主義』一八六頁。付言すれば、この一節には次節で見るヴェルトフによる映像と音に関する映画美学の反響を聞くことができる。

（55）小津にたいする岩崎の同時代的評価としては、たとえば、岩崎『映画の芸術』六一頁を参照。くわえて、小津安二郎追悼号として編まれた『キネマ旬報』一九六四年二月増刊号に寄せられた岩崎の記事「小津安二郎と日本映画」（五六―六四頁）における小市民映画に関する記述も参照。なお一九三〇年代の文脈で、小津と岩崎が映画による社会批判という論点をめぐってもっとも近接した瞬間は、両者が同席した、一九三五年一月のルネ・クレールをめぐる座談会だった。注目すべきことに、岩崎は「〔クレールの〕テクニックはよくなっているんだが、イデオロギー的に食い足りなく」なったと述べ、小津は岩崎の言葉を解さなかったように、「クレールが、あれだけの政治だの、社会組織だのを正面に置いて眺めようとしている、その意気込みは見習わなければならないが、まだテクニックの上で用意が足りなかった」と応答している。すなわち岩崎は、クレール作品の映画技術は十分だが、社会批判性は不十分だと述べるのにたいし、小津は、映画技術は不十分だが、社会批判性は十分だと主張しているのである。岩崎はさらに、「それは悪口を云うが、クレールが僕等が信頼、尊敬する少数の映画人の一人だということに変りはない。例えば、ここにいる小津安二郎君なんかも、悪口を云い乍ら、見逃がさないことにしているが、そんな奴は沢山いない」とつづけている。飯島正、清水千代太、内田岐三雄、岩崎昶、小津安二郎、筈見恒夫、佐伯孝夫「『ルネ・クレール』合評会――『最後の億萬長者』を迎えて」『小津安二郎全発言 1933-1945』田中眞澄編、泰流社、一九八七年、三六頁。

（56）『生れてはみたけれど』の製作過程については、田中眞澄編『小津安二郎戦後語録集成』フィルムアート社、一九八九年、四四一頁、千葉伸夫『小津安二郎と20世紀』国書刊行会、二〇〇三年、三二―三三頁。

（57）小津の日記は、一九三三年一月以降のものしか現存が確認されていない。また『生れてはみたけれど』の映画内映画シーンと類似点を持つ作品として、『カメラを持った男』と同じく、「シティ・シンフォニー」のジャンルに属するヴァルター・ルットマンの『伯林――大都会交響楽（*Berlin – Die Sinfonie der Großstadt*）』（一九二七年）や、バスター・キートンの『キートンのカメラマン（*The Cameraman*）』（一九二八年）を挙げることができる。ただし以下で見ていくように、『生れてはみたけれど』の映画内映画シーンと『カメラを持った男』には、細部において類似性が認められる。

（58）このシーンの社会批判的価値を称賛した批評として、奥村康夫「生まれてはみたけれど」五〇頁、佐藤『完本 小津安二郎の芸術』二七七―二七八頁。近年の映画学もこうした見解を共有している。たとえば、Mitsuyo Wada-Marciano, *Nippon Modern*, pp. 59-61〔八七―八九頁〕; Alastair Phillips, "The Salaryman's Panic Time," pp. 32-33 を参照。

（59）Dziga Vertov, "From Kino-Eye to Radio-Eye," in Dziga Vertov, *Kino-Eye: The Writings of Dziga Vertov*, ed. Annete

Michelson, trans. Kevin O'Brien (Berkeley and Los Angeles: University of California Press, 1984), p. 87〔Dz・ヴェルトフ「『キノグラス』から『ラジオグラス』へ（キノキの入門書より）」近藤昌夫訳、『ロシア・アヴァンギャルド③　キノ――映像言語の創造』大石雅彦・田中陽編、国書刊行会、一九九五年、一七六頁〕。

(60) Ibid., p. 90〔一八〇頁〕。

(61) Dziga Vertov, "Man with a Movie Camera, Absolute Kinography, and Radio-Eye," trans. Julian Graffy, in Yuri Tsivian, ed., *Lines of Resistance: Dziga Vertov and the Twenties* (Pordenone: Le Giornate del Cinema Muto, 2004), p. 319.

(62) エイゼンシュテインのテクストの翻訳として、たとえば、「シネマトグラフキイの新しい言葉」岡田真吉訳、『映画評論』一九二九年八月号、一四一―一四四頁、「映画の四次元」高原富士郎訳、『映画評論』一九三〇年六月号、四二―四六頁、『映画評論』一九三〇年七月号、七四―七七頁、『映画評論』一九三〇年八月号、七八―八五頁（六月号のみ清河広との共訳）、「日本文化とモンタージュ」袋一平訳、『キネマ旬報』一九三〇年二月一日号、六四―六五頁、『キネマ旬報』一九三〇年二月一一日号、六〇―六一頁、『キネマ旬報』一九三〇年二月二一日号、四二頁。プドフキンに関しては、「モンタアゲに就て」波多野三夫訳、『映画評論』一九二九年一月号、二四―二七頁。日本におけるソヴィエト・モンタージュ理論の受容については、岩本憲児の先駆的論文「日本におけるモンタージュ理論の紹介」、『比較文学年誌』一〇号（一九七四年）、六七―八五頁。

(63) 岩崎昶『映画芸術史』一五〇頁。

(64) 飯島正「これがロシヤだ "Man with the Camera"」、『キネマ旬報』一九三二年三月一一日号、三一―三二頁。

(65) 塩野初夫「「カメラを持つた男」私観」、『キネマ旬報』一九三二年五月一一日号、四六頁。和田山滋「これがロシアだ」、『キネマ旬報』一九三二年四月一日号、四三頁、黒木川喬「『これがロシアだ!!』――ヴェルトフのデテール」、『キネマ旬報』一九三二年四月一日号、六六―六七頁、木内嗣夫「これがロシヤだ」、『映画評論』一九三二年四月号、一三八―一三九頁も参照。ヴェルトフのプロジェクトにたいするスターリンの「彼の頭はいかれている」という反応については、Yuri Tsivian, "Dziga Vertov and His Time," in *Lines of Resistance*, p. 14.

(66) 第三章で参照した一九三二年一二月の岸松雄によるインタビューで、小津はこの年の五月に『キネマ旬報』に掲載された岸の『小判しぐれ』論を示唆しながら、サイレント映画美学に関して自身の考えを述べていた。これを考慮に入れれば、小津は一九三二年春の時点で、『キネマ旬報』の熱心な読者であったと推測することができる。

(67) 「アトラクションの映画」に関しては、Sergei Eisenstein, "The Montage of Attractions," in Sergei. M. Eisenstein, *Selected Works*, vol. 1, *Writings, 1922–1934*, pp. 33–38〔「アトラクションのモンタージュ」、『エイゼンシュテイン全集』第六巻、一三―二〇頁〕。本書で使用する「アトラクションの映画」という語はより直接的には、Tom Gunning, "The Cinema of Attractions: Early Film, Its Spectator and the Avant-Garde," in Thomas

Elsaesser, ed., *Early Cinema: Space, Frame, Narrative* (London: BFI, 1990), pp. 56–62〔トム・ガニング「アトラクションの映画――初期映画とその観客、そしてアヴァンギャルド」中村秀之訳、長谷正人・中村秀之編『アンチ・スペクタクル――沸騰する映像文化の考古学《アルケオロジー》』東京大学出版会、二〇〇三年、三〇三―三一五頁〕に由来する。

(68) 筈見恒夫「『彼』の心境――小津安二郎との一問一答」、田中編『小津安二郎全発言　1933–1945』三一頁。

第六章

(1) たとえば、Donald Crafton, *The Talkies: American Cinema's Transition to Sound, 1926–1931* (Berkeley and Los Angeles: University of California Press, 1999) を参照。

(2) 岩崎昶『映画と資本主義』日本図書センター、二〇一二年（原書は一九三一年）、一六九―二二〇頁、グレゴリー・アレクサンドロフ、フセヴォロド・プドフキン、セルゲイ・M・エイゼンシュテイン「トーキー映画の未来《計画書》」、『エイゼンシュテイン全集』第六巻、エイゼンシュテイン全集刊行委員会訳、キネマ旬報社、一九八〇年、七七―八〇頁。なお岩崎は一九三一年の時点で、「トーキー映画の未来《計画書》」に言及している（『映画と資本主義』二二〇頁）。

(3)『一人息子』の製作と茂原式については、田中眞澄『小津安二郎周游』文藝春秋、二〇〇三年、一五一―一五二頁。しかし、小津が茂原の録音技術について言及し始めたのは、一九三六年になってからであり、本書が引用する一九三四年のインタビューより二年遅れている。こうした理由から、茂原式への固執はすくなくともある程度は、あとからつけくわえられた正当化であったと考えられる。小津安二郎「〝沈黙を棄てる監督〟／小津氏との一問一答」、田中眞澄編『小津安二郎全発言　1933–1945』泰流社、一九八七年、八三頁（初出は一九三六年四月二〇日）。小津が早い段階からトーキー映画に関心を持っていたことについては、御園生涼子『映画と国民国家――1930年代松竹メロドラマ映画』（東京大学出版会、二〇一二年）七九頁も参照。

(4) 岸松雄「小津安二郎のトーキー論」、田中編『小津安二郎全発言　1933–1945』二九頁。

(5) 同右、二九頁。

(6) たとえば、田中編『小津安二郎全発言　1933–1945』所収の「『麦秋』合評」（四〇―四四頁）、「小津安二郎座談会」（四五―六五頁）をはじめとする、一九三五年前後のインタビューや座談会における発言を参照。

(7) 岸松雄『日本映画様式考』河出書房、一九三七年、一六一―一六二頁。

(8) 同右、八〇頁。ただし岸の議論は、『キネマ旬報』をはじめとする定期刊行物に発表された記事から発展させられたという性質のため、用語法に曖昧さを残している。

(9) アンドレ・バザン「映画言語の進化」野崎歓訳、『映画とは何か』上巻、野崎歓・大原宣久・谷本道昭訳、岩波文庫、二〇一五年、一〇三―一三五頁。なお〈演出〉の概念については、木下千花『溝口健二論――映画の美学と政治学』（法政大学出

版局、二〇一六年）二〇—二一頁、五五—五六頁も参照。

（10）近年のバザン再評価、とりわけ Dudley Andrew, ed., *Opening Bazin: Postwar Film Theory and Its Afterlife* (New York: Oxford University Press, 2011) やアンドレ・バザン研究会が二〇一七年から刊行している『アンドレ・バザン研究』を参照。

（11）トーキーの出現という技術革新が映画にもたらした変化については、日本における言説を精査した、藤井仁子「日本映画の１９３０年代——トーキー移行期の諸問題」、『映像学』六二号（一九九九年）二一—三七頁を参照。

（12）David Bordwell, *Ozu and the Poetics of Cinema* (London: BFI, 1988), p. 96〔デヴィッド・ボードウェル『小津安二郎——映画の詩学』新装版、杉山昭夫訳、青土社、二〇〇三年、一六四頁〕を参照。

（13）小津自身も語っているように、彼は『浮草物語』をはじめての「田園物」として製作することを意図していた。小津安二郎、筈見恒夫、滋野辰彦、岸松雄、友田純一郎、北川冬彦、飯田心美「小津安二郎座談会」、田中編『小津安二郎全発言 1933-1945』四七頁。

（14）ボードウェルの計測によれば、一九三二—一九三三年の小津作品における平均ショット持続時間は四秒台前半である。David Bordwell, *Ozu and the Poetics of Cinema*, p. 377〔五九七頁〕。

（15）岸『日本映画様式考』二一六—二一七頁。

（16）Harry Harootunian, *Overcome by Modernity: History, Culture, and Community in Interwar Japan* (New Jersey: Princeton University Press, 2000)〔ハリー・ハルトゥーニアン『近代による超克——戦間期日本の歴史・文化・共同体』上下巻、梅森直之訳、岩波書店、二〇〇七年〕。薄暗い空間のなかで浮かび上がる日本的な影の美を称揚した谷崎潤一郎の『陰翳礼讃』（中公文庫、一九九五年、原著は一九三四年）にくわえ、田舎の風景への回帰をより直接的に説いた、和辻哲郎『風土——人間学的考察』（岩波文庫、一九七九年、原著は一九三五年）や保田與重郎『日本の橋』（講談社学術文庫、一九九〇年、原著は一九三六年）を参照。

（17）岸『日本映画様式考』九一頁。

（18）『長屋紳士録』と『風の中の牝雞』は、敗戦直後の社会的現実を直接的に描いているという意味で、『東京の合唱』から『生れてはみたけれど』に連なる社会的リアリズムの系譜に属している。こうした観点から『風の中の牝雞』を評価した研究として、佐藤忠男『完本 小津安二郎の芸術』朝日文庫、二〇〇〇年（初版は一九七一年）、三九八—四〇三頁。『風の中の牝雞』（および『晩春』）の詳細な構造分析として、滝浪佑紀「階段と田舎——キング・ヴィダー『結婚の夜』を背景とした小津安二郎『風の中の牝鶏』と『晩春』の分析」、『城西国際大学紀要』二五号五巻（二〇一七年）一—一九頁。

（19）蓮實重彦『監督 小津安二郎』増補決定版、筑摩書房、二〇〇三年、九一頁、吉田喜重『小津安二郎の反映画』岩波現代文庫、二〇一一年（初版は一九九八年）、二一六—二二四頁。

（20）小津は一九三五年八月二八日に『結婚の夜』を見ている。田中眞澄編『全日記 小津安二郎』フィルムアート社、一九九三年、一三四頁。

(21) Daniel Kasman によるブログ記事 “Ozu’s Cinephilia” (https://mubi.com/notebook/posts/ozus-cinephilia) を参照（二〇一九年六月二〇日閲覧）。

(22) ただし、この尾道の風景は戦争の記憶を消去し、理想化されたものである。四方田犬彦『日本映画は信頼できるか』現代思潮新社、二〇一七年、一三八頁。

(23) 敗戦直後の松竹の状況と小津の地位については、田中『小津安二郎周游』三四〇―三四四頁。また小津は『風の中の牝雞』を「失敗作」だと述懐している。小津安二郎「自作を語る」、田中眞澄編『小津安二郎戦後語録集成』フィルムアート社、一九八九年、一三二頁。

(24) 小津作品にある暴力シーンは、與那覇潤が一覧として表にまとめている。與那覇潤『帝国の残影――兵士・小津安二郎』ＮＴＴ出版、二〇一一年、一一〇―一一一頁、一二七頁。

(25) Stanley Cavell, *Pursuits of Happiness: The Hollywood Comedy of Remarriage* (Cambridge: Harvard University Press, 1981), p. 19.

(26) Ibid., pp. 16–17.

(27) 中村秀之はここでの説教を「杓子定規に聞こえる」と指摘している。中村秀之「絆とそのうつろい――小津安二郎の『晩春』（一九四九）と『麦秋』（一九五一）の抵抗と代補」、『敗者の身ぶり――ポスト占領期の日本映画』岩波書店、二〇一四年、四九―八六頁。

(28) Stanley Cavell, “A Capra Moment,” in William Rothman, ed., *Cavell on Film* (Albany: SUNY Press, 2005), p. 138.

(29) Ibid., p. 137.

(30) 岩崎昶「小津安二郎と日本映画」、『キネマ旬報』一九六四年二月増刊号、六三―六四頁、Donald Richie, *Ozu* (Berkeley: University of California Press, 1974), pp. 173-174〔ドナルド・リチー『小津安二郎の美学――映画のなかの日本』山本喜久男訳、フィルムアート社、一九七八年、二四四―二四五頁〕、蓮實『監督 小津安二郎』一八二―一九四頁。この「壺のショット」をめぐる議論の総括として、Abé Mark Nornes, “The Riddle of the Vase: Ozu Yasujirô’s *Late Spring* (1949),” in Julian Stringer and Alastair Phillips, eds., *Japanese Cinema: Texts and Contexts* (New York: Routledge, 2007), pp. 78–89.「壺のショット」に関連して、小津後期作品における事後的時間性という特徴を指摘した、長谷正人「映画、時間、小津」、『映画というテクノロジー経験』（青弓社、二〇一〇年）二〇八―二二五頁も参照。

(31) 小津安二郎『全日記 小津安二郎』九三頁。

あとがき

本書は二〇一二年三月にシカゴ大学に提出した博士論文 “Reflecting Hollywood: Mobility and Lightness in the Early Silent Films of Ozu Yasujiro, 1927–1933” に、トーキー初期作品や戦後作品を論じた第六章をくわえ、全面的に資料や作品分析の再検証をおこなったうえで大幅な修正をくわえたものである。博士論文を執筆したさいには、小津とハリウッド映画の関係を一語で言い表す言葉として「reflect（反射する）」を選び、タイトルに冠したが、書籍として出版するにあたって、より簡潔に『小津安二郎　サイレント映画の美学』とした。博士論文執筆時、「reflect」で意味したかったのは、小津は自身の初期作品で、ハリウッド・サイレント映画の（消えゆく）光を再現し、屈折させ、干渉させ、乱反射させせようと試みていたという、〈動き〉と〈明るさ〉の美学を決定づける姿勢である。本書では、小津がこのサイレント映画美学から脱却を目指していた一九三四年以降の作品についても論じることで、小津後期作品までを見通す視点を提示できたのではないかと考えており、より包括的な小津論という本書の性質を示すためにも、より簡潔な題名に改題した。

博士論文提出後、日本語に翻訳、研究の精緻化を進めるなかで、その一部を学会誌や紀要などに論文として寄稿した（場合によっては英語による公表）。各章のいくつかの部分は、次のようなかたちで発表している。

第一章の一部は、「「動き」の美学——小津安二郎に対するエルンスト・ルビッチの影響」（『表象』第七号、二〇一三年）の前半部、「不連続性の感覚——小津安二郎の〈視線の一致しない切り返し〉の発生過程」（『東京大学大学院情報学環紀要　情報学研究』第八五号、二〇一三年）の前半部、“The Moment of Instability: The Textual and Intertextual Analysis of Ozu Yasujiro’s *Passing Fancy*,” *Josai International University Bulletin. Faculty of Media Studies* 24–5（2016）の後半部として発表。

第三章の一部は、「「動き」の美学——小津安二郎に対するエルンスト・ルビッチの影響」（『表象』第七号、二〇一三年）の後半部、「不連続性の感覚——小津安二郎の〈視線の一致しない切り返し〉の発生過程」（『東京大学大学院情報学環紀要　情報学研究』第八五号、二〇一三年）の後半部、"The Moment of Instability: The Textual and Intertextual Analysis of Ozu Yasujiro's *Passing Fancy*," *Josai International University Bulletin. Faculty of Media Studies* 24-5 (2016) の前半部として発表。

第五章の一部は、「小津安二郎の小市民映画再考——同時代的批判」（『東京大学大学院情報学環紀要　情報学研究』第八三号、二〇一二年）、"Modernity, *Shoshimin* Films and the Proletarian-Film Movement: A Possible Linkage between Ozu and Vertov," in *Reorienting Ozu: A Master and His Influence*, ed. Jinhee Choi, Oxford University Press, 2018 として発表。

第六章は、学会発表 "The Issue of Sound-Cinema Aesthetics in Early-1930s Japan: Theory and Practice," Society for Cinema and Media Studies Conference, Seattle, March 2014,「小津安二郎映画における〈演出〉の美学——一九三〇年代中盤の作品を中心に」表象文化論学会第九回研究発表集会（新潟大学、二〇一四年一一月）、「階段、暴力、結婚——キング・ヴィダー『結婚の夜』ならびに小津サイレント作品を背景とした、小津安二郎戦後作品の考察」表象文化論学会第一〇回研究発表会（東京大学、二〇一五年一一月）をへて、「小津安二郎映画における〈演出〉の美学——一九三四年から一九三六年までの作品とトーキー化の問題」（『城西国際大学紀要』第二四巻第五号、二〇一六年）、「階段と田舎——キング・ヴィダー『結婚の夜』を背景とした小津安二郎『風の中の牝鶏』と『晩春』の分析」（『城西国際大学紀要』第二五巻第五号、二〇一七年）としてまとめた論文をもとにしている。

以上は、科学研究費助成事業若手研究（B）「「動き」と「明るさ」の美学——小津安二郎初期映画と戦間期日本における映画言説」（二〇一三—二〇一五年、課題番号25770058）および若手研究（B）「映画作家、メディア、社会——戦中・戦後の小津安二郎作品」（二〇一五—二〇一九年、課題番号15K16658）の研究成果の一部である。

また本書を書籍として出版するにあたって、平成三一年度科学研究費補助金研究成果公開促進費「学術図書」（課題番号19HP5009）の助成をうけた。

＊

本研究をおこなう過程で、多くの方々のご指導をうけた。まず博士論文執筆にあたって最初の一撃をくださったのは、シカゴ大学映画メディア学部のミリアム・ハンセン先生である。とりわけ博士論文概要の計画を立てていた二〇〇九年冬から春にかけて、隔週の頻度で先生の研究室を伺い、そのつど詳細なコメントをいただいた。先生の助言は容赦のなく厳しいものだったが、これはみずからの知的洞察力を学生にも分け隔てなく与えてくれる寛大さから来るものであり、本書の基礎はハンセン先生の指導によって作られたといっても過言ではない。闘病中という大変な状況だったにもかかわらず、二〇一一年の急逝までご指導いただいたご恩に感謝したい。また博士論文の草稿をいつもいち早く読んでいただいたのが、同じくシカゴ大学映画メディア学部のマイケル・レイン先生である。レイン先生は、二〇〇四年秋、シカゴ大学に留学したばかりで右も左もわからず、無用に攻撃的だったわたしに日本映画史の流れを示してくださった。小津サイレント映画というテーマに出会ったのは、こうした指導のなかである。

博士論文の主査をつとめてくださったのは、ユーリー・ツヴィアン先生である。本書執筆にあたってもっとも直接的には、小津とジガ・ヴェルトフを並置した第五章の着想を、二〇〇六年秋に出席したツヴィアン先生のヴェルトフをめぐるセミナーに負っている。またツヴィアン先生からは、重要なポイントを身ぶりでもって示すというスタイル（本書は講義ではなく著作だが）を教えていただいた。博士論文の副査をつとめていただいたジム・ラストラ先生からは、小津論へのコメントばかりでなく、二〇〇七年冬に開講された古典映画理論に関するセミナーで多くのことを学んだ。ジャン・エプスタインを読んでいたさい、「躊躇」という言葉に注目されていたのはラストラ先生である。

シカゴ大学では、トム・ガニング先生からサイレント映画に関する授業やメロドラマに関するセミナーを通じて、本書にとって欠くことのできない学術的視点を得た。マイケル・ボーダッシュ先生からは、東アジア研究が近代批判になりうる道筋を示していただいた。また金曜日に定期的に開催されるさまざまなワークショップにおいても、大学院生を含む多彩な研究者から知的刺激をいただいた。本書第二章となる英語草稿は二〇一一年秋に、こうしたワークショップのひとつである“Art and Politics”において読まれたものである。さらにシカゴ大学では、多くの大学院生の友人にも恵まれた。とりわけダイアン・ルイスさん、リチャード・デイヴィスさん、ダニエル・ジョンソンさんからは、博士論文の内容と英語表現に関して多くの助言をいただいた。

＊

日本では、東京大学大学院総合文化研究科修士課程時の指導教官である佐藤良明先生にまず感謝申し上げたい。留学以前ばかりでなく、留学中や帰国後も、さまざまな励ましをいただいた。佐藤先生からは、研究をおこなうにあたって、研究対象と正面から取り組むという姿勢を教わった。同じく東京大学大学院総合文化研究科博士課程時の指導教官である内野儀先生からは、アメリカ留学にあたっての心構えを教えていただいた。多くの不安な要素を含んだ留学をなんとか終えることができたのは、わたしに気楽さを与えてくれた内野先生のご助言によるところが大きい。

早稲田大学の長谷正人先生、立教大学の中村秀之先生からは、留学以前からさまざまな学会や研究会でご一緒させていただき、小津や映画に関して刺激的見解を頂戴した。東京大学の石田英敬先生からは、留学以前から出席していた通称「テレビゼミ」などを通じて、映画にとどまらないメディアと技術の問題を教えていただいた。

二〇一二年に日本に帰国して以降、研究会などを通じて、北野圭介先生、水田リピット堯先生、伊藤守先生からは映画を含めたメディアの問題を広く提示していただいた。掛尾良夫先生、金田克美先生、寺本卓史先生をはじめとする城西国際大学メディア学部の先生からは、教育の現場のなかで、今日における映画やメディアの運命について身をもって示していただいている。大塚英志先生からは国際日本文化研究センターでの研究会などで、戦間期日本の大衆文化をメディア論や民俗学の視点から考えるヒントを与えていただいた。大久保清朗さん、門林岳史さん、畠山宗明さん、藤井仁子さん、堀潤之さん、三浦哲哉さん、宮﨑裕助さんからは、映画やメディアに関するさまざまな知的見解をいただいた。とりわけ竹峰義和さんからは、ミリアム・ハンセンの『映画と経験──クラカウアー、ベンヤミン、アドルノ』(法政大学出版局、二〇一七年)の翻訳を通じて多くのことを学んだ。

当時ニューヨーク大学で教鞭をとられ、現在は早稲田大学で教えられている吉本光弘先生には、留学以前から長い学恩をうけている。帰国後の二〇一三年から吉本先生を中心として、木下千花さん、佐藤元状さん、難波阿丹さん、仁井田千絵さん、上西雄太さんと勉強会を開いてきた。とりわけ勉強会メンバーであったが、故人となってしまった御園生涼子さんからは、戦間期松竹映画という研究対象の重なりもあって、多くの示唆をいただいた。勉強会メンバーと御園生さんに感謝申し上げたい。

二〇〇四年のアメリカ留学から考えれば、本書がまとまるまでかなりの時間がかかってしまった。思えば、アメリカに行かなかったとすれば、小津安二郎について研究するなど考えもしなかっただろう。日本には、蓮實重彥の『監督 小津安二郎』をはじめとして、小津作品を「見る」重厚な言説環境があった。しかしアメリカ(の大学)にはこうした環境はなく、小津を含めた映画作品は、映画論という理論を使って分析される対象ないし映画史を構成する一コマに格下げされていた。本書がこの問いに答えたとは思えないが、映画論というアカデミックな制度のなかで映画を「見る」ことはいかに可能かという問題が本研究の端緒にあったということは述べておきたい。さらに付言すれば、今日、デジタル技術の進歩にともない、わたしたちはまた別の意味で、映画を「見る」ことが難しくなってきており、映画を含めた、近年のメディアの経験についてはあらためて検証される必要があると考えている。

慶應義塾大学出版会の村上文さんには大変お世話になった。親身になって原稿を読んでくださり、きわめて的確な助言をいただいた。繰り返しや回りくどい説明が多かった文章がすこしでも読みやすいものとなったとすれば、それは村上さんのおかげである。また校正にあたっては、尾澤孝さんにもご尽力いただいた。

最後に両親に感謝したい。

滝浪佑紀

二〇一九年六月

滝浪佑紀（たきなみ　ゆうき）

1977年生まれ。城西国際大学メディア学部准教授。

東京大学教養学部卒業、東京大学大学院総合文化研究科修士課程修了、シカゴ大学大学院映画メディア研究科博士課程修了。専門はサイレント映画研究、メディア論。

主な論文に、「TWICEの身振り――デジタルメディア時代におけるミュージックヴィデオ」（『城西国際大学紀要』第27巻5号、2019年）、翻訳に、ミリアム・ブラトゥ・ハンセン『映画と経験――クラカウアー、ベンヤミン、アドルノ』（共訳、法政大学出版局、2017年）などがある。

小津安二郎　サイレント映画の美学

2019年8月30日　初版第1刷発行

著　者――――滝浪佑紀
発行者――――依田俊之
発行所――――慶應義塾大学出版会株式会社
〒108-8346　東京都港区三田2-19-30
TEL〔編集部〕03-3451-0931
〔営業部〕03-3451-3584〈ご注文〉
〔　〃　〕03-3451-6926
FAX〔営業部〕03-3451-3122
振替　00190-8-155497
http://www.keio-up.co.jp/
装　丁――――桂川　潤
印刷・製本――株式会社加藤文明社
カバー印刷――株式会社太平印刷社

Printed in Japan　ISBN 978-4-7664-2619-9

索 引

ア行

カ行

サ行

タ行

ナ行

ハ行

マ行

ヤ行

ラ行

ワ行

参考文献

Abel, Richard, ed. *French Film Theory and Criticism, 1907–1939*, vol. 1. Princeton, N. J.: Princeton University Press, 1988.

Aitken, Ian. *European Film Theory and Cinema: A Critical Introduction*. Bloomington: Indiana University Press, 2001.

Andrew, Dudley. "Time Zones and Jetlag: The Flows and Phases of World Cinema." In *World Cinemas, Transnational Perspectives*. Eds. Nataša Ďurovičová and Kathleen Newman.

——, ed. *Opening Bazin: Postwar Film Theory and Its Afterlife*. New York: Oxford University Press, 2011.

Bao, Weihong. "From Pearl White to White Rose Woo: Tracing the Vernacular Body of *Nü xia* in Chinese Silent Cinema, 1927-1931." *Camera Obscura* 20 (2005).

Baxter, John. *Von Sternberg*. Lexington: University Press of Kentucky, 2010.

Baxter, Peter. *Just Watch!: Sternberg, Paramount and America*. London: BFI, 1993.

Bazin, André. *What is Cinema?* Trans. Timothy Barnard. Montreal: Caboose, 2009.

Bean, Jennifer M. "Technologies of Early Stardom and the Extraordinary Body." In *A Feminist Reader in Early Cinema*. Eds. Jennifer M. Bean and Diane Negra.

Bean, Jennifer M., and Diane Negra, eds. *A Feminist Reader in Early Cinema*. Durham: Duke University Press, 2002.

Benjamin, Walter. "Little History of Photography." Trans. Edmund Jephcott and Kingsley Shorter. In *Selected Writings, 1927–1934*, vol. 2. Eds. Michael William Jennings, Howard Eiland, and Gary Smith. Cambridge and London: Harvard University Press, 1999.〔ヴァルター・ベンヤミン「写真小史」久保哲司訳、『ベンヤミン・コレクション① 近代の意味』浅井健二郎編訳・久保哲司訳、ちくま学芸文庫、1995年〕

——. "Experience and Poverty." Trans. Rodney Livingstone. In *Selected Writings, 1927–1934*, vol. 2. Eds. Michael William Jennings, Howard Eiland, and Gary Smith. Cambridge and London: Harvard University Press, 1999.〔ヴァルター・ベンヤミン「経験と貧困」浅井健二郎訳、『ベンヤミン・コレクション② エッセイの思想』浅井健二郎編訳・三宅晶子・久保哲司・内村信博・西村龍一訳、ちくま学芸文庫、1996年〕

——. "The Work of Art in the Age of Its Technological Reproducibility." Trans. Edmund Jephcott and Harry Zohn. In *Selected Writings, 1935–1938*, vol. 3. Eds. Michael William Jennings and Howard Eiland. Cambridge and London: Harvard University Press, 2002.〔ヴァルター・ベンヤミン「複製技術時代の芸術作品〔第二稿〕」久保哲司訳、『ベンヤミン・コレクション① 近代の意味』浅井健二郎編訳・久保哲司訳、ちくま学芸文庫、1995年〕

Bernardi, Joanne. *Writing in Light: The Silent Scenario and the Japanese Pure Film Movement*. Detroit: Wayne State University Press, 2001.

Bogdanovich, Peter. *Who the Devil Made It: Conversations with Legendary Film Directors*. New York: Alfred A. Knopf, 1997.

Bordwell, David. *Narration in the Fiction Film*. Madison: University of Wisconsin Press, 1985.

——. *Making Meaning: Inference and Rhetoric in the Interpretation of Cinema*. Cambridge: Harvard

University Press, 1989.
——. *Ozu and the Poetics of Cinema*. London: BFI, 1988.〔デヴィッド・ボードウェル『小津安二郎——映画の詩学』新装版、杉山昭夫訳、青土社、2003年〕
——. "Visual Style in Japanese Cinema, 1925–1945." *Film History* 7.1 (Spring 1995).
Bordwell, David, Janet Staiger, and Kristin Thompson. *The Classical Hollywood Cinema: Film Style and Mode of Production to 1960*. New York: Columbia University Press, 1985.
Bowman, Barbara. *Master Space: Film Images of Capra, Lubitsch, Sternberg, and Wyler*. New York: Greenwood Press, 1992.
Branigan, Edward. "The Space of *Equinox Flower*." *Screen* 17.2 (Summer 1976).
Buck-Morss, Susan. "Aesthetics and Anaesthetics: Walter Benjamin's Artwork Essay Reconsidered." *October*, 62 (Autumn 1992).〔スーザン・バック＝モース「美学と非美学——ヴァルター・ベンヤミンの「芸術作品」論再考」吉田正岳訳、マーティン・ジェイ編『アメリカ批判理論の現在　ベンヤミン、アドルノ、フロムを超えて』永井務監訳、こうち書房、2000年〕
Burch, Noël. *Theory of Film Practice*. Trans. Helen R. Lane. New York: Praeger, 1973.
——. "To the Distant Observer: Towards a Theory of Japanese Film." *October* 1 (Spring 1976).〔ノエル・バーチ「遥かなる観察者のために——日本映画の理論へ向かって」御園生涼子・北野圭介訳、『思想』2011年4月号〕
——. *To the Distant Observer: Form and Meaning in the Japanese Cinema*. Berkeley: University of California Press, 1979.〔抄訳、ノエル・バーチ「小津安二郎論——戦前作品にみるそのシステムとコード」西嶋憲生・杉山昭夫訳、『ユリイカ』1981年6月号〕
——. *Life to Those Shadows*. Ed. and trans. Ben Brewster. Berkeley: University of California Press, 1990.
Canudo, Ricciotto. "The Birth of a Sixth Art." Trans. Ben Gibson, Don Ranvaud, Sergio Sokota, and Deborah Young. In *French Film Theory and Criticism, 1907–1939*, vol. 1. Ed. Richard Abel.
Cavell, Stanley. *Pursuits of Happiness: The Hollywood Comedy of Remarriage*. Cambridge: Harvard University Press, 1981.
——. "A Capra Moment." In *Cavell on Film*. Ed. William Rothman. Albany: SUNY Press, 2005.
Charney, Leo. *Empty Moments: Cinema, Modernity, and Drift*. Durham: Duke University Press, 1998.
Choi, Jinhee. "Ozuesque as a Sensibility: Or, on the Notion of Influence." In *Reorienting Ozu: A Master and His Influence*. Ed. Jinhee Choi. New York: Oxford University Press, 2018.
Clair, René. "Rhythm." Trans. Richard Abel. In *French Film Theory and Criticism, 1907–1939*, vol. 1. Ed. Richard Abel.
Conley, Tom. "Cinema and Its Discontents: Jacques Rancière and Film Theory." *SubStance* 34.3 (Summer 2005).
Crafton, Donald. *The Talkies: American Cinema's Transition to Sound, 1926–1931*. Berkeley and Los Angeles: University of California Press, 1999.
Crowe, Cameron. *Conversations with Wilder*. New York: Alfred A. Knopf, 1999.
Delluc, Louis. "Beauty in the Cinema." Trans. Richard Abel. In *French Film Theory and Criticism,*

1907–1939, vol. 1. Ed. Richard Abel.
——. “Cadence.” Trans. Richard Abel. In *French Film Theory and Criticism, 1907–1939*, vol. 1. Ed. Richard Abel.
Desser, David, ed. *Ozu's Tokyo Story*. Cambridge: Cambridge University Press, 1997.
Ďurovičová, Nataša, and Kathleen Newman, eds. *World Cinemas, Transnational Perspectives*. New York: Routledge, 2010.
Eisenstein, Sergei. M. *Selected Works*, vol. 1. Ed. and trans. Richard Taylor. London: BFI; Bloomington and Indianapolis: Indiana University Press, 1988.
——. “The Montage of Attractions.” In *Selected Works*, vol. 1. Ed. and trans. Richard Taylor.〔セルゲイ・エイゼンシュテイン「アトラクションのモンタージュ」、『エイゼンシュテイン全集6　第2部　映画――芸術と科学　第6巻　星のかなたに』キネマ旬報社、1980年〕
——. “The Fourth Dimension of Cinema.” In *Selected Works*, vol. 1. Ed. and trans. Richard Taylor.〔セルゲイ・エイゼンシュテイン「映画における四次元」、『エイゼンシュテイン全集6　第2部　映画――芸術と科学　第6巻　星のかなたに』キネマ旬報社、1980年〕
Epstein, Jean. *Bonjour, cinéma*. Paris: La Sirène, 1921.
——. *Écrits sur le cinéma, 1921–1953*, vol. 1. Paris: Seghers, 1974.
——. “Magnification.” Trans. Stuart Liebman. In *French Film Theory and Criticism, 1907–1939*, vol. 1. Ed. Richard Abel.
——. “The Senses 1 (b).” Trans. Tom Milne. In *French Film Theory and Criticism, 1907–1939*, vol. 1. Ed. Richard Abel.
——. “On Certain Characteristics of Photogénie.” Trans. Tom Milne. In *French Film Theory and Criticism, 1907–1939*, vol. 1. Ed. Richard Abel.
Forrest, Tara. *The Politics of Imagination: Benjamin, Kracauer, Kluge*. Bielefeld: Transcript Verlag, 2007.
Gance, Abel. “A Sixth Art.” Trans. Richard Abel. In *French Film Theory and Criticism, 1907–1939*, vol. 1. Ed. Richard Abel.
Gerow, Aaron. *A Page of Madness: Cinema and Modernity in 1920s Japan*. Ann Arbor: Center for Japanese Studies, University of Michigan, 2008.
——. *Visions of Japanese Modernity: Articulations of Cinema, Nation and Spectatorship, 1895–1925*. Berkeley, Los Angeles, London: University of California Press, 2010.
Gledhill, Christine, ed. *Home is Where the Heart Is: Studies in Melodrama and the Woman's Film*. London: BFI, 1987.
Gunning, Tom. “The Cinema of Attractions: Early Film, Its Spectator and the Avant-Garde.” In *Early Cinema: Space, Frame, Narrative*. Ed. Thomas Elsaesser. London: BFI, 1990.〔トム・ガニング「アトラクションの映画――初期映画とその観客、そしてアヴァンギャルド」中村秀之訳、長谷正人・中村秀之編『アンチ・スペクタクル――沸騰する映像文化の考古学《アルケオロジー》』東京大学出版会、2003年〕
——. “Non-Continuity, Continuity, Discontinuity: A Theory of Genres in Early Films.” In *Early Cinema: Space, Frame, Narrative*. Ed. Thomas Elsaesser. London: BFI, 1990.
Harbord, Janet. “Contingency's Work: Kracauer's Theory of Film and the Trope of the Accidental.” *New Formations* 61 (Summer 2007).

Hake, Sabine. *Passions and Deceptions: The Early Films of Ernst Lubitsch*. Princeton, N. J.: Princeton University Press, 1992.

Hansen, Miriam Bratu. “The Mass Production of the Senses: Classical Cinema as Vernacular Modernism.” In *Reinventing Film Studies*. Eds. Christine Gledhill and Linda Williams. London: Arnold, 2000.〔ミリアム・ブラトゥ・ハンセン「感覚の大量生産——ヴァナキュラー・モダニズムとしての古典的映画」滝浪佑紀訳、『SITE ZERO/ZERO SITE』3号、2010年〕

——. “Fallen Women, Rising Star, New Horizons: Shanghai Silent Film as Vernacular Modernism.” *Film Quarterly* 54. 1 (2000).

——. “Vernacular Modernism: Tracking Cinema on a Global Scale.” In *World Cinemas, Transnational Perspectives*. Eds. Nataša Ďurovičová and Kathleen Newman.

——. *Cinema and Experience: Siegfried Kracauer, Walter Benjamin, and Theodor W. Adorno*. Berkeley, Los Angeles, London: University of California Press, 2012.〔ミリアム・ブラトゥ・ハンセン『映画と経験——クラカウアー、ベンヤミン、アドルノ』竹峰義和・滝浪佑紀訳、法政大学出版局、2017年〕

——. “Kracauer's Photography Essay: Dot Matrix—General (An-) Archive—Film.” In *Culture in the Anteroom: The Legacies of Siegfried Kracauer*. Eds. Gerd Gemünden and Johannes von Moltke. Ann Arbor: The University of Michigan Press, 2012.

Harootunian, Harry. *Overcome by Modernity: History, Culture, and Community in Interwar Japan*. New Jersey: Princeton University Press, 2000.〔ハリー・ハルトゥーニアン『近代による超克——戦間期日本の歴史・文化・共同体』上下巻、梅森直之訳、岩波書店、2007年〕

——. *History's Disquiet: Modernity, Cultural Practice, and the Question of Everyday Life*. New York: Columbia University Press, 2000.〔ハリー・ハルトゥーニアン『歴史の不穏——近代、文化的実践、日常生活という問題』樹本健訳、こぶし書房、2011年〕

Heath, Stephen. “Narrative Space.” *Screen* 17.3 (Fall 1976).〔スティーヴン・ヒース「物語の空間」夏目康子訳、岩本憲児・武田潔・斉藤綾子編『「新」映画理論集成② 知覚/表象/読解』フィルムアート社、1999年〕

Jacobs, Lea. *The Decline of Sentiment: American Film in the 1920s*. Berkeley and Los Angeles: University of California Press, 2008.

Kasman, Daniel. “Ozu's Cinephilia.” https://mubi.com/notebook/posts/ozus-cinephilia (2019年6月20日最終閲覧)

Keller, Sarah, and Jason N. Paul, eds. *Jean Epstein: Critical Essays and New Translations*. Amsterdam: Amsterdam University Press, 2012.

Kinoshita, Chika. “In the Twilight of Modernity and the Silent Film: Irie Takako in *The Water Magician*.” *Camera Obscura* 20 (2005).

Koszarski, Richard. *An Evening's Entertainment: The Age of the Silent Feature Picture, 1915–1928*. Berkeley and Los Angeles: University of California Press, 1994.

Kracauer, Siegfried. *Theory of Film: The Redemption of Physical Reality*. 1960; New Jersey: Princeton University Press, 1997.

——. *The Mass Ornament: Weimar Essays* . Ed. and trans. Thomas Y. Levin. Cambridge: Harvard University Press, 1995.〔ジークフリート・クラカウアー『大衆の装飾』船戸満之・野村美

紀子訳、法政大学出版局、1996年〕
——. *History: The Last Things Before the Last.* 1969; Princeton: M. Wiener, 1995.〔ジークフリート・クラカウアー『歴史——永遠のユダヤ人の鏡像』平井正訳、せりか書房、1977年〕
LaMarre, Thomas. *Shadows on the Screen: Tanizaki Jun'ichiro on Cinema and "Oriental" Aesthetics.* Ann Arbor: Center for Japanese Studies, University of Michigan, 2005.
Landay, Lori. "The Flapper Film: Comedy, Dance, and Jazz Age Kinaesthetics." In *A Feminist Reader in Early Cinema.* Eds. Jennifer M. Bean and Diane Negra.
Léger, Fernand. "*Le Roue*: It Plastic Quality." Trans. Alexandra Anderson. In *French Film Theory and Criticism, 1907–1939*, vol. 1. Ed. Richard Abel.
Liebman, Stuart. "Visitings of Awful Promise: The Cinema Seen from Etna." In *Camera Obscura, Camera Lucida: Essays in Honor of Annette Michelson.* Eds. Richard Allen and Malcolm Turvey. Amsterdam: Amsterdam University Press, 2003.
Lippit, Seiji M. *Topographies of Japanese Modernism.* New York: Columbia University Press, 2002.
Makino, Mamoru. "Rethinking the Emergence of the Proletarian Film League of Japan." In *In Praise of Film Studies: Essays in Honor to Makino Mamoru.* Eds. Abé Mark Nornes and Aaron Gerow. Victoria: Trafford/ Kinema Club, 2001.
Marks, Laura U. *The Skin of the Film: Intercultural Cinema, Embodiment, and the Senses.* Durham: Duke University Press, 1999.
Massumi, Brian. *Semblance and Event: Activist Philosophy and the Occurrent Arts.* Cambridge and London: MIT Press, 2011.
Meyerhold, Vsevolod. *Meyerhold on Theatre.* Ed. and trans. Edward Braun. London: Methuen and New York: Hill and Wang, 1969.〔フセヴォロド・メイエルホリド『メイエルホリド・ベストセレクション』諫早勇一・岩田貴・浦雅春・大島幹雄・亀山郁夫・桑野隆・楯岡求美・淵上克司訳、作品社、2001年〕
Moussinac, Léon. "On Cinegraphic Rhythm." Trans. Richard Abel. In *French Film Theory and Criticism, 1907–1939*, vol. 1. Ed. Richard Abel.
New York Times. "The Marriage Circle." In *New York Times.* February 4, 1924.
Nolletti Jr., Arthur. *The Cinema of Gosho Heinosuke: Laughter through Tears.* Bloomington: Indiana University Press, 2005.
Nornes, Abé Mark. *Japanese Documentary Film: The Meiji Era through Hiroshima.* Minneapolis: University of Minnesota Press, 2003.
——. "The Riddle of the Vase: Ozu Yasujirô's *Late Spring* (1949)." In *Japanese Cinema: Texts and Contexts.* Eds. Alastair Phillips and Julian Stringer. London: Routledge, 2007.
Nowell-Smith, Geoffrey. "Minnelli and Melodrama." In *Home is Where the Heart Is: Studies in Melodrama and the Woman's Film.* Ed. Christine Gledhill.
Omori, Kyoko. "The Art of the Bluff: Youth Migrancy, Interlingualism, and Japanese Vernacular Modernism in *New Youth* Magazine." In *Pacific Rim Modernism.* Eds. Mary Ann Gillies, Helen Sword, and Steven Yao. Toronto: University of Toronto Press, 2009.
Phillips, Alastair. "The Salaryman's Panic Time: Ozu Yasujiro's *I Was Born, But...* (1932)." In *Japanese Cinema: Texts and Contexts.* Eds. Alastair Phillips and Julian Stringer. London: Routledge, 2007.

Poulton, M. Cody. *Spirits of Another Sort: The Plays of Izumi Kyoka*. Ann Arbor: Center for Japanese Studies, the University of Michigan, 2001.

Pudovkin, Vsevolod Illarionovich. *Film Technique and Film Acting*. Ed. and trans. Ivor Montagu. London: Vision Press, 1958.

Raine, Michael. "Adaptation as 'Transcultural Mimesis' in Japanese Cinema." In *The Oxford Handbook of Japanese Cinema*. Ed. Daisuke Miyao. Oxford and New York: Oxford University Press, 2014.

――. "A New Form of Silent Cinema: Intertitles and Interlocution in Ozu Yasujiro's Late Silent Films." In *Reorienting Ozu: A Master and His Influence*. Ed. Jinhee Choi. New York: Oxford University Press, 2018.

Rancière, Jacques. *Film Fables*. Trans. Emiliano Battista. Oxford, New York: Berg, 2006.

――. *The Politics of Aesthetics: The Distribution of the Sensible*. Trans. Gabriel Rockhill. London and New York: Continuum International Publishing Group, 2006.〔ジャック・ランシエール『感性的なもののパルタージュ――美学と政治』梶田裕訳、法政大学出版局、2009年〕

Richie, Donald. *Ozu*. Berkeley: University of California Press, 1974.〔ドナルド・リチー『小津安二郎の美学――映画のなかの日本』山本喜久男訳、フィルムアート社、1978年〕

Richie, Donald, and Joseph L. Anderson. *The Japanese Film: Art and Industry*. Princeton, N. J.: Princeton University Press, 1982.

Rodowick, D. N. *The Crisis of Political Modernism: Criticism and Ideology in Contemporary Film Theory*. Urbana: University of Illinois Press, 1988.

Rosenblatt, Nina Lara. "Photogenic Neurasthenia: On Mass and Medium in the 1920s." *October* 86 (Autumn 1998).

Russell, Catherine. "New Women of the Silent Screen: China, Japan, Hollywood." *Camera Obscura* 20 (2005).

――. "Naruse Mikio's Silent Films: Gender and the Discourse of Everyday Life in Interwar Japan." *Camera Obscura* 20 (2005).

Sarris, Andrew. "Ernst Lubitsch: American Period." In *Cinema: A Critical Dictionary: The Major Film-Makers*, vol. 2. Ed. Richard Roud. New York: Viking Press, 1980.

Sato, Barbara. *The New Japanese Woman: Modernity, Media, and Women in Interwar Japan*. Durham, N.C.: Duke University Press, 2003.

Schisgall, Oscar. "Nine to Nine." *Detective Story Magazine* 91. 5 (April 9, 1927).〔オスカー・シスゴール「九時から九時まで」、『新青年』1930年3月号〕

Schrader, Paul. *Transcendental Style in Film: Ozu, Bresson, Dreyer*. Berkeley: University of California Press, 1972.〔ポール・シュレイダー『聖なる映画――小津／ブレッソン／ドライヤー』山本喜久男訳、フィルムアート社、1981年〕

Silverberg, Miriam. *Erotic Grotesque Nonsense: The Mass Culture of Japanese Modern Times*. Berkeley: University of California Press, 2006.

Singer, Ben. *Melodrama and Modernity: Early Sensational Cinema and Its Contexts*. New York: Columbia University Press, 2001.

Sobchack, Vivian. *Carnal Thoughts: Embodiment and Moving Image Culture*. Berkeley: University of California Press, 2004.

Staiger, Janet. *Interpreting Films: Studies in the Historical Reception of American Cinema*. Princeton, N. J.: Princeton University Press, 1992.

Standish, Isolde. *A New History of Japanese Cinema: A Century of Narrative Film*. London: Continuum, 2005.

Stern, Lesley. "Paths That Wind through the Thicket of Things." In *Things*. Ed. Bill Brown. Chicago: University of Chicago Press, 2004.

Takinami, Yuki. "The Moment of Instability: The Textual and Intertextual Analysis of Ozu Yasujiro's *Passing Fancy*." *Josai International University Bulletin. Faculty of Media Studies* 24-5 (2016).

Tessier, Max. *Le Cinéma japonais au présent: 1959–1984*. Paris: Lherminier, 1984.

Thompson, Kristin. *Breaking the Glass Armor: Neoformalist Film Analysis*. Princeton: Princeton University Press, 1988.

——. *Herr Lubitsch Goes to Hollywood*. Amsterdam: Amsterdam University Press, 2005.

Thompson, Kristin, and David Bordwell. "Space and Narrative in the Films of Ozu." *Screen* 17.2 (Summer 1976).〔クリスティン・トンプソン＋デイヴィッド・ボードウェル「小津作品における空間と説話」出口丈人訳、『ユリイカ』1981年6月号・8月号・9月号〕

Tsivian, Yuri. "Between the Old and the New: Soviet Film Culture in 1918-1924." *Griffithiana* 55/56 (1996).

——, ed. *Lines of Resistance: Dziga Vertov and the Twenties*. Pordenone: Le Giornate del Cinema Muto, 2004.

Tully, Jim. "Ernst Lubitsch." *Vanity Fair* 27, no. 4 (December 1926).〔ジム・タリー「エルンスト・ルビッチュ」石山準訳、『映画往来』1927年3月号〕

Turvey, Malcolm. *Doubting Vision: Film and the Revelationist Tradition*. New York: Oxford University Press, 2008.

Vaughan, Dai. "Let There be Lumière." In *Early Cinema: Space, Frame, Narrative*. Ed. Thomas Elsaesser. London: BFI, 1990.〔ダイ・ヴォーン「光《リュミエール》あれ――リュミエール映画と自生性」長谷正人訳、長谷正人・中村秀之編『アンチ・スペクタクル――沸騰する映像文化の考古学《アルケオロジー》』東京大学出版会、2003年〕

Vertov, Dziga. *Kino-Eye: The Writings of Dziga Vertov*. Ed. Annette Michelson. Trans. Kevin O'Brien. Berkeley and Los Angeles: University of California Press, 1984.

——. "From Kino-Eye to Radio-Eye." In *Kino-Eye: The Writings of Dziga Vertov*. Ed. Annete Michelson. Trans. Kevin O'Brien.〔Dz. ヴェルトフ「『キノグラス』から『ラジオグラス』へ（キノキの入門書より）」近藤昌夫訳、『ロシア・アヴァンギャルド③　キノ――映像言語の創造』大石雅彦・田中陽編、国書刊行会、1995年〕

——. "Man with a Movie Camera, Absolute Kinography, and Radio-Eye." Trans. Julian Graffy. In *Lines of Resistance: Dziga Vertov and the Twenties*. Ed. Yuri Tsivian.

Wada-Marciano, Mitsuyo. *Nippon Modern: Japanese Cinema of the 1920s and 1930s*. Honolulu: University of Hawaii Press, 2008.〔ミツヨ・ワダ・マルシアーノ『ニッポン・モダン――日本映画1920・30年代』名古屋大学出版会、2009年〕

——. "Imaging Modern Girls in the Japanese Woman's Film." *Camera Obscura* 20 (2005).

Weinberg, Herman G. *Josef von Sternberg*. New York: Dutton, 1967.

——. *The Lubitsch Touch: A Critical Study*. New York: E. P. Dutton & Co., 1968.〔ハーマン・G・ワ

インバーグ『ルビッチ・タッチ』宮本高晴訳、国書刊行会、2015年〕
Wenders, Wim. *Emotion Pictures: Reflections on Cinema*. London: Faber and Faber, 1989.〔ヴィム・ヴェンダース『エモーション・ピクチャーズ』松浦寿輝訳、河出書房新社、1992年〕
Yoshimoto, Mitsuhiro. "Japanese Cinema in Search of a Discipline." In *Kurosawa: Film Studies and Japanese Cinema*. Durham: Duke University Press, 2000.
Zhen, Zhang. *An Amorous History of the Silver Screen: Shanghai Cinema, 1896–1937*. Chicago: University of Chicago Press, 2005.

厚田雄春、蓮實重彦『小津安二郎物語』筑摩書房、1989年。

アドルノ、テオドール・W「風変わりなリアリスト――ジークフリート・クラカウアーについて」竹峰義和訳、『アドルノ　文学ノート２』三光長治・高木昌史・圓子修平・恒川隆男・竹峰義和・前田良三・杉橋陽一訳、みすず書房、2009年。

アレクサンドロフ、グレゴリー、フセヴォロド・プドフキン、セルゲイ・M・エイゼンシュテイン「トーキー映画の未来《計画書》」、『エイゼンシュテイン全集６　第２部　映画――芸術と科学　第６巻　星のかなたに』キネマ旬報社、1980年。

アンドレ・バザン研究会『アンドレ・バザン研究』１-３号、2017-2019年。

晏妮『戦時日中映画交渉史』岩波書店、2010年。

飯沢耕太郎『写真に帰れ――「光画」の時代』平凡社、1988年。

――『都市の視線――日本の写真1920-30年代』創元社、1989年。

飯島正『シネマのABC』厚生閣書店、1928年。

――「最近の牛原虚彦氏」、『蒲田』1929年４月号。

――「これがロシヤだ "Man with the Camera"」、『キネマ旬報』1932年３月11日号。

飯島正、清水千代太、内田岐三雄、岩崎昶、小津安二郎、筈見恒夫、佐伯孝夫「「ルネ・クレール」合評会――『最後の億萬長者』を迎えて」、田中編『小津安二郎全発言　1933-1945』（初出は1935年１月）。

飯田心美「東京の合唱」、『キネマ旬報』1931年９月11日号。

池田忠雄、田中敏男、相馬泰三、中村武羅夫、野田高梧、岡田三郎、小津安二郎、小泉夏夫、岸松雄、清水宏、大黒東洋士「『麦秋』合評」、田中編『小津安二郎全発言　1933-1945』（初出は1935年４月）。

池田寿夫「小市民《プチ・ブル》映画論――明るさ・ユーモア・ペーソスの階級性」、『映画評論』1932年４月号。

井上和男編『小津安二郎全集』上下巻、新書館、2003年。

岩崎昶『映画芸術史』ゆまに書房、2004年（原著は1930年）。

――「映画月旦」、『映画往来』1930年５月号。

――『映画と資本主義』日本図書センター、2011年（原著は1931年）。

――「トーキー的随感」、『キネマ旬報』1933年１月21日号。

――『映画の芸術』協和書院、1936年。

――『映画論』三笠書房、1936年。

――『映画芸術概論』成美堂、1937年。

――『映画と現実』春陽堂書店、1939年。

――「小津安二郎と日本映画」、『キネマ旬報』1964年２月増刊号。

――『日本映画私史』朝日新聞社、1977年。

岩本憲児「日本におけるモンタージュ理論の紹介」、『比較文学年誌』10号、早稲田大学、1974年。

――編『日本映画とモダニズム1920–1930』リブロポート、1991年。

岩本憲児、佐伯知紀『聞書き　キネマの青春』リブロポート、1988年。

上野一郎「日本映画回顧」、『映画評論』1932年12月号。

牛原虚彦「傳ちやんと私」、『蒲田』1927年２月号。

――「「感激時代」」、『蒲田』1928年４月号。

――「一九二九年の私たち」、『蒲田』1929年２月号。

――『虚彦映画譜50年』鏡浦書房、1968年。

内田岐三雄「懺悔の刃」、『キネマ旬報』1927年11月21日号。

エイゼンシュテイン、セルゲイ・M「シネマトグラフヰイの新しい言葉」岡田真吉訳、『映画評論』1929年８月号。

――「映画の四次元」高原富士郎訳、『映画評論』1930年６月号・７月号・８月号（６月号は清河広との共訳）。

――「日本文化とモンタージュ」袋一平訳、『キネマ旬報』1930年２月１日号・２月11日号・２月21日号。

――『エイゼンシュテイン全集』全９巻、キネマ旬報社、1973–1993年。

エプスタン、ジャン「映画能的要素」岡田真吉訳、『映画往来』1926年12月号。
M. N.「村の花嫁」、『映画時代』1928年４月号。
大石雅彦・田中陽編『ロシア・アバンギャルド③　キノ――映像言語の創造』国書刊行会、1994年。

大塚恭一「小津安次郎論――その覚書として」、『映画評論』1930年４月号。

――「『落第はしたけれど』」、『映画評論』1930年７月号。

大山寛二「一人息子」、『キネマ旬報』1936年10月11日号。

岡田真吉「ジャン・エプスタン（一）」『映画評論』1929年２月号。

――「ジャン・エプスタン（二）」『映画評論』1929年３月号。

――「『アッシャー家の末裔』」『映画評論』1929年４月号。

――『映画文献史』大日本映画協会、1943年。

岡村章「カボチャ」、『キネマ旬報』1928年11月１日号。

奥村康夫「生まれては見たけれど」、『キネマ旬報』1932年６月21日号。

落合恵美子『近代家族とフェミニズム』勁草書房、1989年。

小津安二郎「僕のコンティニュィティの実際」、『キネマ旬報』1930年10月21日号。

――「“沈黙を棄てる監督”／小津氏との一問一答」、田中編『小津安二郎全発言　1933–1945』（初出は1936年４月）。

――「自作を語る」、田中編『小津安二郎戦後語録集成』（初出は1952年６月）。

――「例えば豆腐の如く」、田中編『小津安二郎戦後語録集成』（初出は1953年12月）。

小津安二郎、野田高梧、北川冬彦、水町青磁、飯田心美「春宵放談」、田中編『小津安二郎戦後語録集成』（初出は1950年４月）。

小津安二郎、筈見恒夫、滋野辰彦、岸松雄、友田純一郎、北川冬彦、飯田心美「小津安二郎座談会」、田中編『小津安二郎全発言　1933–1945』（初出は1935年４月）。

乙雀「鶏肋戯語――Boxingのお話」、『映画往来』1927年２月号。

海南基忠「主題と演出を巡つて」、『映画評論』1933年３月号。

梶村啓二『「東京物語」と小津安二郎』平凡社新書、2013年。

加藤厚子『総動員体制と映画』新曜社、2003年。

川端康成『浅草紅団・浅草祭』講談社文芸文庫、1996年。

川本三郎「小市民映画の「楽しいわが家」」、青木保・川本三郎・筒井清忠・御厨貴・山折哲雄編『近代日本文学論⑦　大衆文化とマスメディア』岩波書店、1999年。

木内嗣夫「これがロシヤだ」、『映画評論』1932年４月号。

岸松雄「映画月旦」、『映画往来』1929年７月号。

――「小津安二郎のトーキー論」、田中編『小津安二郎全発言　1933–1945』（初出は1933年１月）。

――『日本映画論』ゆまに書房、2004年（原著は1935年）。

――「東京の宿」、『キネマ旬報』1935年10月11日号。

――『日本映画様式考』河出書房、1937年。

貴田庄『小津安二郎のまなざし』晶文社、1999年。

――『小津安二郎と映画術』平凡社、2001年。

――『小津安二郎と「東京物語」』ちくま文庫、2013年。

北川冬彦「東京の女」、『キネマ旬報』1933年２月21日号。

――「東京の宿」、『キネマ旬報』1935年12月11日号。

北野圭介『日本映画はアメリカでどう観られてきたか』平凡社新書、2005年。

北村洋『敗戦とハリウッド――占領下日本の文化再建』名古屋大学出版会、2014年。

城戸四郎『日本映画伝――映画製作者の記録』文藝春秋新社、1956年。

衣笠貞之助『わが映画の青春――日本映画史の一側面』中公新書、1977年。

木下千花『溝口健二論――映画の美学と政治学』法政大学出版局、2016年。

九鬼周造『九鬼周造全集』全11巻別巻１、岩波書店、1980–1982年。

黒木川喬「『これがロシアだ!!』――ヴェルトフのデテール」、『キネマ旬報』1932年４月１日号。

木暮斉「“一人息子”偶感」、『キネマ旬報』1936年10月11日号。

今和次郎『今和次郎集』全９巻、ドメス出版、1971–1973年。

――『考現学入門』ちくま文庫、1987年。

佐々元十「玩具・武器――撮影機」、『戦旗』1928年６月号。

佐々木能理男「エルンスト・ルビッチェ抄論」、『映画評論』1927年５月号。

佐崎順昭「小市民映画」、岩本憲児・高村倉太郎監修『世界映画大事典』日本図書センター、2008年。

指田文夫『小津安二郎の悔恨――帝都のモダニズムと戦争の傷跡』えにし書房、2015年。

佐藤忠男『完本　小津安二郎の芸術』朝日文庫、2000年（初版は1971年）。

――『日本映画史』第一巻、岩波書店、1995年。

佐藤信行「ロイド映画考」、『映画評論』1927年９月号。

佐藤、バーバラ編『日常生活の誕生――戦間期日本の文化変容』柏書房、2007年。

塩野初夫「「カメラを持つた男」私観」、『キネマ旬報』1932年５月11日号。

滋野辰彦「たわごと」、『キネマ旬報』1933年２月21日号。

清水俊二「所謂「ルビッチュ式配列」」、『映画評論』1927年５月号。

東海林透「小津安二郎への一結論――『東京の女』から」、『キネマ旬報』1933年３月１日号。

白石生「アメリカニズムの根拠――経済的立場から」、『映画往来』1928年１月号。

新青年研究会『新青年読本――昭和グラフィティ』作品社、1988年。

杉山平一『映画評論集』ゆまに書房、2003年（原著は1941年）。

――『映画の文体――テクニックの伝承』行路社、2003年。

鈴木重三郎「感激時代」、『キネマ旬報』1928年３月21日号。

関野嘉雄「心境物の破産と小津安二郎の前途」、『映画評論』1930年７月号。

高橋治『絢爛たる影絵』文藝春秋、1982年。

滝浪佑紀「階段と田舎――キング・ヴィダー『結婚の夜』を背景とした小津安二郎『風の中の牝鶏』と『晩春』の分析」、『城西国際大学紀要』25号５巻、2017年。

竹中労『日本映画縦断①　傾向映画の時代』白川書院、1974年。

竹林出『映画監督　小津安二郎の軌跡』風濤社、2016年。

竹峰義和『〈救済〉のメーディウム――ベンヤミン、アドルノ、クルーゲ』東京大学出版会、2016年。

田中眞澄編『小津安二郎全発言　1933–1945』泰流社、1987年。

――編『小津安二郎戦後語録集成』フィルムアート社、1989年。

――編『全日記　小津安二郎』フィルムアート社、1993年。

――『小津安二郎のほうへ――モダニズム映画史論』みすず書房、2002年。

――『小津安二郎周游』文藝春秋、2003年。

――『小津安二郎と戦争』みすず書房、2005年。

――『小津ありき――知られざる小津安二郎』清流出版、2013年。

谷晃文「一人息子」、『キネマ旬報』1936年10月21日号。

谷崎潤一郎『陰翳礼讃』中公文庫、1995年（原著は1934年）。

千葉伸夫『小津安二郎と20世紀』国書刊行会、2003年。

出口丈人「何が白人コンプレックスを生みだしたか」、岩本憲児編『日本映画とモダニズム1920–1930』。

戸坂潤『戸坂潤全集』全５巻別巻１、勁草書房、1966–1979年。

中川信夫「「また逢ふ日まで」の小津安二郎に就いて」、『キネマ旬報』1933年１月１日号。

中澤千磨夫『精読　小津安二郎――死の影の下に』言視舎、2017年。

永富映二郎「『大都会　労働編』撮影に就て」、『蒲田』1929年４月号。

中村秀之「絆とそのうつろい――小津安二郎の『晩春』（一九四九）と『麦秋』（一九五一）の抵抗と代補」、『敗者の身ぶり――ポスト占領期の日本映画』岩波書店、2014年。

中山昭彦「身を翻す女たち／端座する二つの影――小津安二郎とアクション」、『早稲田文学』2004年１月号。

並木晋作『日本プロレタリア映画同盟〔プロキノ〕全史』合同出版、1986年。

永山武臣監修『松竹百十年史』松竹、2006年。

野田高梧「『其の夜の妻』――英パン氏のドロボー劇」、『蒲田』1930年７月号。

バザン、アンドレ「映画言語の進化」野崎歓訳、『映画とは何か』上巻、野崎歓・大原宣久・谷本道昭訳、岩波文庫、2015年。

蓮實重彦『監督　小津安二郎』増補決定版、筑摩書房、2003年（初版は1983年）。

筈見恒夫「才人時代」、『映画往来』1927年２月号。

――「小津安二郎の小市民性」、『映画評論』1930年7月号。

――「『彼』の心境――小津安二郎との一問一答」、田中編『小津安二郎全発言　1933–1945』（初出は1934年7月）。

――『現代映画論』ゆまに書房、2004年（原著は1935年）。

長谷正人「映画、時間、小津」、『映画というテクノロジー経験』青弓社、2010年。

林高一「「大学よいとこ」から」、『キネマ旬報』1936年4月1日号。

バルト、ロラン『表徴の帝国』宗左近訳、ちくま学芸文庫、1996年。

半田明久『映像文化を志す人へ 小津安二郎の映像を読み解く』文芸社、2017年。

深川雅文『光のプロジェクト――写真、モダニズムを超えて』青弓社、2007年。

福井桂一「小津安二郎と其の作品」、『映画評論』1930年7月号。

藤井仁子「日本映画の1930年代――トーキー移行期の諸問題」、『映像学』62号、1999年。

藤木秀朗「制度としての映画の批判――岩崎昶の一貫性と揺らぎ」、岩崎昶『映画芸術史』ゆまに書房、2004年。

――『増殖するペルソナ――映画スターダムの成立と日本近代』名古屋大学出版会、2007年。

プドフキン、フセヴォロド「モンタアゲに就て」波多野三夫訳、『映画評論』1929年1月号。

堀野正雄『カメラ・眼×鉄・構成』国書刊行会、2005年（原著は1932年）。

前田英樹『小津安二郎の家――持続と浸透』書肆山田、1993年。

牧野守、奥村賢編「小津安二郎文献目録」、『キネマ旬報』1994年7月増刊号。

松井寿夫「総体性と特殊性――小津安二郎と『東京の女』」、『映画評論』1933年3月号。

松浦莞二、宮本明子編『小津安二郎　大全』朝日新聞出版、2019年。

御園生涼子『映画と国民国家――1930年代松竹メロドラマ映画』東京大学出版会、2012年。

村山知義『構成派研究』本の泉社、2002年。

森川繁夫「「東京の女」に就いて」、『キネマ旬報』1933年3月1日号。

安田清夫「脚色家野田高梧」、『映画評論』1933年6月号。

保田與重郎『日本の橋』講談社学術文庫、1990年（原著は1936年）。

柳田國男『定本　柳田國男集』全31巻別巻5、筑摩書房、1962–1964年。

山本喜久男『日本映画における外国映画の影響――比較映画史研究』早稲田大学出版部、1983年。

横光利一『上海』講談社文芸文庫、1991年。

吉田喜重『小津安二郎の反映画』岩波現代文庫、2011年（初版は1998年）。

與那覇潤『帝国の残影――兵士・小津安二郎』NTT出版、2011年。

『読売新聞』「実録日本映画史」第129回、1964年5月21日付夕刊。

四方田犬彦『日本映画は信頼できるか』現代思潮新社、2017年。

渡辺敏彦「繊細なる神経」、『映画評論』1933年3月号。

和田山滋「これがロシアだ」、『キネマ旬報』1932年4月1日号。

――「小津安二郎との一問一答」、『キネマ旬報』1933年1月11日号。

和辻哲郎『風土――人間学的考察』岩波文庫、1979年（原著は1935年）。

――『和辻哲郎全集』増補版、全25巻別巻2、岩波書店、1989–1992年。